Excel 财务应用教程

王新玲　张来忠　蒋倩　编著

清华大学出版社

北　京

内 容 简 介

Excel 2007 是目前应用广泛的通用表格处理软件。Excel 财务应用是将 Excel 基本原理与财务具体实践相结合，探讨如何在 Excel 中建立各种财务模型。本书综合考虑了会计学科完整体系，按照核算、预测、决策、分析和控制等职能，分别介绍了 Excel 账务处理、筹资决策模型、投资决策模型、流动资金管理模型、财务预测模型、利润规划模型、Excel 财务模型的系统集成等内容。

本书内容全面，实例丰富，可作为高等院校本科、高职财经类专业开设相关课程的主教材，也可作为社会人员和广大财务工作者学习 Excel 在日常工作和财务工作中应用的读本。

图书在版编目(CIP)数据

Excel 财务应用教程/王新玲，张来忠，蒋倩 编著. —北京：清华大学出版社，2016（2020. 12重印）
ISBN 978-7-302-43910-3

Ⅰ. ① E… Ⅱ. ①王… ②张… ②蒋… Ⅲ. 表处理软件－应用－财务管理 Ⅳ. ①F275-39

中国版本图书馆 CIP 数据核字(2016)第 111153 号

责任编辑：刘金喜
装帧设计：孔祥峰
责任校对：成凤进
责任印制：杨　艳

出版发行：清华大学出版社
网　址：http://www.tup.com.cn，http://www.wqbook.com
地　址：北京清华大学学研大厦 A 座　　邮　编：100084
社 总 机：010-62770175　　邮　购：010-62786544
投稿与读者服务：010-62776969，c-service@tup.tsinghua.edu.cn
质 量 反 馈：010-62772015，zhiliang@tup.tsinghua.edu.cn
课 件 下 载：http://www.tup.com.cn，010-62781730

印 装 者：北京富博印刷有限公司
经　销：全国新华书店
开　本：185mm×260mm　　印　张：15.75　　字　数：326 千字
版　次：2016 年 7 月第 1 版　　印　次：2020 年 12 月第 3 次印刷
定　价：48.00元

产品编号：068147-02

前　言

Excel 2007 是目前应用广泛的通用表格处理软件，它可以帮助我们方便地进行表格处理、图形分析、数据管理、经营分析等，其功能之强，应用之灵活，使用户一旦使用，便不愿离手。正是由于它功能强大，方便实用，因此在高等院校中已经陆续开设了“Excel 在财务中的应用”、“计算机财务模型”、“Excel 财务管理”等相关课程。本书总体上分为 Excel 基础和 Excel 财务建模两大部分。

- Excel 基础篇：坚实基础，事半功倍

这是一个知识“爆炸”的时代，这是一个学海无涯的时代，而每个人的时间和精力都是有限的，因此很多同学每每纠结于自己应该学些什么。尽管同学们专业各异、上班后岗位不同，但其共同之处是无论日常生活还是岗位工作都离不开大量的文档和表格处理，这也是初入职场的小伙伴们被称为“表哥”、“表姐”的原因。

在计算机应用普及化的今天，大家多多少少都接触过 Excel，但“用过”不代表“会用”，因为 Excel 功能之强大已超过我们的想象。我从 1994 年接触 Excel，之后便再也离不开。教学二十载，每每有新发现，越发感觉对它所知甚少，应用尚在浅层。但即使就是这些，也已使人惊叹其应用之丰富，设计之精巧。无论你从事什么行业，Excel 的强大功能都能让你在日常事务处理和工作事项管理中脱颖而出；无论您处于人生的哪个阶段，都可以轻松开始 Excel 学习之旅，体会它给您带来的方便快捷，您的生活会因此而改变。

本书基础篇假定您是初学者，第 1 章导学通过一个综合案例展示了 Excel 的强大功能及用于解决现实问题的思考逻辑；之后介绍了数据输入、制表、数据管理、函数及表单控件，逻辑清晰，知识递进，力求把离散的技巧按精心设计的教学案例串接起来。严格地讲，第一部分的基础打牢，就可以在各行各业的应用中演绎变化了，毕竟万变不离其宗。

- Excel 财务建模：学以致用，笑傲江湖

信息技术的发展推动了管理现代化进程，同时要求财务工作者善用新技术、新工具。财务管理本身含有大量的定量分析问题，虽然理论界多年来研究出了很多财务定量分析模型，如最优经济定货批量模型、多元回归分析模型、线性规划问题等，但囿于计算的复杂性，难以在实际工作中得以实施，因此往往被束之高阁，也造成理论研究与实际应用脱节的现状。Excel 的出现使人看到希望，老问题用老思路去解可能是无解的，但换个角度看世界，当新技术到来时，一切问题即可迎刃而解，有时简单得让人觉得不可思议。

Excel 财务应用将 Excel 基本原理与财务具体实践相结合，探讨如何在 Excel 中建立

各种财务模型，是学以致用的新境界。本篇综合考虑了会计学科完整体系，按照核算、预测、决策、分析和控制等职能，选取了 Excel 账务处理、筹资决策模型、投资决策模型、流动资金管理模型、财务预测模型、利润规划模型、Excel 财务模型的系统集成等内容。希望通过本篇的学习，读者能够轻松驾驭 Excel 这一新的管理工具，具备通过建立应用模型进行定量分析的能力。

本书主创团队有多年的 Excel 应用和教学经验，也学习、比较了众多相关读本，汲取其精华，并结合多年的执教经验将 Excel 财务应用的方方面面付诸于纸端，以便于大家分享和沟通。书中设计了大量丰富、实用的案例，简单易懂，逻辑清晰，相信无论是初学者，还是熟练用户，都会从中汲取养分，掌握现代化工具，丰富知识体系。

为方便读者学习，书中部分实例和书后习题都留有范例样本，请读者到 http://www.tupwk.com.cn/downpage 下载。

本书由王新玲(天津财经大学)、张来忠、蒋倩编著，参与编写的人员还有汪刚、张冰冰、王腾、王贺雯、吕志明、张琳、房琳琳、彭飞、吴彦文、王晨、陈江北、周宏、陈利霞、张霞等。

本书可作为高等院校本科、高职开设相关课程的主教材，也可作为广大财务工作者掌握 Excel 在日常工作中和财务工作中应用的读本。

编　者

2016 年 2 月

目　　录

第 1 章

Excel 财务应用导学

本章概要：

- 了解信息技术对企业财务人员的挑战
- 认知在 Excel 中进行财务建模的基本方法
- 通过导学案例的学习，体验 Excel 的强大功能

1.1 信息技术对财务工作的影响

21 世纪，信息技术正以令人难以想象的速度改变着传统的经济结构和社会秩序，成为促进经济发展和社会进步的主导力量。企业所处的宏观经济环境已经不再是传统的物质经济环境，而是以网络为媒介，以客户为中心，将企业的组织结构、技术研发、生产制造、市场营销、售后服务紧密融合在一起的信息经济环境。信息化对企业经营环境有着全方位的影响，它将彻底改变企业的经营理念、经营战略和经营模式。

信息技术的发展推动了管理信息化的进程，同时也对传统财务管理的理论和实务产生强烈冲击，如何根据投资人、债权人、各级经营管理者的需求来分析和评价企业的绩效，如何根据企业经营环境的变迁建立各种决策模型来支持动态决策，是当下财务工作人员不能回避的问题。因此，财务人员要做好本职工作，就需要从观念、意识、技能等方面改变自己，要勇于面对并迎接挑战，善于运用新技术、新工具。

财务管理工作本身包含着大量的定量分析问题，虽然理论上建立了很多财务定量分析模型，如最优经济订货批量模型、回归分析模型、线性规划等，但由于计算的复杂性，

加之财务人员本身工作就很繁忙，很多模型难以实施被束之高阁，也造成理论研究与实际应用脱节的现状。Excel 的出现使这个难题迎刃而解。

1.2　Excel 财务建模的基本方法

Excel是一个通用表格处理软件，越来越多的人把它用作案边工具，其在财务工作中的应用也日趋完善。我们把在Excel中构建财务模型支持决策的基本方法归纳为5个步骤，如图1-1所示。

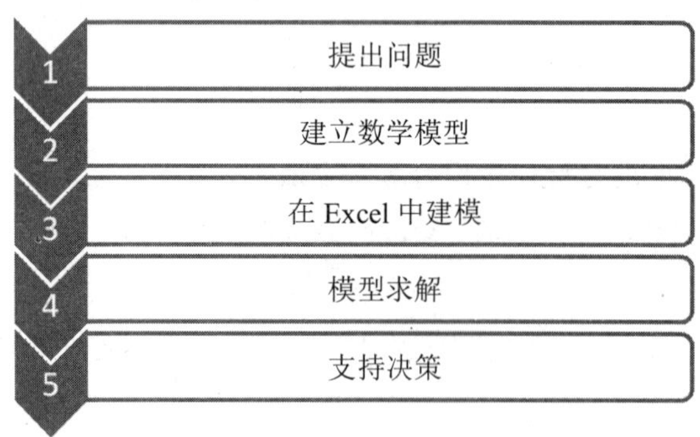

图 1-1　Excel 财务建模的基本方法

1.2.1　提出问题

大家都有这样的经验，写一篇论文或做一篇报告时，选题是很重要的。同样，在 Excel 建模活动中，提出正确的问题并且能够清晰地表达出来，就是一个良好的开端。

财务人员通常是非常忙碌的，如果只顾低头“拉车”，那么就会陷入繁重的工作而不得脱身，因此一定要注意抬头“看路”。在日常工作中注意从多个角度仔细观察各项经济业务，找出矛盾的主要方面，降低经济问题的复杂性，提炼出明确的问题。

1.2.2　建立数学模型

当需要从定量的角度分析和研究一个实际问题时，人们就要在深入调查研究、了解对象信息、做出简化假设、分析内在规律等工作的基础上，用数学的符号和语言代替文字描述使之量化，这就是建立数学模型。

建立数学模型的关键有三项工作：第一是建立目标函数；第二是找出目标和变量之间的函数关系；第三是找出限制条件。

1.2.3　在 Excel 中建模

明确了数学模型之后，需要在 Excel 中建立定量关系。包括基本数据、数学公式及约束条件。

1. 获得基本数据

基本数据可以根据需要输入，也可以利用 Excel 获取外部数据功能从外部获取。

2. 输入数学公式

用 Excel 语言描述经济变量间的逻辑关系。

3. 建立约束条件

可以利用 Excel 中的控件如微调按钮、滚动条控制约束条件的变化范围。

1.2.4　模型求解

在 Excel 中建模完成后，可以利用 Excel 强大的公式、丰富的函数、数据分析及统计工具等完成自动计算，得出计算结果。

1.2.5　支持决策

基于模型的求解结果，进行综合分析和评价。并在定量分析和定性分析相结合的基础上，进行科学决策。

1.3　导学案例：青年购房贷款规划

为了让大家熟悉 Excel 建模的基本方法，本节用一个极接地气的案例演绎五步法的应用，为之后的学习打下基础。

1.3.1　购房首付款试算

住房问题是大家广为关注的社会热点问题，对于刚刚步入社会、行将成家立业的年轻人来说，更是生活中的头等大事。

本案例就以一个刚刚研究生毕业的小刘为代表，做一个有关购房贷款相关问题的规划和决策。

小刘刚刚研究生毕业，目前拥有一份稳定的工作，接下来他开始规划在未来5年购置商品房。小刘所在的城市目前100平方米商品房的市场价格约100万元。目前银行贷款利率为7%，小刘准备从每月税后4000元的工资中拿出2800元参加商业银行零存整取定期储蓄，存款利率为3%。假设购置商品房最低首付为20%，那么5年以后小刘的目标能实现吗？

把上述现实问题转化为数学问题即为：每月存款 2800 元，存款利率为 3%，连续存 5 年后的本利和是多少？下面我们在 Excel 中建模并求解。

【跟我练 1-1】每月存款 2800 元，存款利率为 3%，连续存 5 年后的本利和是多少？

① 首先在 A1∶B5 区域建立数据区，如图 1-2 所示。

	A	B
1	**首付款试算**	
2	每月存款	2800
3	期限（年）	5
4	年利率	3%
5	五年后的本利和	

图 1-2　建立数据区

② 在 B5 单元中单击“*fx*”或选择“公式”|“插入函数”命令，打开“插入函数”对话框。选择“财务函数”分类下的“FV”函数。单击“确定”按钮，打开“函数参数”对话框。

③ 单击“Rate”文本框，对话框下方显示关于该参数的具体含义。输入各项参数内容，如图 1-3 所示。

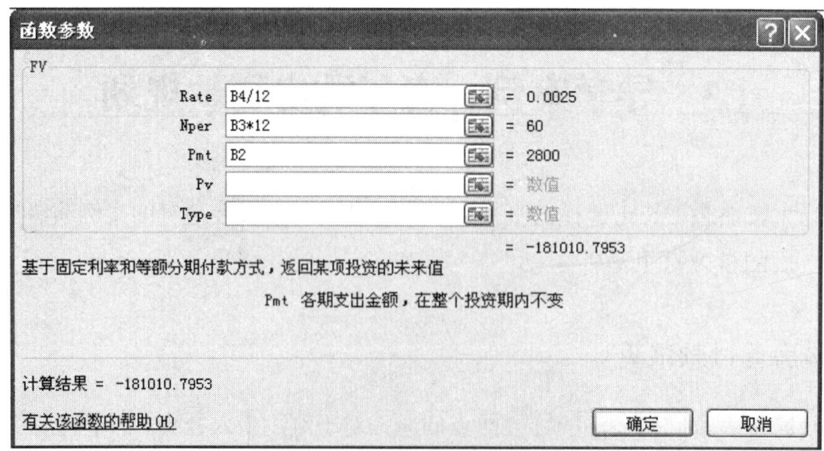

图 1-3　输入 FV 各项参数内容

④ 单击“确定”按钮，B5 中返回计算结果“－181011”。

经过试算，得到的结论是：如果每月存款2800元，5年后小刘无法支付购房首付款20万元。

- 为什么 Nper 参数文本框中输入的“B3”要乘以“12”？
- 为什么 B5 中的计算结果为负数？

知识点：FV(rate,nper,pmt,pv,type)终值函数

作用：基于固定利率和等额分期付款方式，返回某项投资的未来值。

参数说明：

- Rate：利率。
- nper：该项投资(或贷款)的付款期总数。
- pmt：各期所应支付的金额，其数值在整个年金期间保持不变。通常，pmt 包括本金和利息，但不包括其他费用及税款。如果忽略 pmt，则必须包含 pv 参数。
- pv：现值，即从该项投资开始计算时已经入账的款项，或一系列未来付款的当前值的累积和，也称为本金。如果省略 PV，则假设其值为零，并且必须包括 pmt 参数。
- type：数字 0 或 1，用以指定各期的付款时间是在期初还是期末。1——期初；0 或省略——期末。

注意事项：

(1) 应确认所指定的 rate 和 nper 单位的一致性。例如，同样是 4 年期年利率为 12% 的贷款，如果按月支付，rate 应为 12%/12，nper 应为 4*12；如果按年支付，rate 应为 12%，nper 为 4。

(2) 在所有参数中，支出的款项(如银行存款)如果表示为负数；则收入的款项(如利息收入)就表示为正数。

1.3.2　每月存款倒算

得知上述结果后很沮丧吧？让我们看一看小刘接下来怎么办。

在影响零存整取定期储蓄的 3 个因素(存期、利率、存款额)中，最有可能改变的就是每月存款金额，只有提高每月存款数额才有可能 5 年后支付 20%的购房首付款。因此，我们帮小刘测算一下，每月存款多少才能达成上述目标呢？

在小刘尝试了各种各样笨拙的算法之后，让我们睁大眼睛见证 Excel 的神奇吧！单变量求解用于解决根据已知结果求某一个自变量的问题。

【跟我练 1-2】用单变量求解计算小刘每月存款多少，5 年后才能存够 20 万元。

① 光标定位在 B5 单元，选择“数据”|“假设分析”|“单变量求解”命令，打开“单变量求解”对话框。

② 输入目标单元格“B5”、目标值“－200000”、可变单元格“B2”，如图 1-4 所示。

③ 单击“确定”按钮，B2 单元中显示计算结果“3093.738133”。

	A	B	C	D	E
1	首付款试算				
2	每月存款	2800			
3	期限（年）	5			
4	年利率	3%			
5	五年后的本利和	-¥181,011			
6					
7					
8					
9					
10					

单变量求解

目标单元格(E)：B5

目标值(V)：-200000

可变单元格(C)：$B$2

确定　取消

图 1-4　单变量求解

以上结果表明，在存款利率和存期不变的情况下，小刘每月需要存入3094元才能支付5年后购房的首付款。

Office 2010 入口：案例中“假设分析”对应 Office 2010 版本的“模拟分析”。

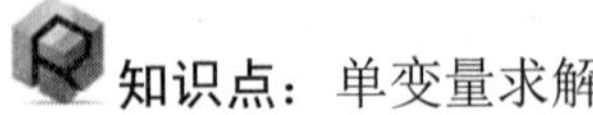

知识点：单变量求解

作用：单变量求解解决假定一个模型中的预期结果，自动计算与该结果相关的变量应取值为多少的问题。

应用示例：一个职工的年终奖金是全年销售额的 20%，前三个季度的销售额已经知道了，该职工想知道第四季度的销售额为多少，才能保证年终奖金为 1000 元。我们可以建立如图 1-5 所示的表格。

用单变量求解的具体操作步骤如下。

① 建立基本数据区，如图 1-5 中的 A1∶B5。

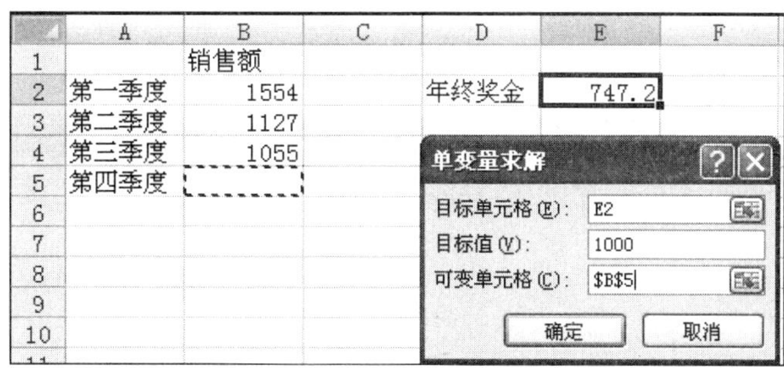

图 1-5　单变量求解示例

② 构建目标单元格计算公式，单元 E2 中的公式为“=(B2+B3+B4+B5)*20%”。

③ 选定包含想产生特定数值的公式的目标单元格。本例目标单元格为 E2。

④ 选择“数据”|“假设分析”|“单变量求解”命令，打开“单变量求解”对话框。此时，“目标单元格”框中显示刚才选定的单元格。

⑤ 在“目标值”框中输入希望达到的值。本例输入“1000”；在“可变单元格”框中输入“$B$5”或“B5”。

⑥ 单击“确定”按钮，计算结果“1264”显示在单元格 B5 内。

注意事项：

在应用单变量求解时，结果单元格 E2 中一定是公式而非常量，且该公式中一定和要求的变量 B5 之间建立关联，否则无法求解。

1.3.3　评估贷款组合

5 年后，小刘终于达成心愿，支付了首付款。经过几年打拼，小刘的能力也得到了公司认可，收入提高到税后 6000 元。但是，解决了首付款的问题仅仅是“万里长征”第一步，另外的 80 万元还需要通过其他途径解决。爱子心切的父母得知后，赞助了小刘 10 万元。

> 小刘听说商业银行新推出一种“成家立业”房屋贷款项目，该项目最多可贷 70 万元，固定年利率为 6.5%，且分 20 年偿还本息。我们再来帮小刘计算一下，小刘的偿还能力能否支撑这个贷款项目。

有了前面 FV 的函数应用基础，这次只提示用 PMT 函数应该就可以了。

【跟我练 1-3】小刘贷款 70 万元，分 20 年偿还等额本息，贷款利率为 6.5%，小刘每月应还多少？

计算过程如图 1-6 所示。步骤略。

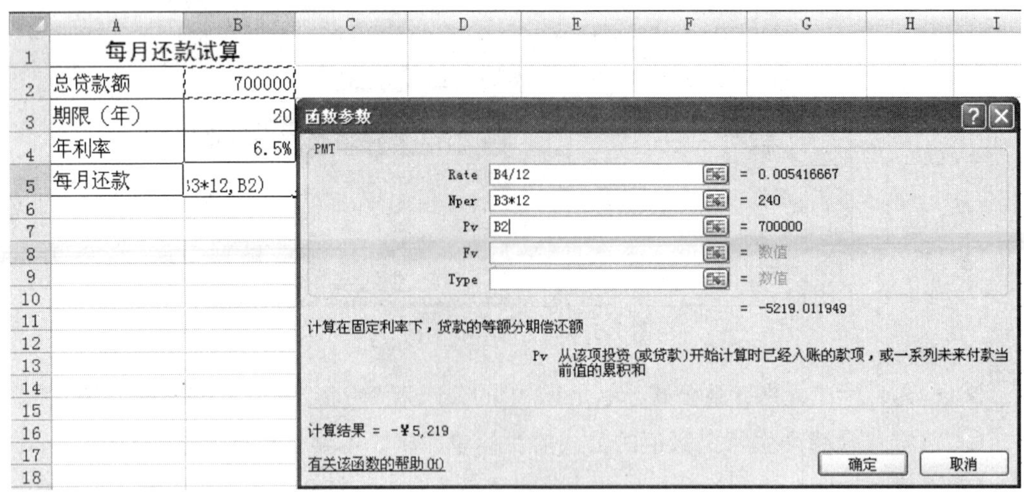

图 1-6　计算每月还款额

**知识点**：PMT(rate,nper,pv,fv,type)年金函数

作用：基于固定利率及等额分期付款方式，返回贷款的每期付款额。

参数说明：

- rate：各期利率。
- nper：该项投资(或贷款)的付款期总数。
- pv：现值，即从该项投资开始计算时已经入账的款项，或一系列未来付款的当前值的累积和，也称为本金。
- Fv：未来值，或在最后一次付款后希望得到的现金余额，如果省略 Fv，则假设其值为零，也就是一笔贷款的未来值为零。
- type：数字 0 或 1，用以指定各期的付款时间是在期初还是期末。1——期初；0 或省略——期末。

经过试算，每月还款 5219 元不太符合小刘目前的经济能力。只能多比较几家银行，或者在同一家银行中，在不同的贷款金额或不同偿还期中来找到小刘可以负担的贷款组合。

> 小刘经过咨询得知，贷款额可以选择 50 万、60 万、65 万或 70 万；偿还期限可以选择 15 年、20 年、22 年、25 年或 30 年。那么小刘应该选择哪种方式最适合呢？(假设 6.5%的贷款利率不变，而且别忘了，要保证小刘 1500 元/月的生活费哟。)

掌握了 PMT 函数的用法，解决这个问题不是难事，但是要耗用一点时间。同样的任务，你需要 10 分钟才能完成，而别人利用模拟运算表 2 分钟就可以完成了。

【跟我练 1-4】用双变量模拟运算表计算不同贷款额(50 万、60 万、65 万或 70 万)和偿还期(15 年、20 年、22 年、25 年或 30 年)情况下每月还款多少。

① 建立基本数据区。在 Excel 的 A9∶A12 单元中输入不同的贷款额；在 A8∶F8 中输入不同的贷款期限。

② 将光标定位在 A8 单元。输入计算每期还款额函数 PMT，如图 1-7 所示。本例中贷款额和还款期限均为不确定的数据，因此 PMT 公式中使用了两个变量 A7 和 B7，分别代表贷款额和利率。在 Excel 中，任何一个空白单元均可以用作变量，但注意不能选取模拟运算表即将放置数据的区域 A8∶F12 中的单元格。

③ 单击“确定”按钮返回。A8 单元中出现“#DIV/0!”错误提示，可不予理会。

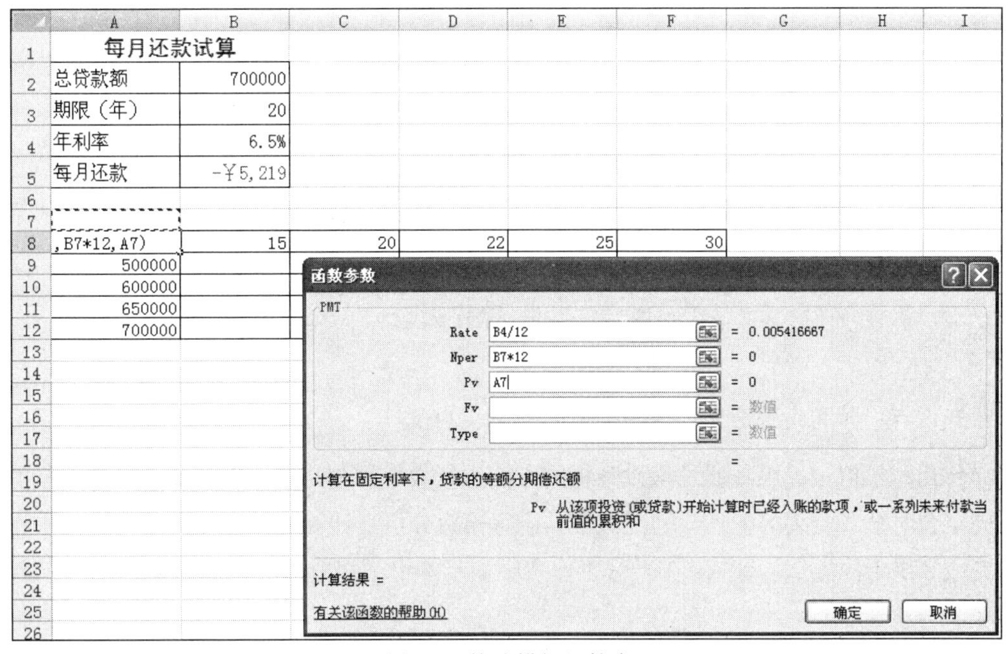

图 1-7　构建模拟运算表

④ 选中 A8∶F12 区域，选择“数据”|“假设分析”|“数据表”命令，打开“数据表”对话框。

⑤ 将光标定位在“输入引用行的单元格”文本框中，单击 B7 单元，文本框中出现“$B$7”，同样“输入引用列的单元格”文本框中，选择 A7 单元，如图 1-8 所示。

⑥ 单击“确定”按钮，数据表中显示计算结果，如图 1-9 所示。

	A	B	C	D	E	F
1	每月还款试算					
2	总贷款额	700000				
3	期限（年）	20				
4	年利率	6.5%				
5	每月还款	-￥5,219				
6						
7						
8	#DIV/0!	15	20	22	25	30
9	500000					
10	600000					
11	650000					
12	700000					

数据表
输入引用行的单元格(R)：$B$7
输入引用列的单元格(C)：$A$7
确定　取消

图 1-8　输入数据表中的变量

	A	B	C	D	E	F
1	每月还款试算					
2	总贷款额	700000				
3	期限（年）	20				
4	年利率	6.5%				
5	每月还款	-￥5,219				
6						
7						
8	#DIV/0!	15	20	22	25	30
9	500000	-4355.53683	-3727.86568	-3564.69496	-3376.03581	-3160.34012
10	600000	-5226.64419	-4473.43881	-4277.63396	-4051.24297	-3792.40814
11	650000	-5662.19787	-4846.22538	-4634.10345	-4388.84655	-4108.44215
12	700000	-6097.75156	-5219.01195	-4990.57295	-4726.45013	-4424.47616

图 1-9　数据表的计算结果

知识点：模拟运算表

作用：模拟运算表是通过假设分析的方法进行数值预测，来查看公式中某些变量的不同组合对公式结果的影响。利用该工具进行模拟分析，计算迅速简便，能在一次操作中完成多组不同数值的计算；在一张工作表中显示多组不同数值的计算结果，便于查看、比较和分析。

应用示例：有两种类型的模拟运算表：单输入模拟运算表和双输入模拟运算表。单输入模拟运算表中，用户可以对一个变量输入不同的值从而查看它对一个或多个公式的影响。双输入模拟运算表中，用户对两个变量输入不同的值，而查看它对一个公式的影响。

Office 2010 入口：案例中第四步应为：数据—模拟分析—模拟运算表。

【跟我练 1-5】小刘贷款 70 万元，偿还期为 30 年，用单变量模拟运算表计算银行贷款利率的变动(假设贷款利率为 6%、6.5%、7%、7.25%、7.5%)对小刘每月的还款额影响有多大呢？

① 建立基本数据区，如图 1-10 中的 A2∶A6 表示变化的利率。

② 在基本数据区的右上角单元即 B1 中构建计算公式，如图 1-10 所示。其中 Rate 中的 C1 使用了一个变量，代表变化的利率。其余参数均使用了常量。单击“确定”按钮，B1 单元中返回一个计算结果。

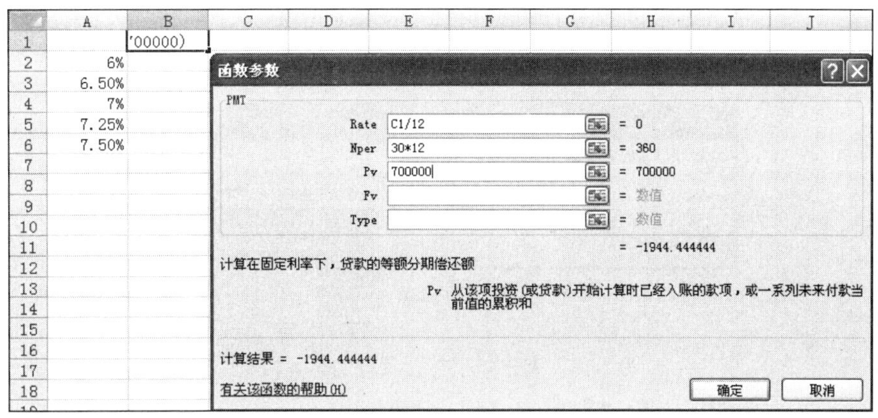

图 1-10　单变量模拟运算表示例—建立数据区

③ 选定单变量模拟运算区 A1∶B6。

④ 选择“数据”|“假设分析”|“数据表”命令，打开“数据表”对话框。

⑤ 在“输入引用列的单元格”文本框中输入代表列的变量“C1”，如图 1-11 所示。

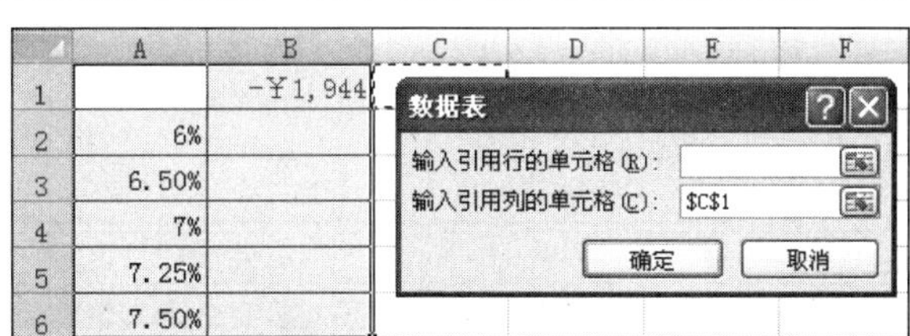

图 1-11　输入列变量

⑥ 单击“确定”按钮，显示计算结果如图 1-12 所示。

	A	B
1		-¥1,944
2	6%	-4196.8537
3	6.50%	-4424.4762
4	7%	-4657.1175
5	7.25%	-4775.234
6	7.50%	-4894.5016

图 1-12　单变量模拟计算结果

怎么样？Excel 很神奇吧！不仅神奇，还能更贴心呢。

1.3.4　突出显示符合条件的单元

按照小刘的经济能力，如果在计算结果中将小刘能够选择的方案以不同的格式突出显示，可以让决策者一目了然。

【跟我练 1-6】在图 1-9 中的运算结果区，用不同格式突出显示小刘的可选方案。

① 选择 A8：F12 区域，选择“开始”|“条件格式”|“突出显示单元格规则”|“大于”命令，打开“大于”对话框。

② 在“为大于以下值的单元格设置格式”文本框中输入“－4500”，设置为希望突出显示的格式，如图 1-13 所示。

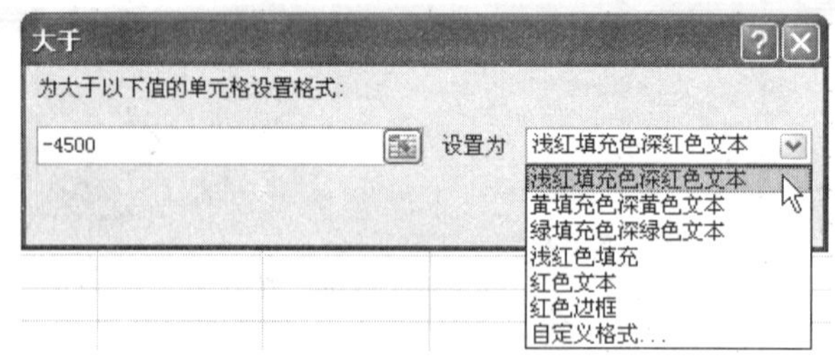

图 1-13　突出显示符合条件的单元格

③ 单击“确定”按钮，数据表区域框线中显示的单元格即为小刘可以选择的方案，如图 1-14 所示。

	A	B	C	D	E	F
1	每月还款试算					
2	总贷款额	700000				
3	期限（年）	20				
4	年利率	6.5%				
5	每月还款	-¥5,219				
6						
7						
8	#DIV/0!	15	20	22	25	30
9	500000	-4355.53683	-3727.86568	-3564.69496	-3376.03581	-3160.34012
10	600000	-5226.64419	-4473.43881	-4277.63396	-4051.24297	-3792.40814
11	650000	-5662.19787	-4846.22538	-4634.10345	-4388.84655	-4108.44215
12	700000	-6097.75156	-5219.01195	-4990.57295	-4726.45013	-4424.47616

图 1-14　突出显示符合条件的格式

有效的信息是决策的基础。小刘显而易见地会选择“贷款 70 万、分 30 年期、每月等额本息还款”的房贷方案。

知识点：条件格式

作用：在日常应用中，用户可能需要将某些满足条件的单元格以指定样式显示。为此，Excel为用户提供了条件格式功能，用户可以根据单元格中的数值是否超出指定范围或在限定范围之内动态地为单元格套用不同的格式。由此，用户可以迅速定位自己感兴趣的区域，而不必查阅整个数据表。

【跟我练 1-7】将销售情况一览表中销售额小于或等于 3000 的数据突出显示。

① 首先选定要设置条件格式的单元格或区域，如图 1-15 中 B3：E6 区域。

② 选择“开始”|“条件格式”|“突出显示单元格规则”|“小于”命令，打开“小于”对话框。

③ 在“为小于以下值的单元格设置格式”文本框中输入“3001”，在“设置为”文本框中选择“自定义格式”，将符合条件的单元格设置为“红色字体、加粗、倾斜”格式。单击“确定”按钮。

④ 设置完成后的效果如图 1-15 所示。

	A	B	C	D	E	F
1	销售情况一览表					
2		一季度	二季度	三季度	四季度	合计
3	北京	***2,200***	3,420	3,248	3,846	12,714
4	上海	3,100	5,240	5,232	5,013	18,585
5	天津	***1,980***	3,653	3,333	4,444	13,410
6	成都	***2,450***	***2,434***	3,500	***2,874***	11,258
7	合计	9,730	14,747	15,313	16,177	55,967

图 1-15　设置条件格式后的显示结果

1.3.5　提前偿还本金

在按照上述方案执行了 9 年后，小刘投资股票赚了 20 万元，他决定用这笔钱来偿还未还完的贷款，以减低后面每个月的还款压力。

> 那么小刘 9 年来一共偿还了多少本金呢？一次性还掉 20 万元之后，未来的日子每月还要还款多少呢？

用 PMT 计算的每月还款额中包括“本金”和“利息”两部分。在贷款初期，每月偿还金额中大部分为利息，本金是非常小的；贷款末期则相反。本题先要计算出小刘 9 年来一共偿还了多少本金，这就要用到 Excel 中的 CUMPRINC 函数。

【跟我练 1-8】计算小刘 9 年一共偿还了多少本金。

① 在 A2：B4 区域录入基本数据。在 B5 单元中用 PMT 函数计算贷款 70 万，年利率 6.5%，分 30 年等额本息偿还，每月还款 4424.48 元。

② 在 B8 单元中计算已经还款期数“＝12*9”。

③ 在 B9 单元中利用 CUMPRINC 函数计算已经偿还的本金“＝CUMPRINC(B4/12,B3*12,B2,1,B8,0)”。

④ 在 B13 单元中计算 70 万元借款中扣除 9 年已偿还的本金和一次性还款 20 万之后的贷款余额。B13＝B2－B12＋B9。

⑤ 在 B14 中用 PMT 函数计算利率为 6.5%、还款期 21 年、贷款额为 407 454.88 元，每月应还款多少。B14＝PMT(B4/12,B3*12－B8,B13)。

以上计算过程如图 1-16 所示。

	A	B
1		
2	贷款额	700000
3	年限	30
4	利率	6.5%
5	每月还款	￥-4,424.48
6		
7		
8	已还期数（月）	108
9	已偿还本金	-92545.11915
10		
11	提前还款后每期偿还金额试算	
12	提前还款	200000
13	贷款余额	407454.8808
14	以后每期应还	-￥2,968

图 1-16　提前还贷试算

**知识点**：CUMPRINC(rate, nper, pv, start_period, end_period, type)

作用：返回两个付款期之间为贷款累积支付的本金。

参数说明：

- rate：各期利率。
- nper：该项投资(或贷款)的付款期总数。
- pv：现值，即从该项投资开始计算时已经入账的款项，或一系列未来付款的当前值的累积和，也称为本金。
- start_period：计算中的首期(付款期数从 1 开始计数)。
- end_period：计算中的末期。
- type：数字 0 或 1，用以指定各期的付款时间是在期初还是期末。1——期初；0 或省略——期末。

一试身手

1. 回顾 Excel 财务建模的基本步骤。

2. 总结通过导学案例你掌握了 Excel 的哪几个用法。

3. 王老师 2010 年购买了一套商品房，总价值 270 万元，享受了首套住房利率七折的优惠政策。按照经济能力，首付了三分之一，即 90 万元，其余采用组合贷款方式：公积金贷款 60 万元＋按揭贷款 120 万元，共需还款 18 年。公积金贷款利率为 4.25%，商业按揭贷款利率为 6.8%。计算王老师每月要还多少钱。

第 2 章

Excel 数据录入

本章概要：

- 熟悉 Excel 的工作界面
- 学会在 Excel 中输入各种类型的数据
- 掌握快速输入数据的方法
- 学会借助数据有效性控制输入数据的正确性

2.1 Excel 的工作界面

Excel 是一款功能强大的电子表格软件，是微软公司 Microsoft Office 办公套件的重要组成部分。Excel 自发布以来在各行各业得到了广泛的应用，至今已发布了多个版本。本书以大众广为使用的 Excel 2007 为蓝本进行介绍。

Excel 2007 的工作界面主要由“Office 按钮”、标题栏、菜单栏、“快速访问”工具栏、编辑栏、工作表区、状态栏等几个部分构成，如图 2-1 所示。

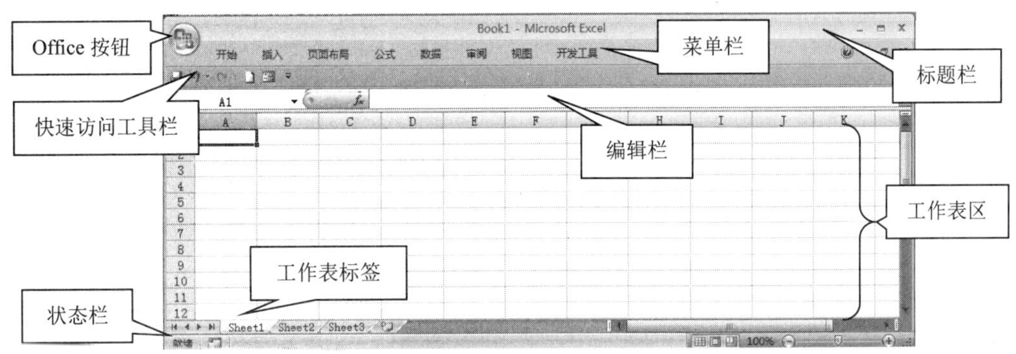

图 2-1　Excel 2007 的工作窗口

1. Office 按钮

Office 按钮位于左上角。单击 Office 按钮可以打开“文件”菜单，如图 2-2 所示。其中主要包括对文件的各种操作命令、最近使用的文档及“Excel 选项”设置按钮。

图 2-2　单击 Office 按钮后打开的菜单

单击“Excel 选项”设置按钮，打开“Excel 选项”对话框，如图 2-3 所示。

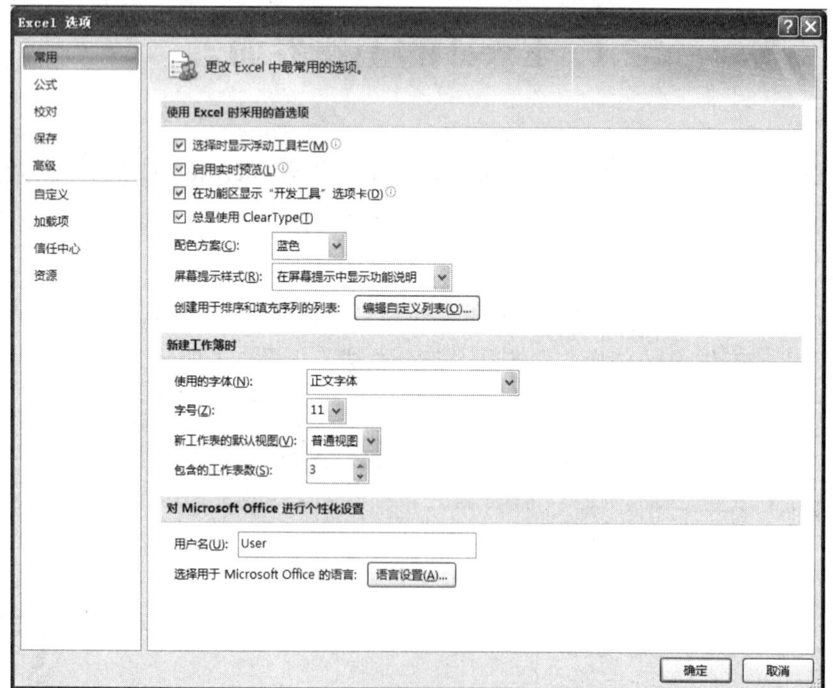

图 2-3　“Excel 选项”对话框

2. 标题栏

窗口的最顶端是标题栏，标题栏中显示正在运行的应用程序的名称，如Microsoft Excel。标题栏的最右端是对Excel窗口进行操作的 3 个按钮“ - ▭ × ”，分别代表最小化窗口、最大化窗口和关闭窗口。当窗口最大化之后，最大化按钮变为恢复按钮 。

3. 菜单栏

标题栏下方是主菜单，主菜单中包括了 Excel 2007 中的所有功能，包含开始、插入、页面布局、公式、数据、审阅、视图和开发工具 8 个菜单项。

单击某个菜单项，便会展开该菜单项的所有功能，这些功能以图标按钮方式显示，称为功能区。光标指向某个功能按钮并停留时，会出现简要的功能说明。

如果需要将功能区最小化，可以单击快速访问工具栏右侧的按钮 ，在随后出现的菜单中选择“功能区最小化”命令，功能区隐藏，为工作表区留出更多空间。

除了主菜单之外，常用的还有快捷菜单。快捷菜单是单击光标右键产生的，并且快捷菜单中显示的内容与光标所指向的对象相关，通常包含了对对象的常用操作。

4. 快速访问工具栏

快速访问工具栏位于 Office 按钮和主菜单下方，包含保存、撤销、恢复等几个常用功能按钮，最右侧是“快速访问工具栏”按钮。单击该按钮可以打开“自定义快速访问工具栏”菜单，如图 2-4 所示。

图 2-4　快速访问工具栏及菜单

选中或取消选中其中的菜单项可以决定该功能是否在自定义快速访问工具栏中显示。还可以选择快速访问工具栏在功能区上面还是下面显示。

5. 编辑栏

编辑栏由三部分构成：名称框、编辑确认区和公式框，如图 2-5 所示。

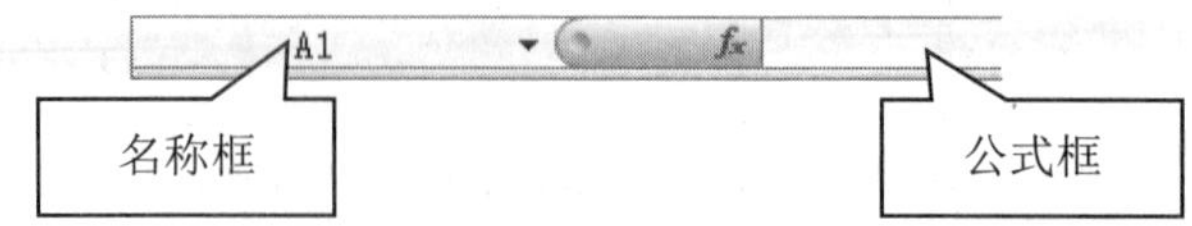

图 2-5　非编辑状态下的编辑栏

(1) 名称框

名称框用来显示当前选中的单元格的地址，也可以按照名称快速寻找单元和区域。名称框还带有一个下拉式列表，打开它，就会显示所有已定义的名称。

(2) 编辑确认区

编辑确认区有两种状态。如果单元格处于非编辑状态，则显示如图 2-5 所示。如果单元格处于编辑状态，则显示。单元格处于编辑状态时，单击“”按钮取消对当前单元格的编辑，相当于键盘上的“Esc”键；单击“”按钮确认对当前单元格的编辑，且光标仍然停留在当前单元格。如果是按键盘上的“Enter”键，同样是确认对当前单元格的编辑，但光标转移到下一个单元格。则是插入函数的快捷工具。

(3) 公式框

公式框在 Excel 中有着极为重要的作用。如果在单元格中输入的是常数，公式框中显示该常数的原值，单元格中显示按照某种格式定义的显示值。

在 A1 中输入“3.4567”，单击“”按钮确认，然后用减少小数位数工具设置 A1 中的数据保留两位小数，成为“3.46”，公式框中显示如图 2-6 所示。

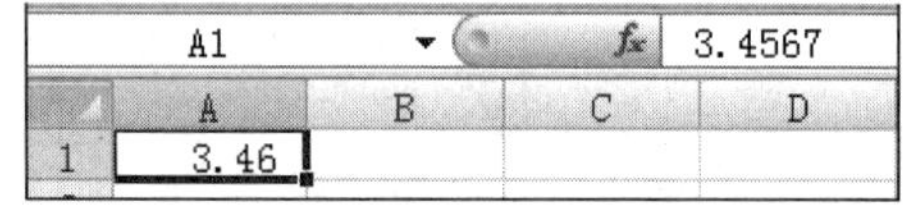

图 2-6　单元格中为常数时公式框中显示常数的原值

如果在单元格中输入的是公式，公式框中显示公式，单元格中显示公式的计算结果。

在 A2 中输入“＝A1*2”，A2 中显示“6.9134”，公式框中显示计算公式，如图 2-7 所示。

A2　　=A1*2

	A	B	C	D
1	3.46			
2	6.9134			

图 2-7　单元格中为公式时公式框中显示公式

6. 工作表区

工作表区包括行标题、列标题、滚动条、工作簿标题、工作表标签、单元格。

每个工作表都由 256 列×65536 行构成，每个行列交叉点处称为一个单元或单元格。单元格是工作表的基本组成单元，是 Excel 中可独立操作的最小单位。

(1) 单元格的引用样式

单元格有两种引用样式：A1 样式和 R1C1 引用样式。

引用样式 A1 用字母标识列，从 A 到 IV，共 256 列，用数字标识行，从 1 到 65536。这些字母和数字被称为行标题和列标题。如果要引用单元格，要顺序输入列字母和行数字。例如，C3 引用了列 C 和行 3 交叉处的单元格。

引用样式 R1C1 在 R 后跟行号，在 C 后跟列号表示单元格的位置。例如，R2C3 表示第 2 行与第 3 列交叉点的单元格。

初次打开 Excel 时系统默认的显示样式为 A1，如果用户要切换成 R1C1 显示样式，需在“Excel 选项”中，单击“公式”选项卡，选中“R1C1 引用样式”复选框。此时 Excel 的单元格显示样式为 R1C1，如图 2-8 所示。

图 2-8　设置为 R1C1 引用样式

(2) 同一工作簿中的工作表间的单元格引用

在相同工作簿中，引用其他工作表的单元格的方法是：在单元格引用前加上相应工作表引用，并用感叹号“！”将工作表引用和单元格引用分开，其格式为：工作表名称！单元格引用。例如，如果要引用“Sheet1”工作表的D5单元格，则应表示为：＝Sheet1！D5。

(3) 不同工作簿中的工作表间的引用

当需要引用其他工作簿中的单元格时，其格式为：[工作簿名称]工作表名称！单元格引用。例如，如果要引用 Book1 中的 Sheet1 工作表中的 D5 单元格，则应表示为：[Book1] Sheet1！D5。其中，当被引用工作簿处于关闭状态时，则必须将该工作簿存放的全部路径写在工作簿名之前，并且用单引号将整个引用路径括起来。假定上例中 Book1 位于 D:\Excel\文件目录下，则应表示为：＝'D:\ Excel\文件\[Book1] Sheet1'！D5。

Excel具有智能功能，它可以自动修订表间的引用公式，不论是同一工作簿，还是不同工作簿，当工作簿名或工作表名发生变化时，Excel都会自动地修正原来的表间引用公式。例如，在同一工作簿中的工作表间引用“Sheet1！D5”。现在将“Sheet1”改名为“WJ”，则公式自动改写为“WJ！D5”。

(4) 单元格的编辑

单元格的编辑是指对单元格中的内容进行增加、修改、删除等操作。单元格的编辑有两种方式。第一种，双击要编辑的单元格，光标出现在单元格中，此时就可以对该单元格进行编辑了。第二种，单击单元格，再单击公式栏，此时光标出现在公式栏中，可以对单元格进行编辑。

Book1 是打开的一个空白工作簿文档的名称，该工作簿实际是一个独立的窗口，由于工作簿窗口最大化，所以将工作簿标题栏合并入 Excel 的标题栏中了。

工作簿由工作表组成，工作表标签标志一个工作簿中的各张工作表，每一个标签代表一个工作表，一个工作簿可以包括多个工作表，并且每个工作表名都显示在标签上，其默认状态下，每个新建的工作簿只有 3 个工作表，分别命名为“Sheet 1”、“Sheet 2”、“Sheet3”。工作表标签的左边有一组箭头，分别表示“第一张表”、“当前表的前一张表”、“当前表的后一张表”、“最后一张表”。当打开的工作表多到超过屏幕显示范围时，可以借助这组箭头找到目标工作表。

7. 状态栏

状态栏位于窗口的底部，用于显示有关选定命令或操作进程的信息。状态栏的左边显示当前所处的状态“就绪”或“输入”。

默认情况下，状态栏右侧显示“视图”工具栏、显示比例按钮 100% 和显示比例调节器。

2.2　输入各种类型的数据

本节介绍如何在 Excel 中输入各种类型的数据，在学会输入数据的基础上如何利用填充功能快速输入数据，以及利用数据有效性功能实现正确输入数据。

2.2.1　Excel 中的数据类型

Excel 中的数据包括常量和变量。

常量是指直接输入单元格中的数据，常量的特征是一旦完成数据输入，它们将不再改变。常量包括文本、数值(日期、时间)等。

变量即公式。变量的特征是一旦该公式所引用的单元格的数值发生变化，该公式的值将立即重新计算，并得到新的计算结果。变量由“＝”、单元格引用、数值、函数、运算符等组成。

2.2.2　常量的输入

1. 数值数据的输入

在 Excel 中数值型数据是使用最多，也是最为复杂的数据类型。数值型数据由数字 0～9、指数符号“E”或“e”、正号“＋”、负号“－”、百分号“%”、小数点“.”、分数号“/”、括号“()”、货币符号“￥”或“$”、千位分隔号“,”等组成。数值型数据在单元格中自动靠右对齐。以下说明特殊数据的输入方法。

(1) 负数的输入

如果要输入负数，必须在数字前加一个负号“－”，或给数字加上圆括号。例如，输入“－30”和“(30)”都可在单元格中得到－30。

(2) 分数的输入

如果输入分数(如 1/2)，应先输入“0”和一个空格，然后输入“1/2”。如果不输入“0”和空格，Excel 会把该数据当作日期格式处理，单元格中将显示为“1 月 2 日”。Excel 中，日期型数据的分隔符为“/”和“－”。

(3) 小数的输入

如果输入小数，一般可以直接在指定的位置输入小数点即可。当输入的数据量较大，且都具有相同的小数位数时，可以利用“自动设置小数点功能”。步骤是：单击“Office”按钮，打开 Office 功能菜单，单击“Excel 选项”按钮，在“Excel 选项”对话框中选择“高级”选项，选中“自动插入小数点”复选框，并在“位数”框中输入或通过调节按钮指定相应的小数位数，如图 2-9 所示。

例如，输入“3”，表示保留 3 位小数。若要在 3 个单元格中分别输入“0.045”、“0.674”和“8.147”，只要输入“45”、“674”和“8147”即可，从而省略了输入小数点的麻烦。另外，如果输入的数据量较大，且后面有相同的零个数，则可在大数字后自动添零。方法是在图 2-9 中的“位数”框中指定一个负数作为需要的零的个数。例如，在“位数”框中输入“－2”，然后分别在 3 个单元格中输入“89”、“450”和“6”，则会自动变为“8900”、“45000”和“600”。

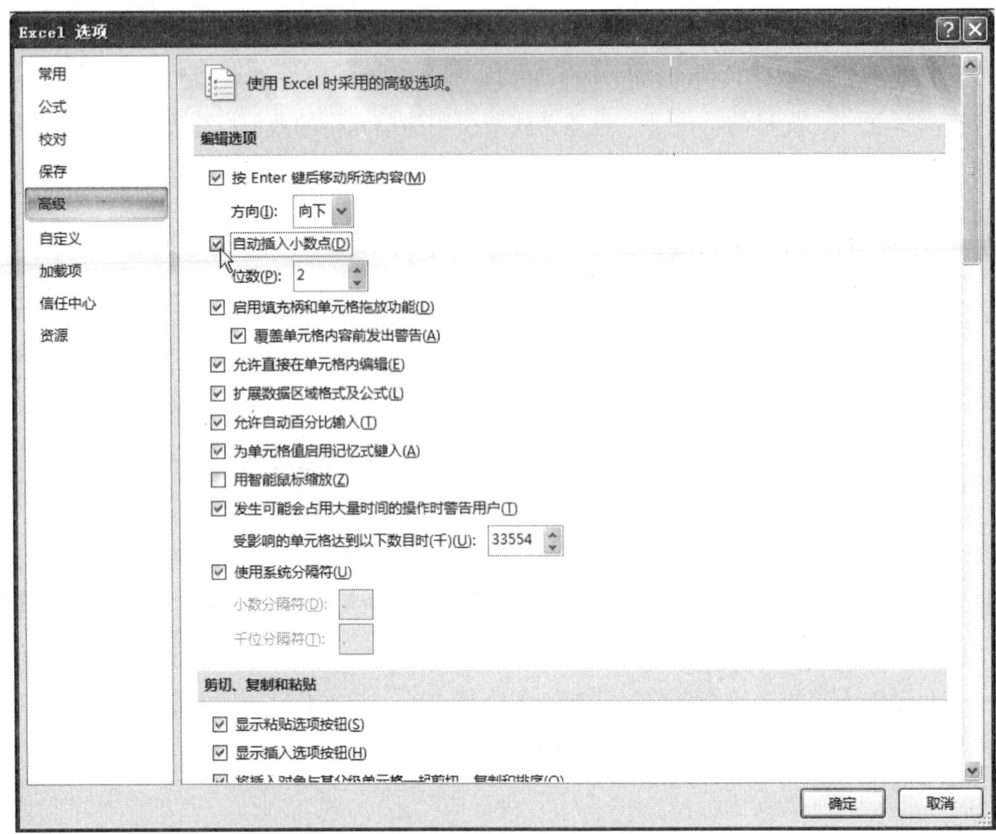

图 2-9　自动设置小数点

2. 日期和时间的输入

(1) 日期数据

日期数据由“0～9”、“/”和“-”组成。在输入日期时，年、月、日之间用“/”或“-”进行分隔。如果省略年份，则以当前的年份作为默认值。如果要在单元格中插入当前日期，可以按“Ctrl”＋“；”组合键。

(2) 时间数据

时间数据由“时、分、秒”组成。在输入时间时，小时与分钟与秒之间用冒号分隔。Excel 会自动把插入的时间作为上午时间，如输入“10:20:15”，Excel 会认为是“10:20:15AM”；如果输入下午的时间，应在时间后面加上一个空格，然后输入 PM 或 P 即可。如果想在单元格中插入当前的时间，可以按“Ctrl”＋“Shift”＋“；”组合键。如果要修改日期和时间的格式，需要执行“格式”|“单元格”命令，在弹出的“单元格格式”对话框中进行修改。

【跟我练 2-1】检测日期型数据与数值的对等关系。

① 在 A1 单元中输入“1/2”，A1 单元格显示“1 月 2 日”。检查公式栏中显示的

数据是 A1 单元中实际存储的值，假定为“2015-1-2”。

② 右击 A1 单元，从快捷菜单中选择“设置单元格格式”命令，打开“设置单元格格式”对话框。

③ 选择“数字”选项卡，在“分类”列表中选择“数值”选项，单击“确定”按钮。此时 A1 单元格中的值为“42006”。

提示：

- Excel 中是以“1900-1-1”等同于数值“1”。某日期型数据与“1900-1-1”相差的天数即为该日期型数据的数值表现形式。本例说明，“2015-1-2”与“1900-1-1”之间相差 42006 天。

3. 文本的输入

文本由字母、数字、汉字和标点组成。在默认的情况下，文本沿单元格左边对齐。如果文本全部由数字组成，例如，邮政编码、职工编号和学号等，输入时应在数据前输入单引号“'”(如'2003001。该键一般位于键盘上 Enter 键的左边)，Excel 就会将其看作是文本，将它沿单元格左边对齐。当用户输入的文字过多，超过了单元格宽度，会产生两种结果：一是如果右边相邻的单元格中没有任何数据，则超出的文字会显示在右边相邻单元格中；二是如果右边相邻的单元格已存储了数据，那么超出单元格宽度的部分将不显示。没有显示的部分仍然存在，只要加大列宽度或以折行的方式格式化该单元格之后，就可以看到全部的内容。

2.2.3　变量的输入

变量即公式。公式由“＝”、单元格引用、数值、函数、运算符等组成，输入公式时，以一个等号“＝”作为开头、公式中大小写字母等价、允许有空格。公式输入完成之后，单元格中显示公式的计算结果，公式在公式框中显示。若希望在单元格中显示公式本身，可以有两种方式：第一种，在图 2-9 的“Excel 选项”对话框的“高级”选项下，选中“在单元格中显示公式而非计算结果”选项；第二种是一种更为快捷的方式，用户可以用“Ctrl”＋“`”组合键来迅速地实现在单元格中显示公式与显示公式的计算结果这两种状态之间的动态切换。

运算符是公式中不可缺少的一部分，主要包括算术运算符、比较运算符和文本运算符。

1. 算术运算符

使用算术运算符能够完成基本的数学运算，主要有“＋(加号或正号)、－(减号或负号)、*(乘号)、/(除号)、^(乘方)、%(百分号)。在 Excel 中，百分号是运算符，代表除以 100。例如：3＋2、8－6、(－50)、5*7、4/9、78%和 4^2(即 4 的 2 次方)等。

2. 比较运算符

比较运算符主要有：＝(等号)、＞(大于号)、＜(小于号)、＞＝(大于或等于号)、＜＝(小于或等于号)和＜＞(不等于号)。比较运算符可用于比较数字、字符和文字，并产生逻辑值 TRUE 或 FALSE。

试进行不同类型数据的比较。

(1) 数值型数据的比较

在单元格中构建比较运算，如“＝50＞35”结果为 TRUE，而“＝50＜35”结果为 FALSE。由此得知，数值型数据按数值大小比较。

(2) 字符型数据的比较

在单元格中构建比较运算，如“＝"A"＞"a"”结果为 FALSE。由此得知，字符型数据的比较按字母在机内的 ASCII 值，即 A-Z，a-z。

注意：

- 如果你在单元格中构建的比较运算是"＝A>a"，系统会出现“#NAME？”的提示。字符型数据需要用引号括起来，否则会被 Excel 识别为名字。
- 引号要在英文输入法状态下输入，"不能用“”代替。

(3) 汉字的比较

在单元格中构建比较运算，如“"助教"＜"教授"”，结果为 FALSE。汉字之间的比较是按汉字转换为汉语拼音，再按字符比较的原则进行比较。

3. 文本运算符

文本运算符只包括一个连字符“＆”，使用该字符可以连接字符、文字和数字，连接数字时，数字串两边的双引号可有可无，但纯文本两边必须加上双引号。数字连接后得到的结果是字符。如：A1 中存储的是部门编号 11000，A2 中存储的是职工编号 001。在 A3 中输入公式“＝A1&A2”，结果为“11000001”。在 A4 中输入“＝"Excel" &"在财务中的应用"”，结果为“Excel 在财务中的应用”。在 A5 中输入“＝12.25&23”，结果为文字型“12.2523”。

2.2.4　公式出错提示

在输入公式时经常会出现一些错误的信息，而这些错误值是因为公式不能正确地计算结果或者公式引用的单元格含有错误而导致的。在 Excel 中共有以下 8 种错误值。

1. ####

当公式计算结果太长，单元格容纳不下或者将一个负数变成日期格式显示时会产生此类错误值。

2. #DIV/0！

当数字被零(0)除时，出现错误。可能的原因是输入的公式中包含有明显的被零除，例如“＝9/0”，或者使用对空白单元格或包含零的单元格的引用作除数。

3. #NAME？

当使用的名称不存在，在公式里使用了未命名的区域时，如：＝SUM(A1A5)，或者函数名称拼写错误时则经常会出现此类错误。

4. #REF！

当单元格引用无效时，将公式中引用的单元格覆盖或者删除公式中所引用的单元格后，公式所在的单元格就会出现这种错误。

5. #VALUE！

当使用了错误的参数或者运算符对象类型时就会产生此类错误。例如在单元格中输入公式“＝4＋"a"”时，单元格中就会显示错误值“#VALUE！”。

6. #N/A

当在函数参数或者公式中没有可用数值时则会出现此类错误。例如在使用 LOOKUP 函数时应该确保 lookup_value 参数值的类型正确，应该引用有数值的单元格，而不是引用空白单元格。

7. #NUM！

在需要数字参数的函数中使用了无法接受的参数或者输入的公式产生的数字太大或太小而无法在 Excel 中表示时，则会出现此类错误。例如函数 DATE(year，month，day)中的参数 year 为负数时就会在单元格中显示错误值“#NUM！”

8. #NULL！

当为两个不相交的区域指定交集时将会产生此类错误。例如，函数 SUM(A1：A5，C1：C5)的功能是对两个区域求和，而函数 SUM(A1：A5 C1：C5)的功能是对两个区域的交集中的单元格求和，但这两个区域没有交集，因此会产生错误值“#NULL！”。

2.3　快速输入数据

学会了输入各种类型的数据之后，接下来我们讨论如何快速输入数据，以提高数据处理的效率。

2.3.1　自动填充数据

为了方便快速地输入数据，Excel 提供了自动填充的功能。

自动填充数据的方法有 3 种：第一种是用光标左键拖曳所在单元格右下角的填充柄完成；第二种是用光标右键单击所在单元格右下角的填充柄并向下拖曳，释放光标右键，在弹出的快捷菜单中选择相应的填充方式，如图 2-10 所示；第三种是使用“开始”菜单中的“填充”命令来填充。

图 2-10　选择填充方式

(1) 数值的自动填充

等差序列的自动填充，可以采用输入前两个数据的方法来实现。

【跟我练 2-2】在 A1∶A8 中输入等差序列 2、4、6、8、10、12。在 B1∶B6 中输入等比序列 3、9、27、81、243、729。

① 在单元格 A1、A2 中分别输入 2 和 4。

② 选定 A1∶A2 单元格区域，拖动光标填充柄向下进行填充，即可得到等差序列 2、4、6、8、10、12，如图 2-11 所示。

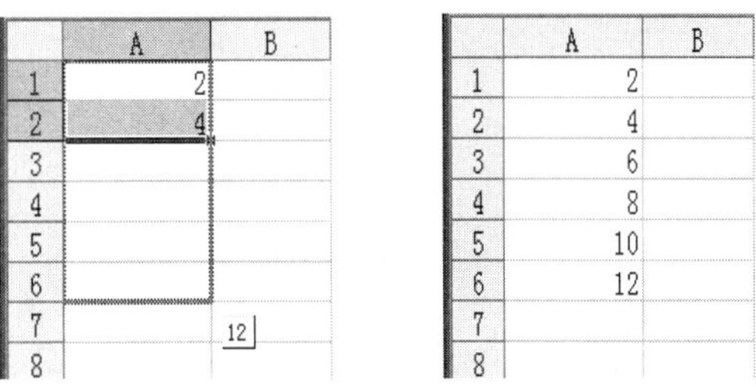

图 2-11　输入等差序列

等比序列的自动填充，可利用 Excel 提供的填充序列命令来实现。

① 在单元格 B1 中输入 3。

② 选定单元格区域 B1∶B6。

③ 执行“开始”|“填充”|“系列”命令，在弹出的“序列”对话框中选择“列”和“等比序列”复选框，并在“步长值”文本框中输入“3”，如图 2-12 所示。

④ 单击“确定”按钮。

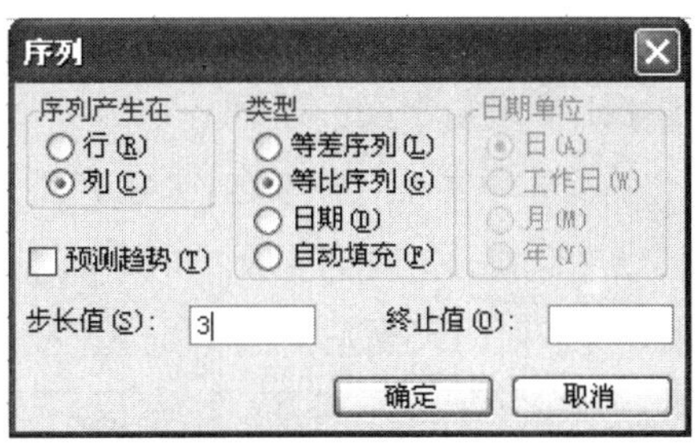

图 2-12　设置输入等比序列

(2) 日期和时间的自动填充

日期和时间的自动填充也可以通过填充柄来实现。例如，在 A1 单元格中输入“星期一”，在 B1 单元格中输入“2015-1-1”，并分别拖动填充柄向下移动，Excel 就会依次填入“星期二、星期三”等，以及“2015-1-2”、“2015-1-3”等，如图 2-13 所示。

	A	B
1	星期一	2015-1-1
2	星期二	2015-1-2
3	星期三	2015-1-3
4	星期四	2015-1-4
5	星期五	2015-1-5
6	星期六	2015-1-6
7	星期日	2015-1-7

图 2-13　日期的填充

也就是，日期数据的自动填充是按递增 1 日默认的，如果需要按月递增，则需要输入连续的两个日期，再根据这两个日期进行填充。

(3) 文字的自动填充

如果要输入文字序列，如“甲、乙、丙、丁、……”。在单元格 A1 中输入“甲”，然后拖动填充柄向下移动，就会完成该序列的自动填充。

2.3.2　自定义序列

Excel 预先定义了一些常用的数据序列。当在 Excel 输入预定义的数据序列时，只需输入该数据序列中的一个数据，然后拖动该数据所在单元格右下方的填充柄“+”即可。Excel 提供的内置填充柄序列类型包括数字、日期和文字等一些常用序列，还允许用户自定义常用的数据系列或排列次序，使得数据输入更加快捷。

【跟我练 2-3】自定义序列：教授、副教授、讲师、助教。

① 在 A1：A4 单元中分别输入“教授”、“副教授”、“讲师”、“助教”，选中 A1：A4 区域。

② 单击“Office 按钮”，从菜单中单击“Excel 选项”按钮，打开“Excel 选项”对话框。

③ 在“常用”选项卡中，单击“编辑自定义列表”按钮，打开“自定义序列”对话框，左侧列表框中显示 Excel 中预先定义的序列。

④ 在“导入”按钮左边的文本框中显示“$A$1:$A$4”，单击“导入”按钮，序列出现在右侧“输入序列”列表中，如图 2-14 所示。

⑤ 单击“添加”按钮，该序列加入到左侧的自定义序列中。

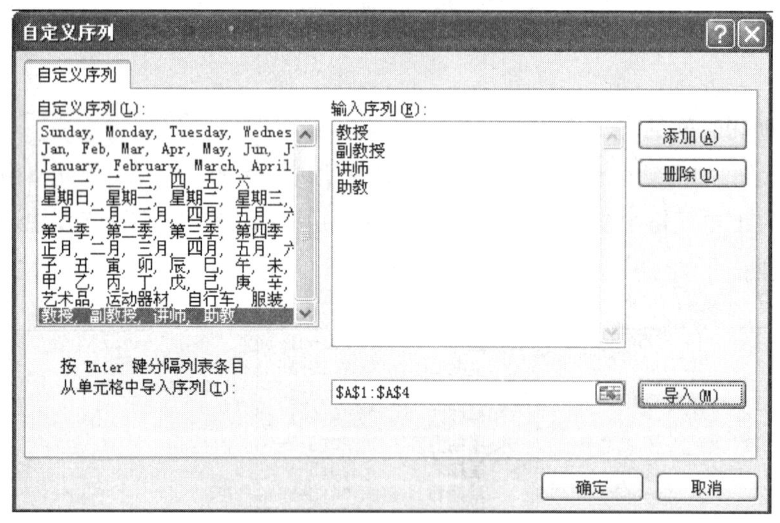

图 2-14　导入预先设置的自定义序列

【跟我练 2-4】自定义序列：三星手机、苹果手机、小米手机。

① 在“自定义序列”对话框中，单击左边列表框中的“新序列”选项。

② 在“输入序列”文本框中，输入自定义序列，“三星手机”、“苹果手机”、“小米手机”，每输入完成一个，按 Enter 键，如图 2-15 所示。

③ 输入完毕后，单击“添加”按钮，添加到自定义序列列表中。

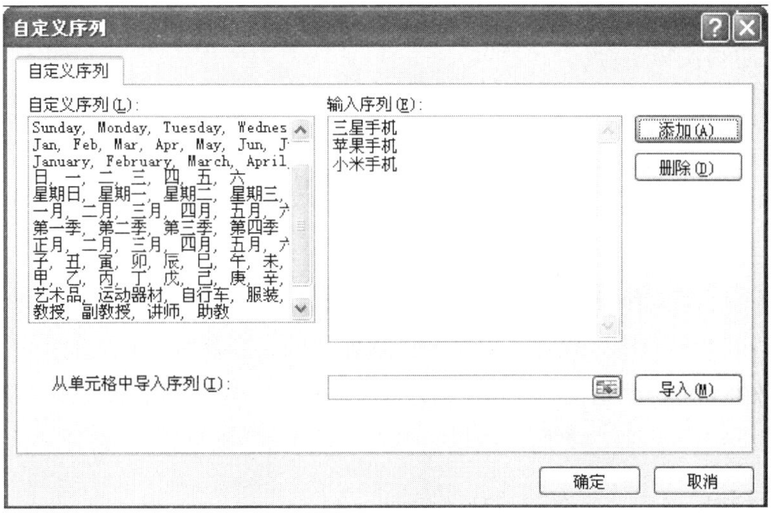

图 2-15　输入自定义序列

2.3.3　工作表组

一个 Excel 工作簿中有多个工作表，如果需要一次编辑多个工作表的相同单元格，就要用到工作表组。一般来说，工作表组中的工作表的格式是相同的，任意修改或编辑其中一个工作表的内容及格式，其余的工作表都会做同样的改变。

1. 建立工作表组

建立工作表组的方法：单击选择第一个工作表标签，按住 Ctrl 键，再选择第二个、第三个……如果工作表是连续的，也可以选择第一个工作表后按住 Shift 键，再选最后一个工作表。如果是同时在所有工作表操作，也可以在工作表标签右击“选定全部工作表”。

2. 编辑内容

建立工作表组后，Excel 菜单栏标题后会自动添加[工作组]字样，这时在第一张工作表中进行录入、编辑，所有的操作都会同时影响所选择的多个工作表。

3. 取消工作表组

操作完成，右击工作表标签，选择“取消组合工作表”。

【跟我练 2-5】利用填充工作表组的方法，将 Sheet1 中 A10：C10 区域的内容复制到 Sheet2 和 Sheet3 中。

① 选择 Sheet1 中 A10：C10 区域。

② 按住“Shift”键，单击“Sheet3”，建立工作表组。

③ 执行“开始”|“填充”|“成组工作表”命令，即可成功将此内容复制到工作表组的其他工作表中。

2.4　单元格数据的有效性

在 Excel 中，单元格默认的有效数据为任何数值。用户可以根据需要给一些单元格或区域定义有效数据范围，以保证这个范围内输入的数据是合理有效的。

数据有效性功能，就是使用户可以指定单元格中允许输入的数据类型以及数据的有效范围。如果输入了无效的数据，则显示自定义输入提示信息和出错提示信息。

1. 给单元格或区域定义有效数据范围

【跟我练 2-6】为职工登记表设置数据有效性。要求：性别只能选择“男、女”中的任一项；年龄必须在“18～60”之间；个人简历不能超过 100 字，如图 2-16 所示。

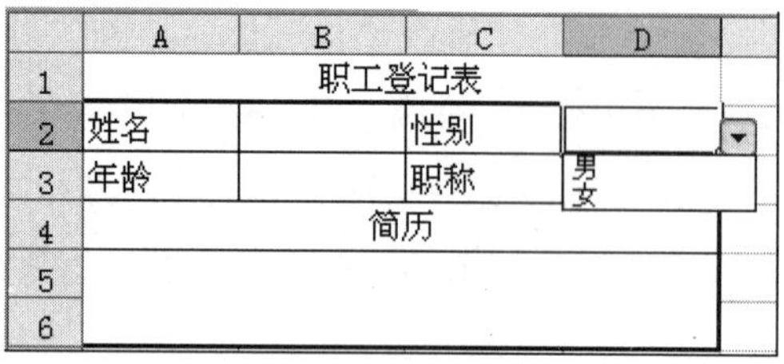

	A	B	C	D
1	职工登记表			
2	姓名		性别	男 女
3	年龄		职称	
4	简历			
5				
6				

图 2-16　设置要求

① 选中 D2 单元格，执行“数据”|“数据有效性”|“数据有效性”命令，打开“数据有效性”对话框。

② 单击“设置”选项卡，在“允许”下拉列表框中，选择“序列”有效数据类型。

③ 在“来源”编辑框中输入“男,女”自定义序列，如图 2-17 所示。单击“确定”按钮返回。

提示：

- 在“来源”编辑框中输入序列的各项内容必须用英文输入法状态下的逗号“,”分隔。

④ 选中 B3 单元格，执行“数据”|“数据有效性”|“数据有效性”命令，打开“数据有效性”对话框。

⑤ 单击“设置”选项卡，在“允许”下拉列表框中，选择“整数”有效数据类型。

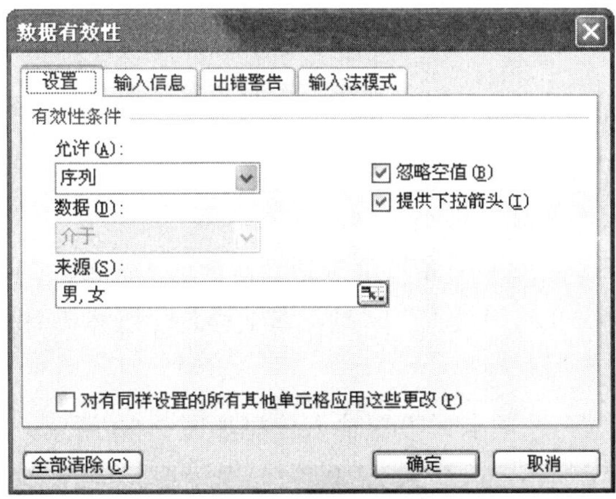

图 2-17　设置“性别”有效性条件

⑥ 设置年龄的有效性条件如图 2-18 所示。单击“确定”按钮返回。

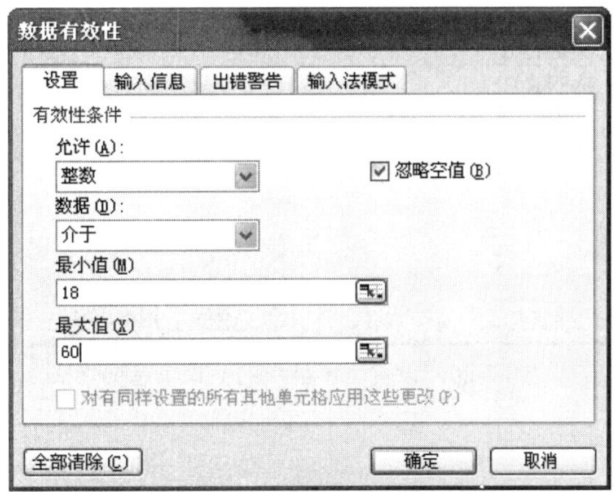

图 2-18　设置“年龄”有效性条件

⑦ 选中 A5 单元格，执行“数据”|“数据有效性”|“数据有效性”命令，打开“数据有效性”对话框。

⑧ 在“允许”下拉列表框中，选择“文本长度”，然后在“最小值”和“最大值”编辑框中分别输入“0”和“100”。

在完成上述设置后，只要用户选中被设置有效数据范围的单元格，输入的数据就必须符合有效性条件的设定，否则系统就会出现警示信息。如在 B3 单元中如果输入“15”，系统弹出信息提示框如图 2-19 所示。

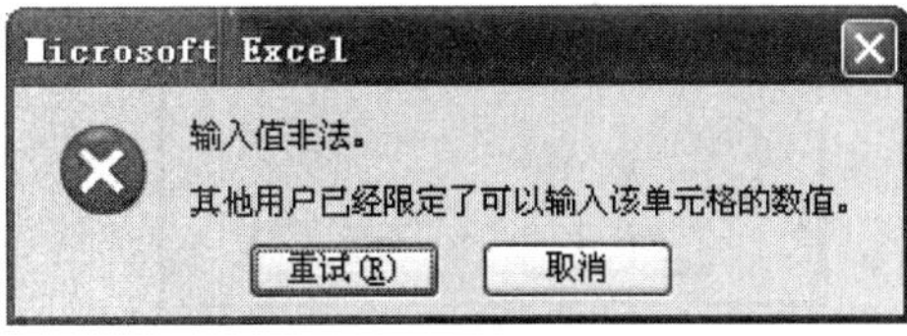

图 2-19　系统提示信息

2. 给单元格或区域设置输入信息

在给单元格或区域设置了有效数据范围后，我们便不能在其中输入超出数据范围的数据了。而有时会忘记所设置的数据范围，对于这种情况，如果给单元格或区域设置输入信息，就可以根据输入信息的提示来向其中输入数据。

【跟我练 2-7】在 B3 单元中设置提示信息“请输入 18～60 之间的整数”。

① 选中 B3 单元格，执行“数据”|“数据有效性”|“数据有效性”命令，打开“数据有效性”对话框。

② 单击“输入信息”选项卡，设置输入信息如图 2-20 所示。

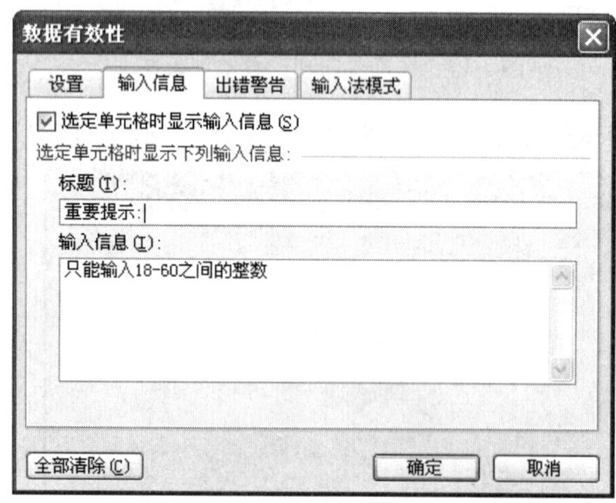

图 2-20　设置“年龄”的输入信息

③ 单击“确定”按钮返回。

3. 给单元格或区域设置出错警告

出错警告在数据输入后显示，当用户输入的数据无效时，可以显示的出错提示信息有 3 种：提示信息——是保留已经输入的数据还是取消操作？警告信息——继续吗？中止信息——中止输入。

如上例，在“数据有效性”对话框中，单击“出错警告”选项卡，选中“输入无效数据时显示出错警告”复选框，在“样式”下拉列表框中，选择出错警告样式，如选择“停止”，在“错误信息”编辑框中输入“输入错误”，单击“确定”按钮。若用户以后在该单元格中输入了其他数据(有效数据以外)，Excel 将发出警告，如图 2-21 所示。

图 2-21　设置出错警告

4. 删除单元格的有效数据范围或提示信息

如果不再需要某些单元格或区域的有效数据范围或提示信息，可以将其删除。选定要删除有效数据范围或提示信息的单元格，在打开的“数据有效性”对话框中，单击“设置”选项卡。在该选项卡中，单击“全部清除”按钮，确定后即可。

一试身手

1. 请证明“1900-1-1”等同于数值“1”。

2. 单元格中什么情况下会显示“#DIV/0！”？

3. “甲产品、乙产品、丙产品、丁产品”是系统预先设置的序列吗？若不是，请添加自定义序列。

4. 设计一张学生基本情况登记表，包括姓名、性别、年龄、个人简介等项目。要求用数据有效性功能，设置性别只能从“男,女”两个项目中选择；年龄只能输入“18～60”之间的整数；个人简介不能超过 200 字。

第 3 章

跟我学制表

本章概要：

- 学会编辑工作表
- 学会美化工作表
- 掌握以工作表为对象的各种基本操作
- 掌握文件的基本操作

3.1 编辑工作表

编辑工作表的任务是及时、准确地编制出各种表。为此，需要了解组成工作表的单元、区域等常用概念、用法及注意事项。

3.1.1 区域

1. 区域的表示

区域是由相邻单元格组成的。在 Excel 中，通常情况下是针对区域的操作，如数据删除、数据复制、数据统计等。区域通常由左上角单元格的引用、冒号“：”和区域右下角单元格的引用来表示。例如，“A1：B2”是指 A1 到 B2 这样一个矩形区域，它包括 4 个单元，分别是：A1、A2、B1、B2。

2. 区域的选取

(1) 选定一个连续的单元格区域

如果用光标选定一个连续的单元格区域，需单击区域左上角的单元格，然后按住光标左键并拖动光标到区域的右下角，松开光标左键，选择的区域呈淡蓝色。若想取消选择，可单击工作表中任一单元格。

如果指定的单元格区域范围较大，可以使用光标和键盘相结合的方法，用光标单击区域的左上角单元格，按住Shift键，再单击区域的右下角单元格，或者用Shift键和键盘上的上、下、左、右4个方向键。例如，要选择A1：F40。首先单击单元格A1，然后滚动工作表的垂直滚动条，当出现F40后，先按住Shift键，然后单击单元格F40即可。

(2) 选定不相邻的单元格区域

如果要选定的单元格区域有多个且不相邻，则需单击并拖动光标选定第一个单元格区域，然后按住 Ctrl 键选定其他单元格区域。

(3) 选定整行或者整列

在行标题或者列标题上单击行号或者列号，即可选定整行或者整列。

(4) 选定多行或者多列

如果选定连续的多行或者多列，先选择第一行或者第一列，然后按下光标左键并拖动到所要选取部分的最后一行或最后一列，释放光标左键即可选取连续的多行或者多列。

如果选定不相邻的行或者列，先选取第一个行号或者列号，然后按住 Ctrl 键，再单击别的行号或者列号。

(5) 选定整个工作表

工作表的行号和列号的交叉处是“选定整个工作表”的全选按钮，单击它可选中整个工作表。或者按下“Ctrl”+“A”组合键，即可快速选定整个工作表。

3. 区域求和

区域求和是一种非常常见的操作。对区域求和通常有如下几种方式，下面以图 3-1 为例进行说明。

(1) 区域求和的常用方法

【跟我练 3-1】区域求和的几种方式。

第一种：单击 B7 单元格，双击“开始”菜单中的自动求和按钮 Σ 自动求和，B7 中出现对 B3：B6 区域的汇总结果。

第二种：单击 B7 单元格，单击自动求和按钮 Σ 自动求和，如图 3-1 所示，如果求和区域无误，单击“确认”按钮；如果求和区域有误，按照上面介绍的区域选择方法重新选择区域确定即可。

第三种：选择 B3：B7 区域，单击自动求和按钮 Σ 自动求和，B7 中出现汇总结果。

针对图 3-1，最简便的求和方式为：选择 B3：F7 区域，单击自动求和按钮 Σ 自动求和，即可求得所有的合计项。

	A	B	C	D	E	F
1	销售情况一览表					
2		一季度	二季度	三季度	四季度	合计
3	北京	2200	3420	3248	3846	
4	上海	3100	5240	5232	5013	
5	天津	1980	3653	3333	4444	
6	成都	2450	2434	3500	2874	
7	合计	=SUM(B3:B6)				
8		SUM(**number1**, [number2], ...)				

图 3-1　汇总求和示例

(2) 相交区域求和

两个单元区域间用空格隔开，表示对两个区域引用的公共单元区域求和。例如，“SUM(A1∶B2　B1∶C2)”是指对两个单元引用的公共单元区域 B1∶B2 进行求和。

(3) 联合区域求和

不同单元区域间用逗号“,”隔开，表示对单元格区域中的所有数值求和。例如，“SUM(A1∶B2, B1∶C2)”指对区域 A1∶B2 和区域 B1∶C2 中所有数值求和。如图 3-2 所示。

B4　　fx　=SUM(A1:B2,B1:C2)

	A	B	C	D	E
1	1	2	2		
2	1	2	2		
3					
4		14			
5					
6					
7					

图 3-2　联合区域求和

3.1.2　对数据的基本操作

1. 移动数据

(1) 通过拖动方式移动数据

要移动单元格的内容，应首先单击要移动的单元格或选定单元格区域，然后将光标移至单元格区域边缘，待光标变为形状后，拖动光标到指定位置并释放光标即可，如图 3-3 所示。

(2) 利用菜单移动数据

用户可以通过光标右键调出快捷菜单从中选择“剪切”和“粘贴”进行数据移动；或者选择“开始”菜单中的“”和“”按钮进行数据的移动。

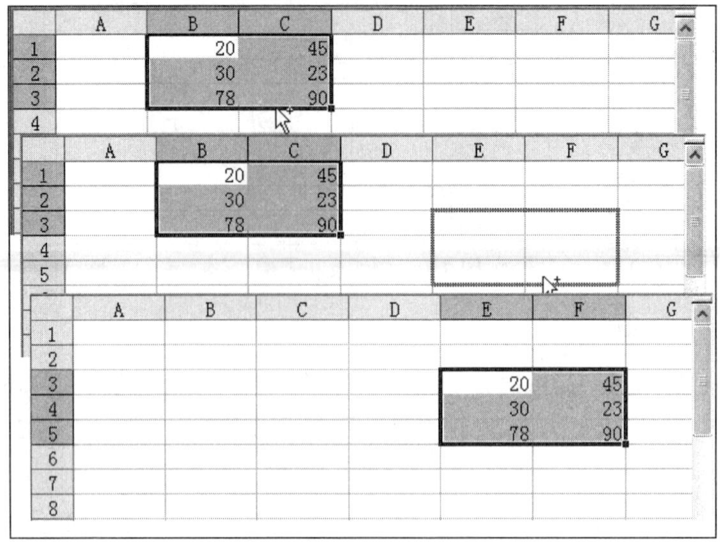

图 3-3　利用光标移动数据

(3) 以插入方式移动数据

如果某些单元格的数据需要移动到其他单元格的位置处，并且在移动时又不想覆盖以前已有的数据，可以使用插入方式来移动数据。

【跟我练 3-2】将图 3-4 中 C1 单元格中的“第一季”以插入方式移动到 B1 单元格中。

	A	B	C	D	E
1		第二季	第一季	第三季	第四季
2					
3					
4					
5					
6					
7					

图 3-4　以插入方式移动数据示例

① 以光标拖动方式移动

首先选定C1单元格，然后将光标移至单元格区域边缘，待光标变为✥形状后，按住Shift键拖动光标到B1单元格前，释放光标即可。

② 以快捷菜单方式移动数据

首先选定C1单元格，单击光标右键弹出快捷菜单，选择“剪切”命令，然后选定B1单元格，再单击光标右键弹出快捷菜单，选择“插入已剪切的单元格”命令，此时C1单元格的内容就以插入的方式移动到了B1单元格。

2. 复制数据

(1) 以拖动方式复制单元格数据

要复制选定单元格或单元格区域的内容，应首先选定要复制数据的单元格或单元格区域，然后将光标移至单元格区域边缘，待光标变为✥形状后，按下 Ctrl 键拖动光标到指定位置并释放光标即可。用户也可以采用菜单中的“复制”和“粘贴”命令来复制数据。

(2) 以插入方式来复制数据

首先选定需要复制数据的单元格或区域，单击“开始”工具栏中的“复制”按钮，选择待复制的目标区域中的左上角单元格，然后执行“开始”|“插入”|“插入复制的单元格”命令，打开如图 3-5 所示的对话框。选择“活动单元格右移”或“活动单元格下移”命令，单击“确定”按钮。此时，即可将目标区域的旧数据移开，以容纳复制进来的数据。

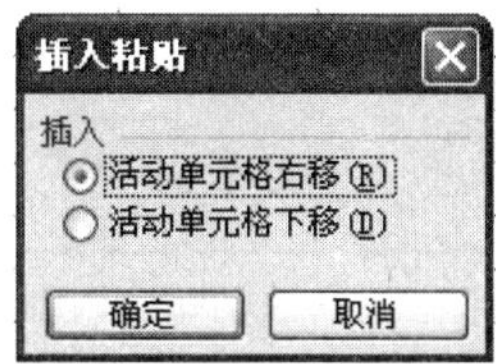

图 3-5　以插入方式来复制数据

(3) 利用选择性粘贴方式复制单元格特定内容

在进行单元格或单元格区域复制操作时，有时只需要复制其中的特定内容而不是所有内容时，可以使用 Excel 提供的“选择性粘贴”命令来完成。

选择需要复制的数据单元格或区域，单击“开始”菜单中的“复制”按钮，然后选择要粘贴区域的左上角单元格，执行“开始”|“粘贴”|“选择性粘贴”命令，打开如图 3-6 所示的“选择性粘贴”对话框。选择需要复制的内容，如公式、数值、格式等，单击“确定”按钮即可。

图 3-6　“选择性粘贴”对话框

【跟我练 3-3】将如图 3-7 所示的固定资产折旧计算表中的行与列互换位置。

① 选择要转置的单元格区域 A2：D8，单击“开始”菜单中的“复制”按钮。

② 选择要粘贴区域的左上角单元格 A10，执行“开始”|“粘贴”|“选择性粘贴”命令，打开“选择性粘贴”对话框。

③ 在该对话框中选中“转置”复选框。单击“确定”按钮。

此时选定单元格区域的内容被转置复制到指定的单元格区域中。

	A	B	C	D	E	F	G
1		固定资产折旧计算表					
2		直线法	年数总和法	双倍余额递减法			
3	1	9,940.00	16,566.67	20,000.00			
4	2	9,940.00	13,253.33	12,000.00			
5	3	9,940.00	9,940.00	7,200.00			
6	4	9,940.00	6,626.67	5,250.00			
7	5	9,940.00	3,313.33	5,250.00			
8	累计折旧	49,700.00	49,700.00	49,700.00			
9							
10		1	2	3	4	5	累计折旧
11	直线法	9,940.00	9,940.00	9,940.00	9,940.00	9,940.00	49,700.00
12	年数总和法	16,566.67	13,253.33	9,940.00	6,626.67	3,313.33	49,700.00
13	双倍余额递减法	20,000.00	12,000.00	7,200.00	5,250.00	5,250.00	49,700.00

图 3-7　选择性粘贴应用示例

3. 插入、删除与清除

(1) 插入行、列或单元格

以插入行为例。选定需要插入行的任一单元格或整行，然后单击右键，在弹出的快捷菜单中选择“插入”命令，或者执行“开始”|“插入”|“插入工作表行”命令。此时即可在选定行的上方插入一空白行，原有的行自动下移。

如果选择了多行或多列，系统会自动插入相同的行数或列数。

(2) 删除行、列或单元格

当工作表中某些数据及其位置不再需要时，可以将它们删除。这里的删除与按 Delete 键删除单元格或区域的内容不一样，按 Delete 键仅清除单元格内容，其空白单元格仍保留在工作表中；而删除行、列或单元格，其内容连同位置将一起从工作表中消失，空出的位置由周围的单元格补充。

选定要删除的对象，执行“开始”|“删除”命令即可。

(3) 清除单元格

在编辑工作表的过程中，有时可能只需要删除某个单元格中存储的信息，如内容、格式、批注等，而保留单元格的位置，这时应执行清除单元格操作。具体的操作步骤为：选定要清除内容的单元格或区域，执行“开始”|“清除”命令，在“清除”命令子菜单中有 4 个命令：全部、内容、格式和批注。单击需要的子命令即可清除相应的内容。此外，如果只想清除单元格或区域中的内容，还可采取如下快速方法：先选定要清除内容的单元格或区域，然后按 Delete 键，或单击光标右键，选择快捷菜单中的“清除内容”。

3.1.3　公式复制

1. 相对引用

相对引用是指用单元格所在的列标和行号作为其引用。例如，A2 引用了第 A 列与第 2 行交叉处的单元格。下面我们通过练习来体验相对引用的特点。

【跟我练 3-4】相对引用。

① 为计算方便起见，我们用简单数字来做示例。在 A1∶B2 中输入常数 1、2、3、4。

② 在单元格 A3 中输入公式“=A1+A2”，按 Enter 键后得出计算结果“3”。

③ 选定单元格A3，拖动填充柄到A10，A4∶A10区域出现计算结果，如图3-8所示。

提示：

- 拖动填充柄和采用“复制”+“粘贴”的效果等同。

	A	B
1	1	3
2	2	4
3	3	
4	5	
5	8	
6	13	
7	21	
8	34	
9	55	
10	89	

图 3-8　相对引用示例

观察计算结果及公式框得知：A4∶A10 中每个单元格都是前两个单元格之和。

因此，相对引用的特点是：将相应的计算公式复制到其他单元格时，单元格引用会自动随着移动的位置发生相对变化。

- 将 A3 单元公式复制到 B3，B3 中的结果是什么？符合上述规律吗？
- 设想一下，将 A3 单元的公式复制到 G20，你能说出 G20 单元中的计算公式吗？

2. 绝对引用

所谓绝对引用，就是在列标和行号前分别加上符号“$”。例如，$B$2 表示单元格 B2 绝对引用。复制公式时，若公式中使用相对引用，则单元格引用会随着移动的位置相对变化；若公式中使用绝对引用，则单元格引用不会发生变化。

【跟我练 3-5】绝对引用。

① 选中单元格A3，单击公式框中的“A1”，单击“F4”键，“A1”变为绝对引用“$A$1”。将A3中的公式修改为“=$A$1+$A$2”，按Enter键后得出计算结果“3”。

② 选定单元格 A3，拖动填充柄到 A10，A4：A10 区域出现计算结果。

③ 选定单元格 A3，拖动填充柄到 B3，出现计算结果，如图 3-9 所示。

	A	B	C
1	1	3	
2	2	4	
3	3	3	
4	3		
5	3		
6	3		
7	3		
8	3		
9	3		
10	3		

图 3-9　绝对引用示例

3. 混合引用

单元格混合引用是指“行”采用相对引用而“列”采用绝对引用，或“行”采用绝对引用而“列”采用相对引用。例如，A$1、$A1 均为混合引用。

【跟我练 3-6】混合引用。

① 选中单元格 A3，将 A3 中的公式修改为“=$A1+A$2”，按 Enter 键后得出计算结果“3”。

② 选定单元格 A3，拖动填充柄到 A10，A4：A10 区域出现计算结果。

③ 选定单元格 A3，拖动填充柄到 B3，出现计算结果，如图 3-10 所示。

	A	B	C
1	1	3	
2	2	4	
3	3	5	
4	4		
5	5		
6	6		
7	7		
8	8		
9	9		
10	10		

图 3-10　混合引用示例

公式中第一项$A1 中的列号为绝对引用，行号为相对引用。故向下进行公式复制时列号不变行号随单元位移而变动；向右进行公式复制时，列号不变，行号也不变。

公式中第二项 A$2 中列号为相对引用，行号为绝对引用。故向下进行公式复制时行号不变列号不变；向右进行公式复制时，行号也不变，列号随位移而变动。

- 将 A3 单元公式复制到 B10，B10 中的结果是什么？
- 设想一下，将 A3 单元的公式复制到 G20，你能说出 G20 单元中的计算公式吗？

3.1.4　数组公式

Excel数组公式可实现对多个数据的计算操作，从而避免了逐个计算的繁琐，极大地提高了制表效率。

那么制表时什么情况下使用数组公式表？我们通过几个例子来体会一下。

【跟我练 3-7】已知各产品销售数量及单价如图 3-11 中 A2：C7 区域所示，求总销售额？

按照惯例，大家首先想到的是在 D3 中输入公式“=B3*C3”得到计算结果，然后复制 D3 中的公式到 D4：D7，最后再利用 SUM 对 D4：D7 进行求和计算。现在我们换一种更有效率的处理方式。

① 首先选中 D3：D7，然后在“编辑栏”中输入“=B3：B7*C3：C7”，如图 3-11 所示。

LOOKUP　=B3:B7*C3:C7

	A	B	C	D
1	产品销售统计			
2	产品	单价	数量	金额
3	平板电视	5600	45	=B3:B7*C3:C7
4	双门冰箱	7800	11	
5	滚筒洗衣机	3500	34	
6	扫地机器人	980	9	
7	空调	3600	73	

图 3-11　输入数组公式

② 接着同时按下“Ctrl+Shift+Enter”组合键，就会发现数组公式产生了计算结果，并且“编辑栏”中的公式被一对花括号所包围，如图 3-12 所示。

③ 对金额栏进行求和就不用介绍了。

D3　　f_x　{=B3:B7*C3:C7}

	A	B	C	D
1	产品销售统计			
2	产品	单价	数量	金额
3	平板电视	5600	45	252000
4	双门冰箱	7800	11	85800
5	滚筒洗衣机	3500	34	119000
6	扫地机器人	980	9	8820
7	空调	3600	73	262800

图 3-12　数组公式的显示

其实，还可以这样做：

① 选择存放总销售额的单元，如 C9。

② 单击自动求和按钮，在 SUM 函数中输入公式“=B3∶B7*C3∶C7”，如图 3-13 所示。

③ 同时按下“Ctrl+Shift+Enter”组合键，计算完成。

LOOKUP　　f_x　=SUM(B3:B7*C3:C7)

	A	B	C	D
1	产品销售统计			
2	产品	单价	数量	金额
3	平板电视	5600	45	252000
4	双门冰箱	7800	11	85800
5	滚筒洗衣机	3500	34	119000
6	扫地机器人	980	9	8820
7	空调	3600	73	262800
8				
9		总金额	=SUM(B3:B7*C3:C7)	
10			SUM(**number1**, [number2], ...)	

图 3-13　在函数中输入数组公式

【跟我练3-8】再举个例子，利用数组公式制作一张“九九乘法”表，如图3-14所示。

① 选中 B2∶J10 区域。

② 在编辑栏中输入公式“=A2∶A10*B1∶J1”。

③ 同时按下“Ctrl+Shift+Enter”组合键，制作完成。

B2　　f_x　{=A2:A10*B1:J1}

	A	B	C	D	E	F	G	H	I	J
1		1	2	3	4	5	6	7	8	9
2	1	1	2	3	4	5	6	7	8	9
3	2	2	4	6	8	10	12	14	16	18
4	3	3	6	9	12	15	18	21	24	27
5	4	4	8	12	16	20	24	28	32	36
6	5	5	10	15	20	25	30	35	40	45
7	6	6	12	18	24	30	36	42	48	54
8	7	7	14	21	28	35	42	49	56	63
9	8	8	16	24	32	40	48	56	64	72
10	9	9	18	27	36	45	54	63	72	81

图 3-14　利用数组公式制作九九乘法表

3.2　美化工作表

3.2.1　设置单元格格式

设置单元格格式包括设置数字格式、设置字体格式、设置对齐方式、设置边框、设置填充几项内容。可以利用“开始”菜单下的“字体”、“对齐方式”、“数字”几个功能组进行设置；也可以在快捷菜单中选择“单元格格式”命令，打开“设置单元格格式”对话框进行设置，如图 3-15 所示。

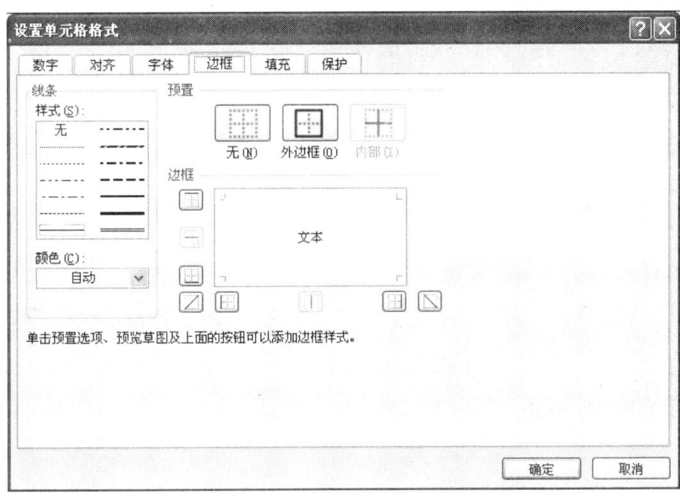

图 3-15　设置单元格格式

3.2.2　设置行列

1. 设置行高和列宽

默认情况下，单元格的行高与列宽是固定的。当单元格中的内容较多时，可能无法将其全部内容显示出来。这时就需要设置单元格的行高和列宽。

(1) 设置精确的行高和列宽

在工作表中选定要调整行高的行，执行“开始”|“格式”|“行高”命令，打开“行高”对话框进行设置。

(2) 设置最合适的行高与列宽

有的时候为了使单元格中的数据看上去紧凑，可以进行最合适的行高与列宽的设置。选定要调整行高的行，执行“开始”|“格式”|“自动调整行高”命令。这时该行的行高就被设置为最合适的行高了。

(3) 通过光标拖动的方式设置行高与列宽

利用光标拖动来设置行高与列宽是最简单的方法。设置的时候，只需将光标移至行号或者列号的间隔线处，当光标变为或者形状时拖动光标，到达合适的位置后释放光标即可。

2. 设置隐藏与取消隐藏行和列

在用户建立的工作表中，可能有些数据是机密的。为了不使其他人看见或对其操作，可以使用 Excel 提供的隐藏方法将其隐藏起来，需要时还可以取消隐藏。

(1) 通过菜单方式隐藏与取消隐藏

如果用户想隐藏或恢复某行或者某列中的数据，应首先选定该行或该列，然后执行“开始” | “格式” | “隐藏和取消隐藏” 命令即可。隐藏行或列后，剩下行的行号或列号保持不变。

提示：

- 隐藏的行和列的内容在打印时不显示。

(2) 通过光标拖动的方式隐藏与取消隐藏

将光标移至行号或者列号的间隔线处，当光标变为或者形状时拖动光标，将该行或者列的宽度设置为0，此时该行或者列即被隐藏。如果想取消隐藏，只需再次将光标移至行号或者列号的间隔线处，当光标变为形状时，拖动光标到达合适的位置后释放光标即可。

3.2.3　套用表格格式

如果想提高工作效率，可以利用Excel提供的套用表格格式功能来设置工作表的格式。选定需要格式化的单元格或区域，这里选定A1：F7，执行“开始” |“套用表格格式”命令，选用一种中意的表格样式即可。

3.3　工作表的基本操作

3.3.1　选择工作表

如果要对工作表进行相关的操作，就必须选中工作表。激活工作表的常用方法有以下 2 种。

1. 利用工作表标签

如果当前工作簿中有多个工作表，而需要激活的工作表标签没有显示出来，这时就需要利用工作簿底部的 |◀ ◀ ▶ ▶| 标签滚动按钮来显示需要激活的工作表。

2. 利用快捷菜单

在工作表底部的 |◀ ◀ ▶ ▶| 标签滚动按钮上单击右键，即可弹出包含所有工作表名称的列表，选择需要激活的工作表名称即可。

3.3.2　重命名工作表

工作表的默认名称为 Sheet1、Sheet2 等，这样的名称不能很好地对工作表进行描述，也不容易找到所需内容所在的工作表，因此需要对工作表重新命名。重新命名工作表名称有以下 2 种常用方法。

1. 双击工作表标签

双击需要重命名的工作表标签，使其处于选定的状态，然后输入新的名称。

2. 利用快捷菜单

在需要重命名的工作表标签上单击右键，在弹出的快捷菜单中选择“重命名”菜单项，然后输入新的名称即可。

3.3.3　插入工作表

如果在编辑数据时发现工作表的个数不能满足需要，可以通过插入工作表来完成数据的编辑。

1. 利用快捷菜单

在当前工作簿中，右击任意一个工作表标签，在弹出的快捷菜单中选择“插入”菜单项，打开“插入”对话框，切换到“常用”选项卡中，选择“工作表”选项。单击“确定”按钮，即可完成工作表的插入，新的工作表将插入到当前工作表的前面。

2. 利用“开始”菜单

选择“开始”|“插入”|“插入工作表”命令，即可插入一个新的工作表。

3.3.4　删除工作表

对于不需要的工作表可以将其删除掉，但执行时一定要慎重，因为删除的工作表将被永久删除，且不能恢复。如果要删除某一工作表，先选定要删除的工作表为当前工作表，从快捷菜单中选择“删除”命令。此时系统将弹出一警告提示框，提示被删除的工作表将永久删除。单击“确定”按钮，即可将选定的工作表从当前工作簿中删除。

3.3.5　移动或复制工作表

1. 同一工作簿内移动或复制工作表

首先选定要复制的工作表标签，按下光标左键，同时按住 Ctrl 键，这时该工作表标签左上角出现一个小黑三角形，光标指针上方显示一个内含小黑十字的白色信笺图标，指示了工作表的位置，如图 3-16 所示。

销售统计表 / Sheet2 / Sheet3 /

图 3-16　复制工作表

沿着标签栏拖动光标，当小黑三角形移到目标位置时，先松开光标左键，再放开 Ctrl 键，此时便在指定位置出现一个所选工作表的副本。所复制的工作表由 Excel 自动命名，其规则是在源工作表名后加上一个带括号的编号。即，如果源工作表名为“Sheet1”，则第一次复制的工作表名为“Sheet1(2)”，第二次复制的工作表名为“Sheet1(3)”，…，依次类推。

通过移动工作表可以改变工作表的原有顺序。移动工作表的操作方法与复制工作表类似，所不同的是按下光标左键时不用按 Ctrl 键。

2. 在不同工作簿之间移动和复制工作表

如果你需要汇总集团公司下属企业上交的财务报表，其中一种做法是将下属单位上交的报表首先放置在一个工作簿中，然后再对同一个工作簿的多张报表进行汇总。

在不同工作簿之间移动和复制工作表时，首先要打开多个工作簿文件，然后选定要复制或移动的工作表标签，从快捷菜单中选择“移动或复制工作表”命令，打开如图 3-17 所示的“移动或复制工作表”对话框。

在“将选定工作表移至工作簿”编辑框中，选择目的工作簿，在“下列选定工作表之前”编辑框中，选择将工作表复制到目的工作簿的位置。即若选定框中某一工作表，则复制或移动的工作表将位于该工作表之前；如果选定“移到最后”，则复制或移动的工作表将位于编辑框中所有工作表之后。选定“建立副本”复选框则执行复制工作表的命令；不选该复选框则执行移动工作表的命令。根据需要选择相应的选项，然后单击“确定”按钮以完成复制或移动工作表的工作。

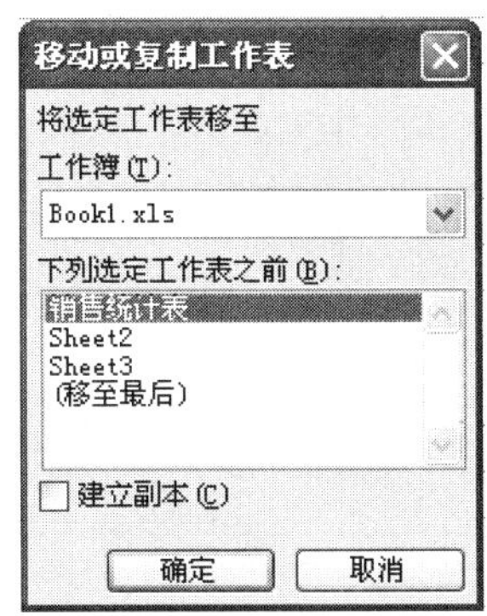

图 3-17　“移动或复制工作表”对话框

3.3.6　隐藏/取消隐藏工作表

如果不希望某些工作表被别人看见，则可将其隐藏，但是不能隐藏工作簿所包含的所有工作表，至少应有一个可见工作表。激活要隐藏的工作表，然后执行“开始”|“格式”|“隐藏和取消隐藏”命令，即可完成工作表的隐藏或取消隐藏。

利用快捷菜单也可完成隐藏/取消隐藏工作表。

3.3.7　设置默认的工作表数

新建一个新工作簿时，Excel 默认一个工作簿包含 3 个工作表。有时，3 个工作表不能满足需要，Excel 允许用户设置打开的工作簿内默认工作表个数。

单击“Office 按钮”，选择“Excel 选项”命令，在“常用”选项卡中可设置新建工作簿时“包含的工作表数”。

设置新工作簿的工作表数只对之后新建的工作簿有影响，对现有的工作簿不会产生影响。

3.3.8　查看工作表数据

对于包含大量数据的工作表，为了查看方便，可以对工作表的窗口进行冻结与拆分。

1. 冻结窗格

【跟我练 3-9】以 B3 单元为基准对“销售情况一览表”进行冻结。

① 冻结窗格时，需要先选定单元格位置。本例选择 B3。

② 执行“视图”|“冻结窗格”命令，选择冻结方式：冻结首行、冻结首列和冻结拆分窗格中其一。本例选择“冻结拆分窗格”。

③ 执行冻结后，B3单元的左边和上面各出现一条黑线，指示出冻结的位置，如

图3-18所示。单击水平滚动条的右箭头，发现黑线右侧的 B、C、D 列分别被移出视野，而 A 列一直保持在视野内可视。同样，B3单元格上面两行也一直冻结在窗格内。

	A	B	C	D	E	F	G	H
1		销售情况一览表						
2		一季度	二季度	三季度	四季度	合计		
3	北京	***2,200***	3,420	3,248	3,846	12,714		
4	上海	3,100	5,240	5,232	5,013	18,585		
5	天津	***1,980***	3,653	3,333	4,444	13,410		
6	成都	***2,450***	***2,434***	3,500	***2,874***	11,258		
7	合计	9,730	14,747	15,313	16,177	55,967		
8								
9								
10								
11								

图 3-18　冻结窗格

如果要取消对工作表的冻结，再次执行同样的命令即可。

2. 拆分工作表

工作表的拆分是指把当前工作表拆分成 2 个或者 4 个窗格，每个窗格可以利用滚动条显示工作表的一部分。

【跟我练 3-10】将“销售情况一览表”拆分为 4 个窗格。

① 首先确定拆分位置。选定拆分点左上角的单元格，如 D4 单元。

② 执行“视图”|“拆分”命令，在拆分点处就被分为 4 个窗格，每个窗格中有独立的滚动条。如图 3-19 所示。

	A	B	C	C	D	E	F	G
1			销售情况	销售情况一览表				
2		一季度	二季度	二季度	三季度	四季度	合计	
3	北京	***2,200***	3,420	3,420	3,248	3,846	12,714	
2		一季度	二季度	二季度	三季度	四季度	合计	
3	北京	***2,200***	3,420	3,420	3,248	3,846	12,714	
4	上海	3,100	5,240	5,240	5,232	5,013	18,585	
5	天津	***1,980***	3,653	3,653	3,333	4,444	13,410	
6	成都	***2,450***	***2,434***	***2,434***	3,500	***2,874***	11,258	
7	合计	9,730	14,747	14,747	15,313	16,177	55,967	
8								
9								
10								
11								

图 3-19　拆分工作表

如果需要撤销拆分，只需再次执行“视图”|“拆分”命令即可取。

另外，用户还可以通过拖动光标的方式进行拆分，将光标移到窗口水平滚动条的右侧，当光标指针变为 ⇹ 形状时，单击光标左键并向左拖动光标，此时即把窗口拆分成了 2 个窗格。再将光标移到窗口垂直滚动条的上方，当光标指针变为 ≑ 形状时，单击光标左键并向下拖动光标，此时即把窗口拆分成了 4 个窗格。

3. 新建窗口

当要查看工作表中的两个不同部分或者不同工作表中的数据时，使用为同一工作表打开多个窗口。

新建窗口就是在当前工作簿中创建和显示一个新的视图窗口。执行“视图”|“新建窗口”命令，系统自动创建了一个相同名称的工作簿，标题栏中显示为“Book1:2”，单击其中一个 Excel 表格的“还原窗口 ”，使两张工作表同时显示，如图 3-20 所示。这样在多个窗口中就可以查看同一工作表中的两个不同部分或者不同工作表中的数据。

第3阶.xls:1 [兼容模式]

	A	B
1		
2		一季度
3	北京	2,200
4	上海	3,100
5	天津	1,980
6	成都	2,450
7	合计	9,730

第3阶.xls:2 [兼容模式]

	A	B	C	D	E	F
1	销售情况一览表					
2		一季度	二季度	三季度	四季度	合计
3	北京	2,200	3,420	3,248	3,846	12,714
4	上海	3,100	5,240	5,232	5,013	18,585
5	天津	1,980	3,653	3,333	4,444	13,410
6	成都	2,450	2,434	3,500	2,874	11,258
7	合计	9,730	14,747	15,313	16,177	55,967

跟我练3-1　跟我练3-2　跟我练3-3　Sheet1

图 3-20　新建窗口

4. 重排窗口

新建窗口之后，在窗口菜单下列示所有打开的文件。有些情况下，要在同一个窗口中比较两个工作表，可以对两个窗口重新排列一下进行比较。

执行“视图”|“全部重排”命令，打开“重排窗口”对话框，有 4 种排列方式可选：平铺、水平并排、垂直并排、层叠。

选定一种排列方式，如在这里选定“垂直并排”单选按钮，单击“确定”按钮后，2 个窗口并排显示，如图 3-21 所示。

3.3.9　保护工作表

由于工作表的数据为原始数据或重要数据，不能随便更改，因此需要对工作表进行保护。

1. 全部保护

执行“审阅”|“保护工作表”命令，打开“保护工作表”对话框，如图 3-22 所示。

销售情况一览表					
	一季度	二季度	三季度	四季度	合计
北京	2,200	3,420	3,248	3,846	12,714
上海	3,100	5,240	5,232	5,013	18,585
天津	1,980	3,653	3,333	4,444	13,410
成都	2,450	2,434	3,500	2,874	11,258
合计	9,730	14,747	15,313	16,177	55,967

图 3-21　垂直并排

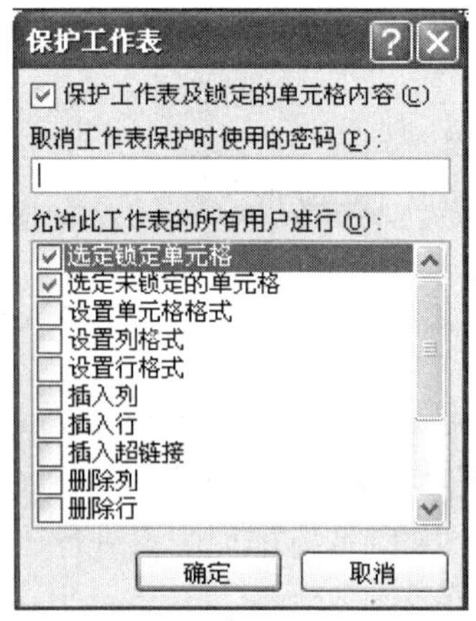

图 3-22　“保护工作表”对话框

根据需要可以在“取消工作表保护时使用的密码”文本框中输入密码。单击“确定”按钮，即可弹出“确认密码”对话框，在“重新输入密码”文本框中再次输入密码。单击“确定”按钮，即可完成工作表保护的设置。设置了工作表保护后，如果用户更改工作表中的数据，系统将弹出警告对话框。

2. 设置允许用户编辑区域

设置允许用户编辑区域可以达到保护工作表中的部分单元的目的。在工作表未被保护时，执行“审阅”|“允许用户编辑区域”命令，打开“允许用户编辑区域”对话框。单击“新建”按钮，打开“新区域”对话框，在“引用单元格”中输入允许用户编辑的区域，单击“确定”按钮返回。再选择“保护工作表”即可。

3.4　文件基本操作

Excel 中用于保存工作表内容的文件被称为工作簿 book，其扩展名为.xls。一个工作簿内最多可以有 255 张工作表，工作表称为 Sheet。工作簿以文件的方式存放，因此对工作簿的操作与管理实际上就是对文件的操作与管理。

1. 建立文件

启动 Excel 后，系统自动打开一个名为“Book1”的工作簿。新建一个工作簿的常用方法有以下 2 种。

方法 1：单击“Office按钮”，选择“新建”命令，打开“新建工作簿”对话框，如图 3-23 所示。

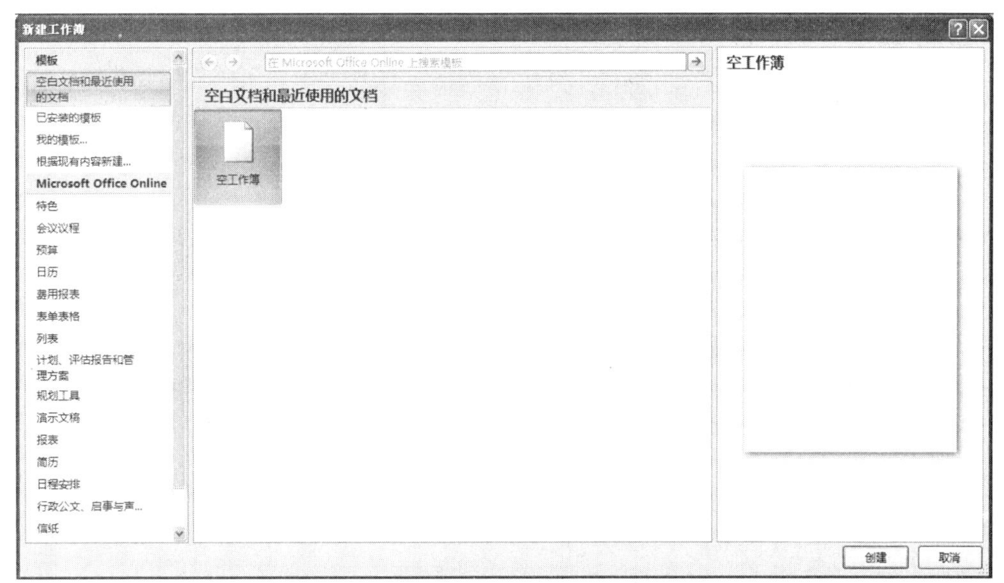

图 3-23　“新建工作簿”对话框

选择“空白工作簿”选项，即可打开一个新工作簿。该工作簿采用默认的模板。

在左侧列表中选择一个模板，右边显示不同的文件类型。选中某个模板，单击“创建”按钮，这样模板中间的内容、格式都可以直接复制到新建工作簿中，提高了文件处理的效率。

方法 2：直接单击“快速访问”工具栏中的新建按钮，即可建立一个新工作簿。

2. 打开文件

若要打开多个不连续的工作簿，则按下 Ctrl 键，然后依次单击要打开的工作簿文件；

若要打开多个连续的工作簿，则按下 Shift 键，然后单击要打开的连续工作簿文件的第一个与最后一个即可。另外，我们还可以通过文件列表和任务窗格打开工作簿文件。

方法 1：打开最近使用的文件

单击“Office 按钮”菜单项，在打开的菜单中列示了最近使用的若干文档，单击文档直接打开即可。

方法 2：打开指定位置的文件

单击“Office 按钮”，在打开的菜单中选择“打开”，在“打开”对话框中找到文件的存储路径并打开文件。

3. 加密文件

基于某些文件的重要性，需要给文档设置加密，以确保工作簿安全。

① 单击“Office按钮”，从菜单中选择“准备”|“加密文档”命令，打开“加密文档”对话框。

② 在文本框中输入密码，单击“确定”按钮，打开“确认密码”对话框。

③ 重新输入密码，单击“确定”按钮，保存并退出。

设置完成后，当再次打开工作簿时，系统将弹出“密码”对话框，要求输入密码。

4. 打印文件

Excel为用户提供了丰富的打印功能：设置页面、设置打印区域、打印预览等。充分利用这些功能，可使打印效果与用户所期望的结果完全一致。

(1) 页面布局

在打印工作表之前，可根据要求对想打印的工作表进行一些必要的设置。例如：设置打印的方向、纸张的大小、页眉或页脚、页边距以及控制是否打印网格线、行号列号或批注等，这些操作都可通过“页面布局”菜单完成，如图 3-24 所示。

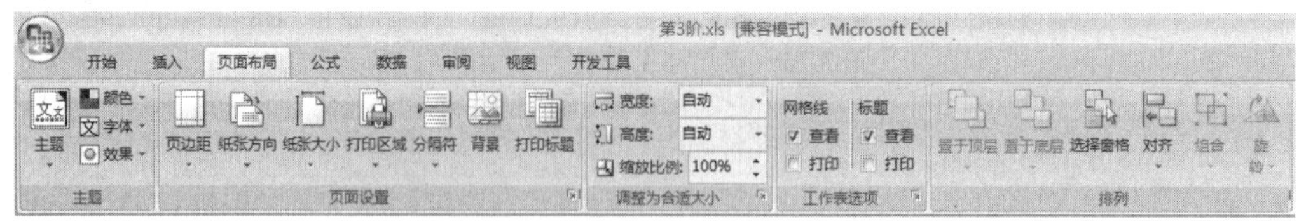

图 3-24　页面布局

(2) 打印预览

单击“Office 按钮”，执行“打印”|“打印预览”命令，在窗口中显示了打印预览的结果。

如果对预览的效果不满意，可以修改“页面设置”。

(3) 打印

如果用户满意打印预览窗口中所看到的效果，就可以开始进行输出打印了。

一试身手

1. 在图 3-25 中，假设 A3 单元中的计算公式分别为“=A1+A2”、“=$A$1+$A$2”、“=$A1+A$2”，如果把 A3 中的公式复制到 A4、B3 中，则将会出现怎样的结果，为什么？

A3		=A1+A2	
	A	B	C
1	2	1	
2	5	4	
3	7	?	
4	?		

图 3-25　相对引用、绝对引用与混合引用

2. 企业每月都要按照本月所生产的产品数量进行费用的分配。已知企业本月生产甲产品 220 件，生产乙产品 300 件，生产丙产品 160 件，并且已知本月发生水费 2 000 元，电费 3 200 元，其他费用 800 元，如图 3-26 所示。

	A	B	C	D	E	F
1	费用分配表					
2	产品	本月产量	水费	电费	其他费用	合计
3	甲产品	220				
4	乙产品	300				
5	丙产品	160				
6	合计		2000	3200	800	

图 3-26　费用分配表

要求：

(1) 利用单元格相对引用、绝对引用和混合引用在 C3 单元中设计计算公式，然后通过公式复制的方式求出 C3∶E5 区域的分配数。

(2) 求每种产品合计分摊费用及总合计数。

(3) 全表结果保留两位小数。

3. 日前，国家颁布“由于物价上涨因素，给企事业单位在职职工每月增加 50 元补贴，直接计入基本工资项目”，你准备采用什么方法给企业在职 2390 位员工工资统一上调 50 元。

4. 设置图 3-26 中 B3∶B5 区域和 C6∶E6 区域的数据允许编辑，其他单元格数据不允许编辑。

5. 保存费用分配表，并为费用分配表文件设置打开口令“511”。

6. 设置打印文件时每一页都打印行标题第 1 行和第 2 行。

第 4 章

数 据 管 理

本章概要：

- 掌握如何对数据进行排序
- 学会如何从数据表中筛选出所需的内容
- 掌握对数据进行分类汇总的方法
- 学会利用数据透视表对数据进行多维度分析
- 掌握汇总工作表数据的方法

在 Excel 中，一张二维表称作一个数据清单，每一个数据清单包含多行多列，如图 4-1 所示，数据清单是在 Excel 中保存企业数据的一种规范形式。数据清单中的每一行称为一个记录。数据清单中的每一列称为一个字段，且每个字段的第 1 行称为字段名，其他行均为字段值。

Excel 中对数据单的格式有严格要求，规范如下。

(1) 每个数据单都有一个标题行，紧随其后的是数据行；图 4-1 中第 2 行是标题行。

(2) 字段名必须是文本，而且同一列数据必须具有同样的类型和含义。

(3) 各个记录行、列必须紧密邻接；在标题行与数据行、数据行与数据行之间不能有空行。

(4) 每个单元中的字段值前后不得有空格。

并非所有的表格都是数据清单，如图 4-2 中第 2 行为标题行，其中 A 列中的字段名不符合数据列表的规范要求，且表中的每个数值均由左边和顶部两个维度来共同描述。

如果不满足数据清单的规范要求，就不能对其进行以下数据管理操作。

	A	B	C	D	E	F	G
1	商品进货记录表						
2	商品名称	型号	进货厂商	单价	采购数量	采购费用	进货日期
3	沙发	S－023	长久家具公司	1200	6	7200	2015-3-25
4	餐桌	Z－018	恒久家具城	480	9	4320	2015-5-15
5	沙发	S－089	宏达家具公司	800	4	3200	2015-6-6
6	椅子	Y－056	蓝天家具城	630	8	5040	2015-8-12
7	餐桌	Z－036	明天家具城	450	10	4500	2015-9-6
8	凳子	D－025	宏达家具公司	400	5	2000	2015-11-23
9	凳子	D－058	长久家具城	340	7	2380	2015-12-16
10	沙发	S－021	蓝天家具城	1100	6	6600	2015-12-1[illegible]
11	沙发	S－076	宏达家具公司	1000	3	3000	2016-2-27
12	椅子	Y－067	明天家具城	600	12	7200	2016-3-12
13	沙发	S－089	明天家具城	1200	10	12000	2016-3-25
14	凳子	D－026	宏达家具公司	450	9	4050	2016-4-7
15	凳子	D－058	蓝天家具城	380	8	3040	2016-4-20
16	餐桌	Z－046	明天家具城	460	6	2760	2016-5-3
17	椅子	Y－088	宏达家具公司	610	4	2440	2016-5-16
18	椅子	Y－067	长久家具城	650	6	3900	2016-5-29
19	沙发	S－089	长久家具城	1100	8	8800	2016-6-11
20	沙发	S－021	蓝天家具城	900	3	2700	2016-6-24
21	椅子	Y－088	宏达家具公司	600	9	5400	2016-7-7
22	凳子	D－026	明天家具城	400	12	4800	2016-7-20
23	餐桌	Z－046	明天家具城	480	5	2400	2016-8-2
24	凳子	D－025	宏达家具公司	380	7	2660	2016-8-15
25	凳子	D－058	长久家具城	410	8	3280	2016-8-28

字段名　字段值　记录

图 4-1　商品进货记录表

	A	B	C	D
1	ABC公司三年中各类商品销售额比较			
2	年 / 类别 / 销售额	1994年	1995年	1996年
3	艺术品	71612.03	118030.95	162770.42
4	服装	25779.47	63521.91	65688.90
5	自行车	20687.01	62681.56	109396.65
6	儿童用品	32721.11	106963.37	132549.91
7	食品	30145.71	71938.37	97757.51
8	陶瓷用具	0.00	0.00	70277.97
9	运动器材	0.00	34983.27	91695.85

图 4-2　非数据清单

4.1　排序

为了方便查找数据，往往需要按照某个或某些特定字段的字段值的升序或降序对一个数据列表中的所有记录的先后次序进行排列，称之为排序。作为排序依据的特定字段称为关键字。

在“数据”菜单中提供了 3 个与排序相关的工具按钮，它们分别为“A↓Z”升序按钮、“Z↓A”降序按钮和“排序”排序按钮。

4.1.1　按单个关键字排序

利用“升序”或“降序”按钮可以轻松实现按单个关键字排序。

【跟我练 4-1】在商品进货记录表中，按“进货日期”的升序排列记录。

① 在数据单中，单击“进货日期”一列中的任一单元格。

② 单击“数据”菜单中的“A↓Z”按钮，记录单中的记录按进货的先后日期排序完成。

注意：

- 在 Excel 中进行升序排序时，数字和日期按由小到大排列；字母按 A～Z，a～z 进行排列；汉字要先转化为汉语拼音，再按字符比较规则进行比较。
- 字段值为空的记录将排在最后。

4.1.2　按多个关键字排序

当根据某一关键字对工作表中的数据进行排序时，如果有几个记录的关键字值是相同的，排列结果又当如何呢？这时就需要根据其他关键字对数据再进行排序，即进行多个关键字排序。

Excel中可以设置多个排序关键字，分别称为“主要关键字”和“次要关键字”。当主关键字值相同时，就根据次关键字分高下；如果次关键字又一致，则会根据下一个次要关键字来排序。

【跟我练 4-2】在商品进货记录表中，先按“商品名称”进行降序排序，如果商品名称一致，就按“型号”降序进行排序，如果型号又一致，再按“进货日期”的升序进行排列。

① 选定数据单中的任意一个单元格，单击“数据”菜单下的“排序”按钮，打开“排序”对话框，或单击“数据”菜单中的“排序”按钮，打开“排序”对话框。

② 在“主要关键字”下拉列表中选择“商品名称”，“排序依据”为“数值”，“次序”为“降序”。

③ 单击“添加条件”按钮，添加其他排序条件，如图 4-3 所示。

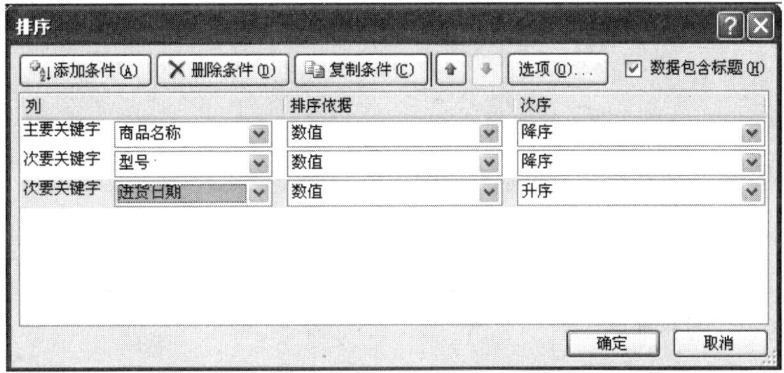

图 4-3　按多个关键字排序

④ 单击“确定”按钮，即可完成多个关键字排序，结果如图 4-4 所示。

	A	B	C	D	E	F	G
1	商品进货记录表						
2	商品名称	型号	进货厂商	单价	采购数量	采购费用	进货日期
3	椅子	Y－088	宏达家具公司	610	4	2440	2016-5-16
4	椅子	Y－088	宏达家具公司	600	9	5400	2016-7-7
5	椅子	Y－067	明天家具城	600	12	7200	2016-3-12
6	椅子	Y－067	长久家具城	650	6	3900	2016-5-29
7	椅子	Y－056	蓝天家具城	630	8	5040	2015-8-12
8	沙发	S－089	宏达家具公司	800	4	3200	2015-6-6
9	沙发	S－089	明天家具城	1200	10	12000	2016-3-25
10	沙发	S－089	长久家具城	1100	8	8800	2016-6-11
11	沙发	S－076	宏达家具公司	1000	3	3000	2016-2-27
12	沙发	S－023	长久家具公司	1200	6	7200	2015-3-25
13	沙发	S－021	蓝天家具城	1100	6	6600	2015-12-16
14	沙发	S－021	蓝天家具城	900	3	2700	2016-6-24
15	凳子	D－058	长久家具城	340	7	2380	2015-12-16
16	凳子	D－058	蓝天家具城	380	8	3040	2016-4-20
17	凳子	D－058	长久家具城	410	8	3280	2016-8-28
18	凳子	D－026	宏达家具公司	450	9	4050	2016-4-7
19	凳子	D－026	明天家具城	400	12	4800	2016-7-20
20	凳子	D－025	宏达家具公司	400	5	2000	2015-11-23
21	凳子	D－025	宏达家具公司	380	7	2660	2016-8-15
22	餐桌	Z－046	明天家具城	460	6	2760	2016-5-3
23	餐桌	Z－046	明天家具城	480	5	2400	2016-8-2
24	餐桌	Z－036	明天家具城	450	10	4500	2015-9-6
25	餐桌	Z－018	恒久家具城	480	9	4320	2015-5-15

图 4-4　按多个关键字排序后的结果

在汉语字典中支持按字母和按笔画两种查找方式，在 Excel 中同样可以实现。在图 4-3 的“排序”对话框中单击“选项”按钮，即可打开“排序选项”对话框，如图 4-5 所示。可以看出，排序时可以选择是否区分大小写，排序方法可以选择按字母排序还是按笔画排序。

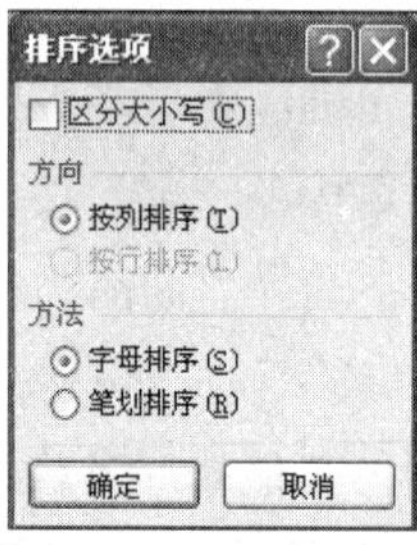

图 4-5　排序选项

- 试一试按商品名称的笔画进行排序。
- 利用排序按钮是否能实现按多个关键字排序？

4.1.3　按指定次序排序

利用 Excel 中的排序功能，只能按既定的排序规则排序，如“教授、副教授、讲师、助教”升序排列的次序为“副教授、教授、讲师、助教”。但通过设置自定义序列可以定义其排序规则。

【跟我练 4-3】在商品进货记录表中，对“商品名称”列按照“沙发、餐桌、椅子、凳子”的顺序排列。

① 在“数据”菜单下单击“排序”按钮，打开“排序”对话框。

② 针对主要关键字“商品名称”，排序依据“数值”，次序选择列表中的“自定义序列”，打开“自定义序列”对话框。

③ 在左侧列表中选择“新序列”，在右侧中输入序列“沙发、餐桌、椅子、凳子”。每输入一个项目，都需要按一次 Enter 键。

④ 单击“添加”按钮，将该序列添加到自定义序列中。单击“确定”按钮返回“排序”对话框，如图 4-6 所示。

⑤ 单击“确定”按钮，商品进货表实现按指定顺序排序。

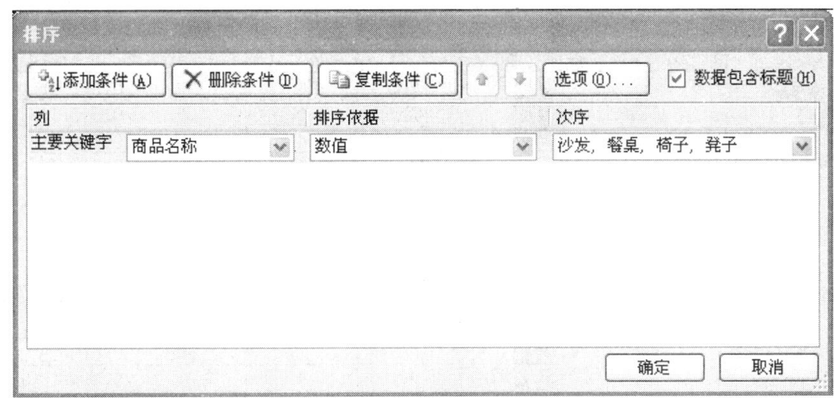

图 4-6　按特定顺序排序

4.2　筛选

对数据进行管理的主要目的之一是希望从大容量的数据中挑选出符合要求的记录。Excel中的筛选功能就可以让工作表只显示满足条件的记录，隐藏其他记录，因此筛选是一种用于查找数据的快速方法。

4.2.1　自动筛选

如果筛选条件比较简单，就可以使用自动筛选。

【跟我练 4-4】在商品进货记录表中只查询商品名称为“沙发”的记录。

① 单击数据单中的任一单元格，单击“数据”菜单下的“筛选”按钮，这时工作表中每个字段名称上都出现了一个三角形自动筛选按钮。

② 单击“商品名称”字段的筛选按钮，如图 4-7 所示。

下拉列表中包括以下几项内容。

- 升序：以该字段为关键字升序排列记录。
- 降序：以该字段为关键字降序排列记录。
- 按颜色排序：按单元格颜色排序。
- 文本筛选：可以自由定义筛选条件。
    - 全选：如果要恢复原来的工作表，只要单击设置过筛选的自动筛选按钮，从中选择“全选”复选框，即可显示全部记录。
    - 各关键字值：选择某个值，即筛选出等于该值的记录。

	A	B	C	D	E	F	G
1	商品进货记录表						
2	商品名称	型号	进货厂商	单价	采购数量	采购费用	进货日期
			具公司	1200	6	7200	2015-3-25
			具城	480	9	4320	2015-5-15
			具公司	800	4	3200	2015-6-6
			具城	630	8	5040	2015-8-12
			具城	450	10	4500	2015-9-6
			具公司	400	5	2000	2015-11-23
			具城	340	7	2380	2015-12-16
			具城	1100	6	6600	2015-12-16
			具公司	1000	3	3000	2016-2-27
			具城	600	12	7200	2016-3-12
			具城	1200	10	12000	2016-3-25
			具公司	450	9	4050	2016-4-7
			具城	380	8	3040	2016-4-20
			具城	460	6	2760	2016-5-3
			具公司	610	4	2440	2016-5-16
			具城	650	6	3900	2016-5-29
			具城	1100	8	8800	2016-6-11
			具城	900	3	2700	2016-6-24
			具公司	600	9	5400	2016-7-7
			具城	400	12	4800	2016-7-20
23	餐桌	Z-046	明天家具城	480	5	2400	2016-8-2
24	凳子	D-025	宏达家具公司	380	7	2660	2016-8-15
25	凳子	D-058	长久家具城	410	8	3280	2016-8-28

图 4-7　单击“商品名称”字段的筛选按钮

③ 去掉“全选”选中标记，只选中“沙发”复选框，单击“确定”按钮，筛选结果如图 4-8 所示。从图中可以看出，系统自动隐藏了不满足条件的记录，只显示出满足条件的记录。同时，商品名称下拉按钮显示为过滤器形状。

④ 重新单击“商品名称”字段的筛选按钮，从列表中选中“全部”复选框，显示全部记录。

商品进货记录表

	A	B	C	D	E	F	G
2	商品名称	型号	进货厂商	单价	采购数量	采购费用	进货日期
3	沙发	S－023	长久家具公司	1200	6	7200	2015-3-25
5	沙发	S－089	宏达家具公司	800	4	3200	2015-6-6
10	沙发	S－021	蓝天家具城	1100	6	6600	2015-12-16
11	沙发	S－076	宏达家具公司	1000	3	3000	2016-2-27
13	沙发	S－089	明天家具城	1200	10	12000	2016-3-25
19	沙发	S－089	长久家具城	1100	8	8800	2016-6-11
20	沙发	S－021	蓝天家具城	900	3	2700	2016-6-24

图 4-8　筛选出所有商品名称为“沙发”的记录

【跟我练 4-5】在商品进货记录表中查询 2015 年下半年采购费用在 5 000 元以上的记录。

① 单击“进货日期”字段的筛选按钮，从下拉列表中选择“日期筛选”|“介于”命令，打开“自定义自动筛选方式”对话框，设置筛选条件如图 4-9 所示。

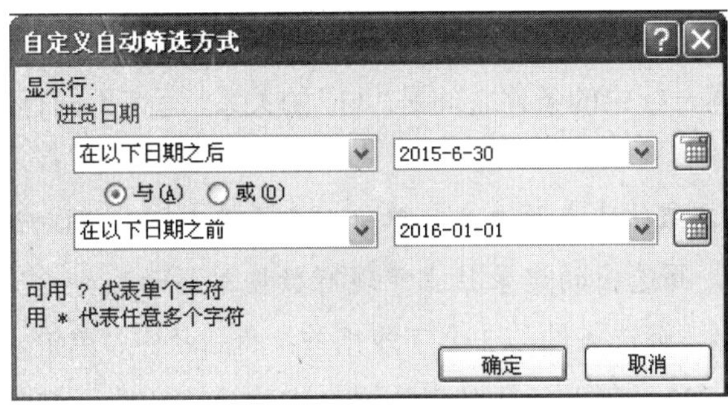

图 4-9　自定义筛选条件 1

② 单击“确定”按钮，系统自动筛选出 2015 年下半年的进货记录。

③ 单击“采购费用”字段的筛选按钮，从下拉列表中选择“日期筛选”|“大于”命令，打开“自定义自动筛选方式”对话框，设置筛选条件为“采购费用>5000”，单击“确定”按钮，系统显示符合条件的记录，如图 4-10 所示。

商品进货记录表

	A	B	C	D	E	F	G
2	商品名称	型号	进货厂商	单价	采购数量	采购费用	进货日期
6	椅子	Y－056	蓝天家具城	630	8	5040	2015-8-12
10	沙发	S－021	蓝天家具城	1100	6	6600	2015-12-16

图 4-10　自定义筛选条件 2

可见，利用自定义筛选可以实现比较复杂的查询需求。

【跟我练 4-6】在商品进货记录表中查询采购数量前 20%的记录。

① 单击“采购数量”字段的筛选按钮，从下拉列表中选择“数字筛选”|“10 个最大的值”命令，打开“自动筛选前 10 个”对话框。

② 设置筛选条件如图 4-11 所示。单击“确定”按钮，显示全部记录中最大的 20%的记录。

图 4-11　自动筛选前 10 个

4.2.2　高级筛选

自动筛选的结果显示在数据单中，不符合条件的记录会被自动隐藏。如果需要将筛选结果放在其他区域，原数据单仍然保留，就需要使用高级筛选功能。

利用高级筛选查询数据首先要建立一个条件区域，然后才能进行数据的查询。这个条件区域并不是数据清单的一部分，而是用来确定筛选应该如何进行的，所以不能与数据列表连接在一起，且必须至少用一个空记录将它们隔开。条件区域的第一行为数据清单中的字段名，写在同一行中的条件之间是“与”的关系，写在不同行之间的条件是“或”的关系。

【跟我练 4-7】用高级筛选来筛选商品单价小于等于 1 100，同时进货日期在 2016 年 3 月 1 日以前的沙发，筛选出的记录独立于现有数据单显示。

① 设置条件区域。筛选条件与 3 个字段相关：商品名称、单价、进货日期。将这 3 个字段复制到 A27∶C27。在下一行对应位置，构建筛选条件，如图 4-12 所示。

26			
27	商品名称	单价	进货日期
28	沙发	<=1100	<2016-03-01
29			

图 4-12　设置高级筛选条件区

② 选中要进行筛选的数据区域中的任意一个单元格，然后执行“数据”菜单下的“高级”命令，打开“高级筛选”对话框，如图 4-13 所示。

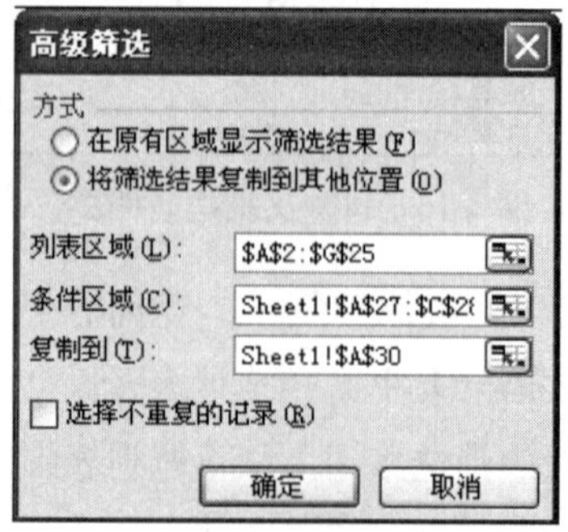

图 4-13　“高级筛选”对话框

③ “列表区域”系统自动显示数据单区域(因为打开高级筛选之前我们已经把光标

定位在数据区内)；条件区域选择条件所在位置，本例为 A27∶C28；选中“将筛选结果复制到其他位置”选项，在“复制到”文本框中指定筛选结果放置的位置，只需要给出区域的左上角单元即可，本例指定 A30 单元。

④ 单击“确定”按钮，结果如图 4-14 所示。

上例中将筛选结果“复制到”的位置指定为一个单元格，那么复制出来的内容将会包括数据列表中符合筛选条件的记录的所有字段之值。如果将筛选结果“复制到”的范围设置为实现键入了字段名的一个范围(这些字段名必须互相邻接，但它们的顺序可以与数据列表中原有的顺序不同)，那么复制出来的内容只包括数据列表中符合筛选条件的记录的那几个特定字段内容。

	A	B	C	D	E	F	G
5	沙发	S－089	宏达家具公司	800	4	3200	2015-6-6
6	椅子	Y－056	蓝天家具城	630	8	5040	2015-8-12
7	餐桌	Z－036	明天家具城	450	10	4500	2015-9-6
8	凳子	D－025	宏达家具公司	400	5	2000	2015-11-23
9	凳子	D－058	长久家具城	340	7	2380	2015-12-16
10	沙发	S－021	蓝天家具城	1100	6	6600	2015-12-16
11	沙发	S－076	宏达家具公司	1000	3	3000	2016-2-27
12	椅子	Y－067	明天家具城	600	12	7200	2016-3-12
13	沙发	S－089	明天家具城	1200	10	12000	2016-3-25
14	凳子	D－026	宏达家具公司	450	9	4050	2016-4-7
15	凳子	D－058	蓝天家具城	380	8	3040	2016-4-20
16	餐桌	Z－046	明天家具城	460	6	2760	2016-5-3
17	椅子	Y－088	宏达家具公司	610	4	2440	2016-5-16
18	椅子	Y－067	长久家具城	650	6	3900	2016-5-29
19	沙发	S－089	长久家具城	1100	8	8800	2016-6-11
20	沙发	S－021	蓝天家具城	900	3	2700	2016-6-24
21	椅子	Y－088	宏达家具公司	600	9	5400	2016-7-7
22	凳子	D－026	明天家具城	400	12	4800	2016-7-20
23	餐桌	Z－046	明天家具城	480	5	2400	2016-8-2
24	凳子	D－025	宏达家具公司	380	7	2660	2016-8-15
25	凳子	D－058	长久家具城	410	8	3280	2016-8-28
26							
27	商品名称	单价	进货日期				
28	沙发	<=1100	<2016-03-01				
29							
30	商品名称	型号	进货厂商	单价	采购数量	采购费用	进货日期
31	沙发	S－089	宏达家具公司	800	4	3200	2015-6-6
32	沙发	S－021	蓝天家具城	1100	6	6600	2015-12-16
33	沙发	S－076	宏达家具公司	1000	3	3000	2016-2-27

图 4-14　高级筛选结果

【跟我练 4-8】与【跟我练 4-7】筛选要求相同。但筛选结果要求只显示进货厂商、型号和采购数量 3 个字段，且按照以上所述顺序排列字段。

① 设置条件区域。同【跟我练 4-7】。

② 设置结果放置区域的字段内容及排列次序。在 A30∶C30 中设置“进货厂商”、“型号”、“采购数量”。

③ 在“高级筛选”对话框中指定“复制到”的位置为“$A$30∶$C$30”，如图 4-15 所示。单击“确定”按钮，得到筛选结果。

图 4-15　筛选特定的字段并依序排列

高级筛选使用一种更灵活的形式表示筛选条件，不但可以使用普通的筛选条件还可以使用计算筛选条件。假定在商品进货时供货商会按照采购数量给予一定的价格优惠，因此增加一列“采购优惠价”。那么在众多的进货记录中，如何筛选出哪些进货记录享受了价格优惠呢？

【跟我练 4-9】筛选出哪些进货记录享受了价格优惠。

本例在 J2：J3 区域构建一个计算筛选条件。

在 J2 单元中，输入筛选条件中的字段名“采购费用>采购优惠价”，在 J3 单元中，输入关系表达式“＝F3>H3”，得出结果“FALSE”，表示当前记录不满足筛选条件。如图 4-16 所示。

其他筛选过程与【跟我练 4-7】无异。

第4章 数据管理.xls [兼容模式] - Microsoft Excel

开始　插入　页面布局　公式　数据　审阅　视图　开发工具

J3　=F3>H3

	A	B	C	D	E	F	G	H	I	J	K
1	商品进货记录表										
2	商品名称	型号	进货厂商	单价	采购数量	采购费用	进货日期	采购优惠价		采购费用>采购优惠价	
3	沙发	S-023	长久家具公司	1200	6	7200	2015-3-25	7200		FALSE	
4	餐桌	Z-018	恒久家具城	480	9	4320	2015-5-15	4320			
5	沙发	S-089	宏达家具公司	800	4	3200	2015-6-6	3200			
6	椅子	Y-056	蓝天家具城	630	8	5040	2015-8-12	5040			
7	餐桌	Z-036	明天家具城	450	10	4500	2015-9-6	4450			
8	凳子	D-025	宏达家具公司	400	5	2000	2015-11-23	2000			
9	凳子	D-058	长久家具城	340	7	2380	2015-12-16	2380			
10	沙发	S-021	蓝天家具城	1100	6	6600	2015-12-16	6600			
11	沙发	S-076	宏达家具公司	1000	3	3000	2016-2-27	3000			
12	椅子	Y-067	明天家具城	600	12	7200	2016-3-12	7000			
13	沙发	S-089	明天家具城	1200	10	12000	2016-3-25	11800			
14	凳子	D-026	宏达家具公司	450	9	4050	2016-4-7	4050			
15	凳子	D-058	蓝天家具城	380	8	3040	2016-4-20	3040			
16	餐桌	Z-046	明天家具城	460	6	2760	2016-5-3	2760			
17	椅子	Y-088	宏达家具公司	610	4	2440	2016-5-16	2440			
18	椅子	Y-067	长久家具城	650	6	3900	2016-5-29	3900			
19	沙发	S-089	长久家具城	1100	8	8800	2016-6-11	8800			
20	沙发	S-021	蓝天家具城	900	3	2700	2016-6-24	2700			
21	椅子	Y-088	宏达家具公司	600	9	5400	2016-7-7	5400			
22	凳子	D-026	明天家具城	400	12	4800	2016-7-20	4700			
23	餐桌	Z-046	明天家具城	480	5	2400	2016-8-2	2400			
24	凳子	D-025	宏达家具公司	380	7	2660	2016-8-15	2660			
25	凳子	D-058	长久家具城	410	8	3280	2016-8-28	3280			

图 4-16　构建计算筛选条件

4.3　分类汇总

Excel 提供了分类汇总的功能，使用该功能用户不需要创建公式，Excel 将自动创建公式，并对某个字段提供诸如“求和”和“平均值”之类的函数，实现对分类汇总值的计算，而且将计算结果分级显示出来。在执行分类汇总命令之前，首先应对数据进行排序，将其中关键字相同的一些记录集中在一起。当对数据排序之后，就可以对记录进行分类汇总了。

4.3.1　单层分类汇总

1. 按某个参考字段进行分类汇总

【跟我练4-10】仍以商品进货记录表为例，要求按商品名称统计采购数量和采购费用。

① 选中商品名称列中任一单元格，单击“数据”菜单下的“升序”按钮，按分类汇总关键字进行排序。

注意：

- 按分类汇总关键字进行排序是分类汇总的前提。

② 执行“数据”菜单下的“分类汇总”命令，打开“分类汇总”对话框，在分类字段下拉列表中选择“商品名称”；在汇总方式下拉列表中选择“求和”；在选定汇总项列表中选中“采购数量”和“采购费用”复选框，如图 4-17 所示。

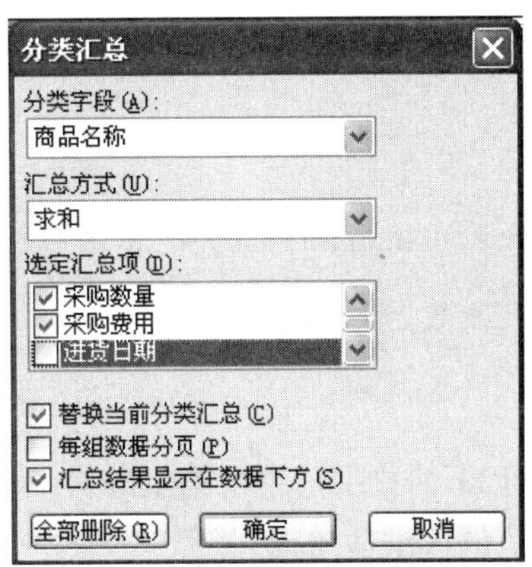

图 4-17　设置分类汇总条件

替换当前分类汇总：无论设置了几次分类汇总，只要选择该项，就会以此次分类汇总结果覆盖前面的分类汇总结果。

每组数据分页：选择该项，则会将每一组分类汇总以分页的方式打印出来。

汇总结果显示在数据下方：该选项必须在选择了“替换当前分类汇总”前提下才能选择。若选择该项，则会将汇总行和总计行显示在每一组数据的下方；若不选择该项，则会将汇总行和总计行显示在每一组数据的上方。

③ 单击“确定”按钮，得到汇总结果，如图 4-18 所示。

	A	B	C	D	E	F	G
1	商品进货记录表						
2	商品名称	型号	进货厂商	单价	采购数量	采购费用	进货日期
3	餐桌	Z－018	恒久家具城	480	9	4320	2015-5-15
4	餐桌	Z－036	明天家具城	450	10	4500	2015-9-6
5	餐桌	Z－046	明天家具城	460	6	2760	2016-5-3
6	餐桌	Z－046	明天家具城	480	5	2400	2016-8-2
7	**餐桌 汇总**				30	13980	
8	凳子	D－025	宏达家具公司	400	5	2000	2015-11-23
9	凳子	D－058	长久家具城	340	7	2380	2015-12-16
10	凳子	D－026	宏达家具公司	450	9	4050	2016-4-7
11	凳子	D－058	蓝天家具城	380	8	3040	2016-4-20
12	凳子	D－026	明天家具城	400	12	4800	2016-7-20
13	凳子	D－025	宏达家具公司	380	7	2660	2016-8-15
14	凳子	D－058	长久家具城	410	8	3280	2016-8-28
15	**凳子 汇总**				56	22210	
16	沙发	S－023	长久家具公司	1200	6	7200	2015-3-25
17	沙发	S－089	宏达家具公司	800	4	3200	2015-6-6
18	沙发	S－021	蓝天家具城	1100	6	6600	2015-12-16
19	沙发	S－076	宏达家具公司	1000	3	3000	2016-2-27
20	沙发	S－089	明天家具城	1200	10	12000	2016-3-25
21	沙发	S－089	长久家具城	1100	8	8800	2016-6-11
22	沙发	S－021	蓝天家具城	900	3	2700	2016-6-24
23	**沙发 汇总**				40	43500	
24	椅子	Y－056	蓝天家具城	630	8	5040	2015-8-12
25	椅子	Y－067	明天家具城	600	12	7200	2016-3-12
26	椅子	Y－088	宏达家具公司	610	4	2440	2016-5-16
27	椅子	Y－067	长久家具城	650	6	3900	2016-5-29
28	椅子	Y－088	宏达家具公司	600	9	5400	2016-7-7
29	**椅子 汇总**				39	23980	
30	**总计**				165	103670	

图 4-18　分类汇总后的结果

将光标放置在分类小计行，如 F7 单元，可以看出 Excel 自动插入了一个函数“=SUBTOTAL(9,F3:F6)”。

**知识点**：SUBTOTAL(function_num,ref1)分类汇总函数

作用：返回一个数据列表或数据库的分类汇总。

参数说明：

- function_num：从 1 到 11 的数字，用来指定分类汇总所采用的汇总函数。
- ref1：要进行分类汇总的区域或引用。
- 功能号说明：1-AVERAGE；2-COUNT；3-COUNTA；4-MAX；5-MIN；6-PRODUCT；7-STDEV；8-STDEVP；9-SUM；10-VAR；11-VARP。

2. 运用大纲功能显示/隐藏各级明细数据

虽然已经用分类汇总功能产生了分类汇总结果，但是如果产品种类非常多，要查看所有的汇总结果，就必须移动滚动条。为了查看方便，可以利用大纲功能将汇总结果中暂时不需要的数据隐藏起来，减小界面的占用空间。

Excel 在建立汇总的同时，也建立了大纲，如图 4-14 所示。如单击左上角的[1]，系统仅显示图的“总计”一行；单击左上角的[2]，系统按商品类别显示分类统计数据；单击左上角的[3]，系统显示全部数据。

可以单击[+]按钮展开其下级数据，展开后[+]变为[-]，如图 4-19 所示。

大纲按钮

	A	B	C	D	E	F	G
1	商品进货记录表						
2	商品名称	型号	进货厂商	单价	采购数量	采购费用	进货日期
7	餐桌 汇总				30	13980	
15	凳子 汇总				56	22210	
16	沙发	S－023	长久家具公司	1200	6	7200	2015-3-25
17	沙发	S－089	宏达家具公司	800	4	3200	2015-6-6
18	沙发	S－021	蓝天家具城	1100	6	6600	2015-12-16
19	沙发	S－076	宏达家具公司	1000	3	3000	2016-2-27
20	沙发	S－089	明天家具城	1200	10	12000	2016-3-25
21	沙发	S－089	长久家具城	1100	8	8800	2016-6-11
22	沙发	S－021	蓝天家具城	900	3	2700	2016-6-24
23	沙发 汇总				40	43500	
29	椅子 汇总				39	23980	
30	总计				165	103670	

图 4-19　展开或隐藏汇总数据

如果要取消分类汇总，只要在“分类汇总”对话框中，单击“全部删除”按钮即可。

3. 将分类汇总结果复制到另外区域

单击图 4-19 中的大纲按钮“2”得到分类小计结果视图，如图 4-20 所示。

	A	B	C	D	E	F	G
1	商品进货记录表						
2	商品名称	型号	进货厂商	单价	采购数量	采购费用	进货日期
7	餐桌 汇总				30	13980	
15	凳子 汇总				56	22210	
23	沙发 汇总				40	43500	
29	椅子 汇总				39	23980	
30	总计				165	103670	

图 4-20　分类小计

如果希望把该结果存成一个单独的工作表文件，采用“复制”和“粘贴”命令是无法达成目的的；即使选择“选择性粘贴”命令来粘贴“数值”也无济于事。

【跟我练 4-11】将图 4-20 中的屏幕视图制成一个新的数据文件。

① 选择要复制的数据区域，如图 4-20 中的 A20：F29。

② 单击“F5”键，打开“定位”对话框。单击“定位条件”按钮，打开“定位条件”对话框，选中“可见单元格”选项，如图 4-21 所示。单击“确定”按钮返回。

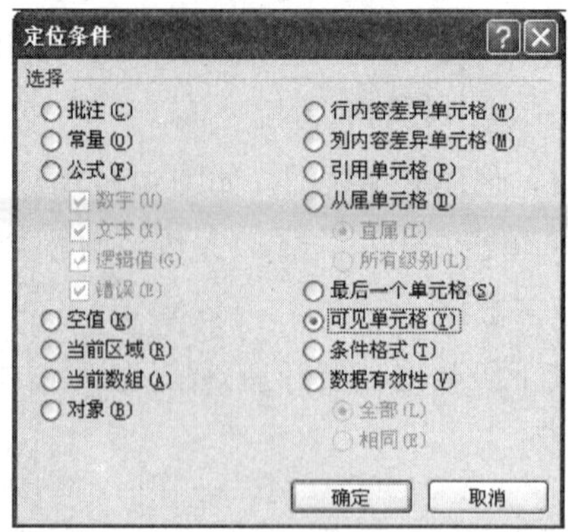

图 4-21　F5 定位条件

③ 单击“复制”按钮，选择目标单元格，选择“粘贴”按钮，完成。

4.3.2　多层分类汇总

【跟我练4-12】以“商品名称”和“进货厂商”为参考字段，对“采购费用”进行分类汇总。

① 先按照参考字段进行排序。因为有两个汇总参考字段，我们暂且称为高层参考字段和低层参考字段，本例高层参考字段为“商品名称”，低层参考字段为“进货厂商”。排序时主要关键字为“商品名称”，次要关键字为“进货厂商”。

② 进行第 1 次分类汇总。按照主要关键字“商品名称”进行第一次分类汇总。

③ 进行第 2 次分类汇总。在第 1 次分类汇总的基础上，按照次要关键字“进货厂商”进行第 2 次分类汇总。注意，在“分类汇总”对话框中，取消“替换当前分类汇总”选择标志，如图 4-22 所示。

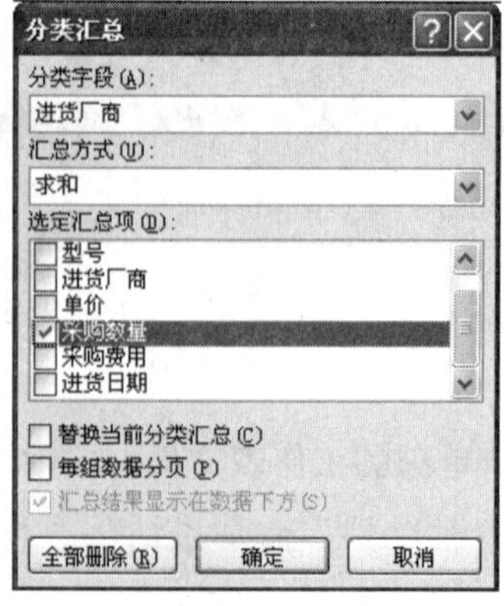

图 4-22　取消“替换当前分类汇总”选中标记

④ 单击“确定”按钮，多层分类汇总结果如图 4-23 所示。

	A	B	C	D	E	F	G
1	商品进货记录表						
2	商品名称	型号	进货厂商	单价	采购数量	采购费用	进货日期
3	餐桌	Z－018	恒久家具城	480	9	4320	2015-5-15
4			**恒久家具城 汇总**		9		
5	餐桌	Z－036	明天家具城	450	10	4500	2015-9-6
6	餐桌	Z－046	明天家具城	460	6	2760	2016-5-3
7	餐桌	Z－046	明天家具城	480	5	2400	2016-8-2
8			**明天家具城 汇总**		21		
9	**餐桌 汇总**				30		
10	凳子	D－058	长久家具城	340	7	2380	2015-12-16
11	凳子	D－058	长久家具城	410	8	3280	2016-8-28
12			**长久家具城 汇总**		15		
13	凳子	D－025	宏达家具公司	400	5	2000	2015-11-23
14	凳子	D－025	宏达家具公司	380	7	2660	2016-8-15
15	凳子	D－026	宏达家具公司	450	9	4050	2016-4-7
16			**宏达家具公司 汇总**		21		
17	凳子	D－058	蓝天家具城	380	8	3040	2016-4-20
18			**蓝天家具城 汇总**		8		
19	凳子	D－026	明天家具城	400	12	4800	2016-7-20
20			**明天家具城 汇总**		12		
21	**凳子 汇总**				56		
22	沙发	S－089	长久家具城	1100	8	8800	2016-6-11
23			**长久家具城 汇总**		8		
24	沙发	S－023	长久家具公司	1200	6	7200	2015-3-25
25			**长久家具公司 汇总**		6		
26	沙发	S－076	宏达家具公司	1000	3	3000	2016-2-27
27	沙发	S－089	宏达家具公司	800	4	3200	2015-6-6
28			**宏达家具公司 汇总**		7		
29	沙发	S－021	蓝天家具城	1100	6	6600	2015-12-16
30	沙发	S－021	蓝天家具城	900	3	2700	2016-6-24

图 4-23　多层分类汇总结果

4.4　数据透视表

数据透视表是一种对大量数据进行快速汇总和交叉列表的交互式表格，可以通过转化行和列来查看源数据的不同汇总结果，可以显示不同页面来筛选数据，还可以根据需要来显示区域中的不同数据。

4.4.1　建立数据透视表

1. 数据透视表的结构框架

数据透视表有4个要素：列、行、页和数据项，如图4-24所示。4个要素的含义如下。

- 行与列：通常放置用来查找数据的主要依据。行位置放置主要汇总参考字段；列位置放置第二汇总参考字段。

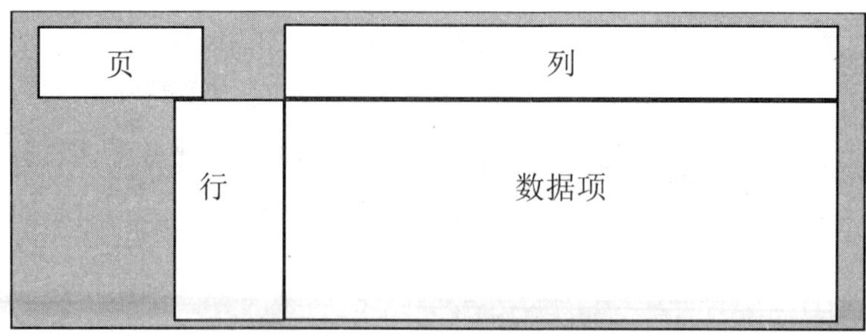

图 4-24　数据透视表的 4 个要素

- 页：非可选项，可以自由设置需要查看的内容。
- 数据项：是由列和行产生的单元格数据。如果放置数值型字段一般运算为求和；如果放置文本型字段一般运算为计数。

2. 创建数据透视表

【跟我练4-13】 仍以上述商品进货记录表为例，现在管理者希望了解从不同供应商采购的各种不同的商品的采购数量和采购成本各是多少。

① 从工作表中选中任意一个非空单元格，选择“插入”菜单下的“数据透视表”|“数据透视表”命令，打开“创建数据透视表”对话框，如图 4-25 所示。

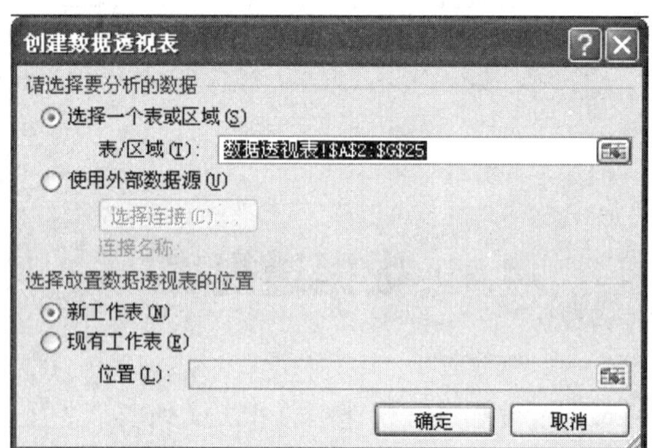

图 4-25　“创建数据透视表”对话框

数据来源有以下两种类型。

- 表/区域：设置数据来源为工作表中的数据列表。
- 外部数据源：设置数据来源为 Excel 外部的文件或数据库，如 SQL Server、Access 等类型的数据文件。

可以选择将数据透视表放置在现有工作表中或是新表中。

② 单击“确定”按钮，进入数据透视表布局设计界面，如图 4-26 所示。

窗口左边显示数据透视表的框架，右边是“数据透视表字段列表”。

图 4-26　数据透视表布局设计

③ 选择“进货厂商”字段拖动至“报表筛选”列表中；左边的数据透视表的页字段处出现“进货厂商”。选择“商品名称”拖动到“行标签”列表中；选择“型号”拖动到“列标签”列表中；选择“采购数量”和“采购费用”拖动到“数值”列表中。

在布局的过程中，数据透视表随之生成，如图 4-27 所示。

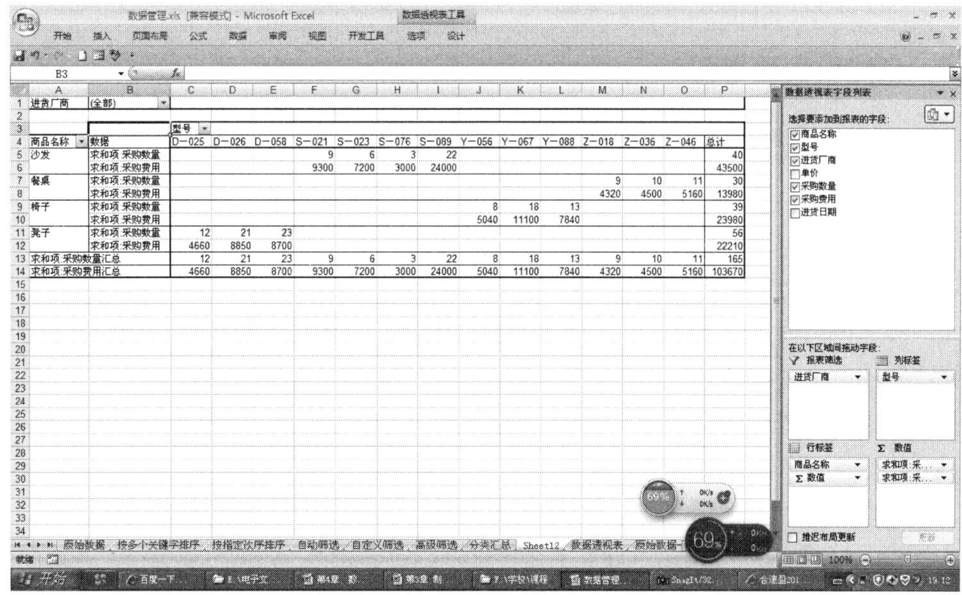

进货厂商	(全部)														
		型号													
商品名称	数据	D−025	D−026	D−058	S−021	S−023	S−076	S−089	Y−056	Y−067	Y−088	Z−018	Z−036	Z−046	总计
沙发	求和项:采购数量				9	6	3	22							40
	求和项:采购费用				9300	7200	3000	24000							43500
餐桌	求和项:采购数量											9	10	11	30
	求和项:采购费用											4320	4500	5160	13980
椅子	求和项:采购数量								8	18	13				39
	求和项:采购费用								5040	11100	7840				23980
凳子	求和项:采购数量	12	21	23											56
	求和项:采购费用	4660	8850	8700											22210
求和项:采购数量汇总		12	21	23	9	6	3	22	8	18	13	9	10	11	165
求和项:采购费用汇总		4660	8850	8700	9300	7200	3000	24000	5040	11100	7840	4320	4500	5160	103670

图 4-27　生成数据透视表

当用户需要改变显示结果时，只需要改变 4 个区域中的字段，就可以得到不同的显示结果。

3. 追踪数据透视表的数据来源

数据透视表不仅可以分类汇总显示数据，而且还可以显示其详细的数据来源以及相关数据的详细信息。要查看某个单元格中的数据是由哪些数据汇总而来，只需双击该单元格即可。如果要了解单元格 F6 中的数据，双击单元格 F6，即可自动插入一个工作表，并将详细数据显示在其中。

4. 选择显示特定的数据内容

如果只需查看某个特定的数据，如只查询商品名称为“沙发”的数据，可以单击“商品名称”右侧的下箭头按钮▼，在弹出的下拉列表中取消“全部”复选框，然后选中“沙发”复选框，单击“确定”按钮，则只显示沙发的汇总数据。

- 如何去掉图 4-27 中的总计列和最后的两个求和行？
- 如何隐藏商品名称为“凳子”的记录？
- 如何将采购费用汇总方式由求和改为求平均值？
- 如何查看“沙发”按照不同进货厂商的进货费用数据？

4.4.2 创建数据透视图

相对于数字，图表的形式更为直观，易于理解。Excel 除了数据透视表之外，还提供了数据透视图。

【跟我练4-14】仍以上述商品进货记录表为例，以数据透视图的方式展示从不同供应商处采购的各种不同的商品的采购成本各是多少。

① 从工作表中选中任意一个非空单元格，选择“插入”菜单下的“数据透视表”|“数据透视图”命令，打开“创建数据透视表和数据透视图”对话框。

② 单击“确定”按钮，进入数据透视图布局设计界面。与数据透视表布局界面不同的是多了一个图形展示区。

③ 选择“进货厂商”字段拖动至“报表筛选”列表中；左边的数据透视表的页字段处出现“进货厂商”。选择“商品名称”拖动到“轴字段(分类)”列表中；选择“型号”拖动到“图例字段”列表中；选择“采购费用”拖动到“数值”列表中。

在布局的过程中，数据透视表和数据透视图随之生成，如图 4-28 所示。

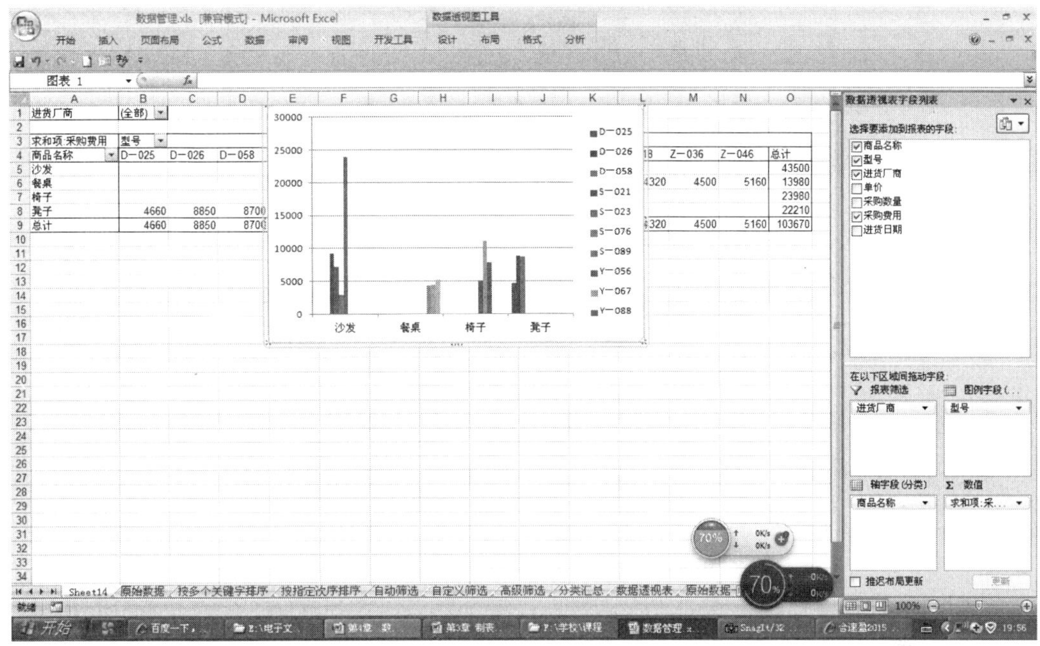

图 4-28　生成数据透视图

选中“数据透视图”，单击“设计”菜单下的“更改图表类型”按钮，打开“更改图表类型”对话框。选择喜欢的图表类型，即可更改数据透视图的显示形式。

4.5　报表汇总

对财务工作者来说，报表汇总是一项经常性工作。Excel 提供了灵活方便的汇总功能，能满足各种情况下报表汇总的需要。

4.5.1　按位置汇总

如果需要汇总的报表格式完全相同，可以采用按位置汇总的方式汇总报表。

1. 对 BOOK1 的 Sheet1 和 Sheet2 汇总，放在 Sheet3 上

【跟我练 4-15】长风公司有北京和上海两个分公司，图 4-29 所示的是北京和上海分公司一季度的销售情况。汇总两个分公司的销售数据便得到公司一季度的汇总销售报表。

① 在工作表 Sheet3 的单元格 B3 中输入等号，切换到工作表 Sheet1，并选定单元格 B3。

	A	B	C	D	E
1	北京分公司销售情况一览表				
2		一月	二月	三月	
3	A产品	2, 200	3, 420	3, 248	
4	B产品	3, 100	5, 240	5, 232	
5	C产品	1, 980	3, 653	3, 333	
6	D产品	2, 450	2, 434	3, 500	
7					

Sheet1 / Sheet2 / Sheet3

	A	B	C	D	E
1	上海分公司销售情况一览表				
2		一月	二月	三月	
3	A产品	3, 846	5, 800	6, 430	
4	B产品	5, 013	3, 450	2, 345	
5	C产品	4, 444	4, 536	5, 432	
6	D产品	2, 874	2, 342	4, 453	
7					

Sheet1 / Sheet2 / Sheet3

图 4-29　分公司销售情况

② 在公式编辑栏中输入“＋”加号，再切换到工作表 Sheet2，并选定单元格 B3。

③ 按“Enter”键后，自动返回到工作表 Sheet3，并得出计算结果，此时，Sheet3 中 B3 单元格中的公式为“＝ Sheet1！B3＋ Sheet21！B3”。

④ 利用填充柄将公式复制到其他单元格，即可得到长风公司一季度的汇总销售报表。

2. 将 BOOK1 的 Sheet1～Sheet10 的相应单元汇总到 Sheet11 上

如果长风公司下辖10个分公司，各分公司的销售情况分别放在工作表Sheet1～Sheet10上，要想将各公司的销售情况汇总到工作表Sheet11上，若仍然采用上述方法，汇总公式必然会很长，此时可以考虑用求和函数处理。具体方法如下：选择工作表Sheet11的单元格B3，单击自动求和按钮，单击工作表Sheet1，然后按下“Shift”键再单击工作表Sheet10，选定单元格B3。按“Enter”键后，自动返回到工作表Sheet11，并得出计算结果，此时，Sheet11中B3单元格中的公式为“＝SUM(Sheet1:Sheet10!B3)”。同样再利用填充柄将公式复制到其他单元格即可。

3. 对 BOOK1 的 Sheet1 和 BOOK2 的 Sheet1 汇总

如果长风公司北京分公司的销售情况放在 BOOK1 的 Sheet1 工作表上，而上海分公司的销售情况放在 BOOK2 的 Sheet1 工作表上，则汇总时，在目标区域中输入等号，切换到 BOOK1 的 Sheet1 工作表上，选定单元格 B3。然后在公式编辑栏中输入“＋”加号，再切换到 BOOK2 的 Sheet1 工作表上，并选定单元格 B3，按“Enter”键后，自动得到汇总后的计算结果。

4.5.2　按分类汇总

如果工作表格式不同，则需使用合并计算功能来完成汇总工作。在合并计算中，存放合并计算结果的工作表称为“目标工作表”，其中接收合并数据的区域称为“目标区域”，而被合并计算的各个工作表称为“源工作表”，其中被合并计算的数据区域称为“源区域”。例如，图 4-30 所示的分别是长风公司北京和上海两个分公司一季度的销售情况，并且各分公司销售的产品种类不尽相同。

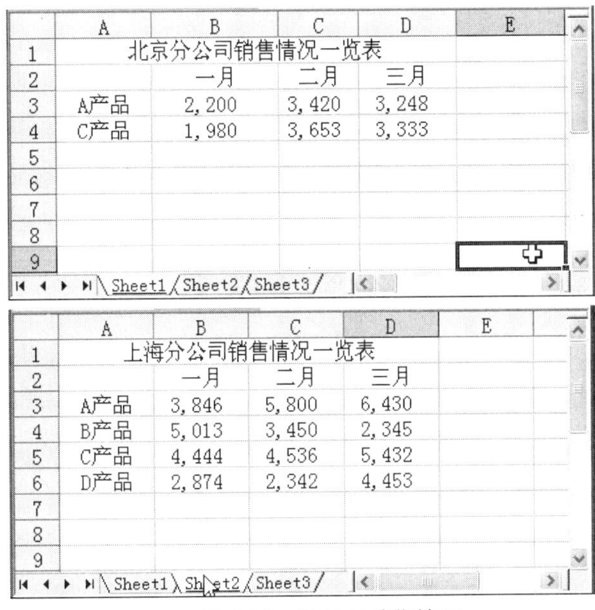

	A	B	C	D	E
1	北京分公司销售情况一览表				
2		一月	二月	三月	
3	A产品	2,200	3,420	3,248	
4	C产品	1,980	3,653	3,333	
5					
6					
7					
8					
9					

Sheet1 / Sheet2 / Sheet3

	A	B	C	D	E
1	上海分公司销售情况一览表				
2		一月	二月	三月	
3	A产品	3,846	5,800	6,430	
4	B产品	5,013	3,450	2,345	
5	C产品	4,444	4,536	5,432	
6	D产品	2,874	2,342	4,453	
7					
8					
9					

Sheet1 / Sheet2 / Sheet3

图 4-30　分公司销售情况

【跟我练 4-16】按分类汇总。

① 选定 Sheet1 工作表，并在单元格 A7 中输入“长风公司一季度销售情况”。

② 单击单元格 A8，执行“数据”菜单下的“合并计算”命令，打开“合并计算”对话框，如图 4-31 所示。

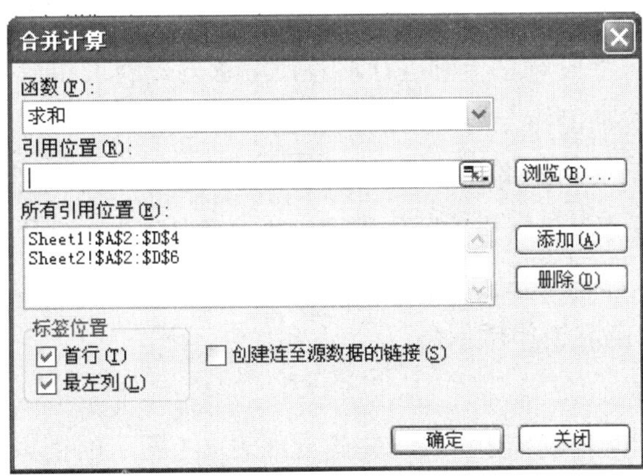

图 4-31　“合并计算”对话框

③ 在“函数”编辑框中，选择“求和”函数为合并计算数据的汇总函数。

④ 在“引用位置”编辑框中，单击工作表 Sheet1，选定单元格区域 A2：D4。然后单击“添加”按钮，在“引用位置”编辑框中，单击工作表 Sheet2，选定单元格区域 A2：D6。

⑤ 选中“标签位置”下的“首行”复选框和“最左列”复选框，单击“确定”按钮，在工作表 Sheet1 中显示合并计算结果，如图 4-32 所示。

	A	B	C	D	E
6					
7	长风公司一季度销售情况				
8		一月	二月	三月	
9	A产品	6,046	9,220	9,678	
10	B产品	5,013	3,450	2,345	
11	C产品	6,424	8,189	8,765	
12	D产品	2,874	2,342	4,453	
13					

Sheet1 / Sheet2 / Sheet3

图 4-32　合并计算结果

在合并计算中，利用链接功能可以实现合并数据的自动更新。也就是说，如果用户希望当源数据改变时合并结果也会自动更新，则应选定“创建连至源数据的链接”复选框。这样一来，当每次更新源数据时，就不必都要执行一次“合并计算”命令。

注意：

- 当源区域和目标区域在同一张工作表时，是不能够建立链接的。

一试身手

1. 打开“一试身手 4-1”，要求如下：

(1) 对“销售地区”和“品名”按照升序排序，其中“销售地区”为主要关键字，“品名”为次要关键字。

(2) 按照销售地区字段对总金额进行汇总，汇总方式为求和。

(3) 利用自动筛选功能将上海地区的销售记录筛选出来。

(4) 请利用高级筛选功能将北京地区销售额大于 50 的记录筛选出来。

(5) 建立数据透视表。将销售地区作为页字段，品名作为列字段，规格作为行字段，总金额作为数据项。数据透视表放在本工作表内，起始位置为 A24。并将数据透视表设置为只显示规格 A 的商品销售额信息。

2. 报表汇总

新建一个工作簿，在工作表 Sheet1 中建立如表 4-1 所示的销售情况统计表。

表 4-1　盛达公司 2014 年各地区销售情况统计表

单位：元

地区	第一季度	第二季度	第三季度	第四季度
东北地区	2 000 000	1 800 000	1 540 000	2 200 000
华北地区	1 500 000	1 450 000	1 600 000	1 900 000
华东地区	3 000 000	2 500 000	2 800 000	2 960 000

在工作表 Sheet2 中建立如表 4-2 所示的销售情况统计表。

表 4-2　盛达公司 2015 年各地区销售情况统计表

单位：元

地区	第一季度	第二季度	第三季度	第四季度
东北地区	2 150 000	2 000 000	1 790 000	2 100 000
华北地区	1 350 000	1 450 000	1 850 000	2 000 000
华东地区	3 050 000	2 850 000	2 450 000	2 740 000
西北地区	990 000	1 150 000	1 100 000	1 200 000
华南地区	3 400 000	2 300 000	3 450 000	3 090 000

采用“合并计算”功能计算盛达公司2014年和2015年各地区的销售情况，其结果放在 Sheet3中。

3. 已知近期员工请假记录表“一试身手 4-2”，要求分别用分类汇总和数据透视表统计每个员工每种假各请了多少天？

第 5 章

制 作 图 表

本章概要：

- 认知不同图表类型的作用
- 掌握制作图表的基本方法
- 学会编辑图表对象

5.1 图表概述

相对于数字来说，图表具有简洁、直观的特点，因此在日常经济管理工作中得到了广泛的应用。

图表是以图形的形式来表示工作表内的数据，它能直观、形象地表示数据间的复杂关系，使数据的比较或趋势变得一目了然，更容易表达我们的观点，具有很强的说服力。

特别需要强调的是：图表是不能脱离数据独立存在的。

5.1.1 认知图表元素

制作图表之前，让我们先来认识一下图表上的各种基本元素，如图 5-1 所示。

以下对一些图表元素进行简要说明。

- 图表区：整个图表，包含所有数据系列、坐标轴、图表标题和图例。
- 次坐标轴：出现在绘图区主坐标轴的反面。它在绘制混合类型的数据(如数量和价格)中，需要各种不同刻度时使用。

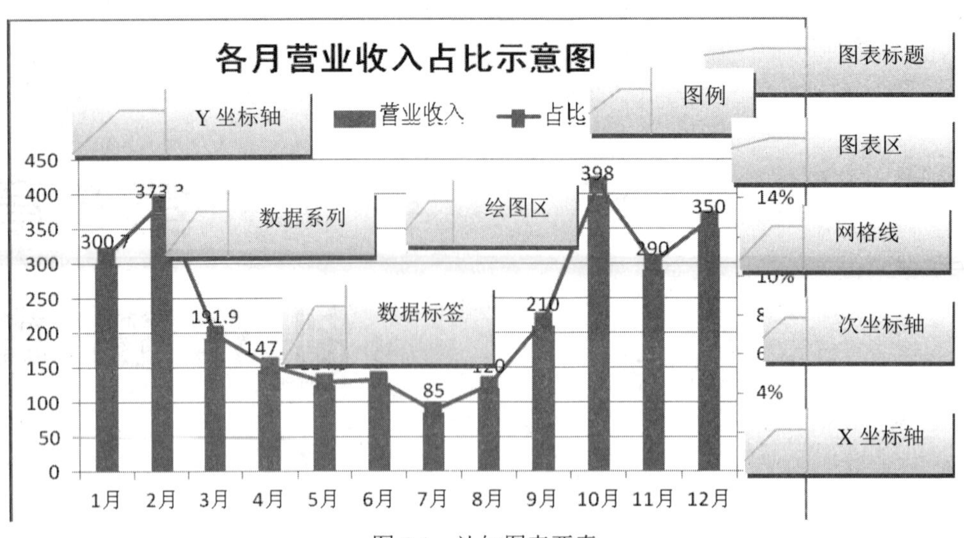

图 5-1　认知图表要素

5.1.2　认知图表类型

对于相同的数据，如果选择不同的图表类型，那么得到的图表外观是有很大差别的，为了用图表准确地表达我们的观点，完成数据表的创建之后，最重要的事情就是选择恰当的图表类型。

在 Excel 2007 的“插入图表”对话框中提供了 11 种类型的常见图表，如图 5-2 所示。

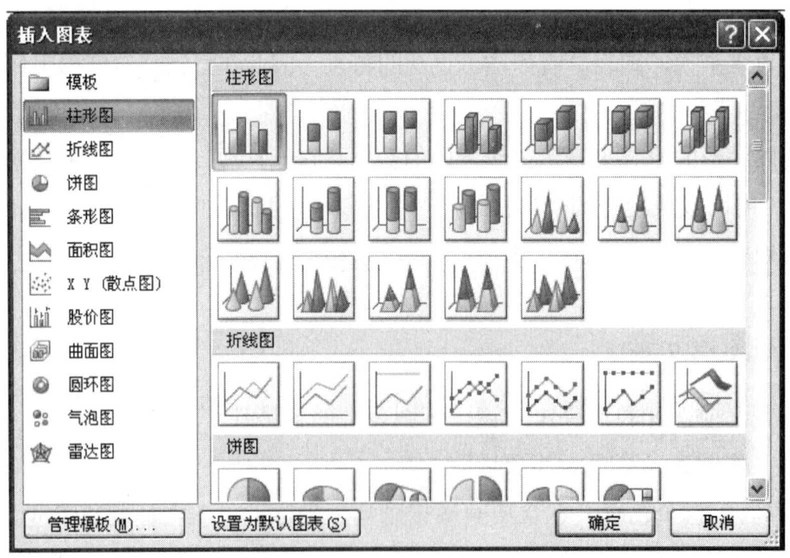

图 5-2　常见图表类型

这里简要说明各种图表类型的用途。

- 柱形图：主要用来反映数据序列的差异，或者是各数据序列随时间的变化情况。
- 折线图：将同一序列的数据在图中表示的点用直线连接起来就形成折线图。折线图特别适合 X 轴为时间轴时，反映数据的变动情况和变化趋势。
- 饼图：只能用来显示一个序列，它反映了该序列中各数据在总体中所占的比例。
- 条形图：适用于表示单一序列。堆积条形图适合用来显示单个项目与整体的关系。
- 面积图：将每一序列数据用直线段连起来，并将每条线以下的区域用不同的颜色填充。与折线图相比，面积图强调的是随时间的变化幅度，而不是变化速度。
- XY(散点图)：用几种不同颜色的点代表几种不同的序列。其他图都是一个轴表示值，另一个轴表示序列或分类，而散点图的 X 轴和 Y 轴均表示数值。
- 股价图：用来描述一段时间内股票的变化情况。
- 曲面图：如果希望找到两组数据之间的最佳组合，可以通过曲面图来实现。就像在地形图中一样，颜色和图案表示具有相同取值范围的区域。
- 圆环图：用于显示部分与整体的关系。其与饼图的区别是，饼图只能显示一个序列，而环形图可以用多个环来显示多个序列。
- 气泡图：一种特殊的散点图，用气泡作为数据标记。它以三个数值为一组对数据进行比较，而且可以三维效果显示。
- 雷达图：是由一个中心向四周辐射出多条数值坐标轴，每个分类都拥有自己的数值坐标轴，把同一个数据系列的值用折线连接起来形成的。雷达图用来比较若干数据系列的总体水平值。诊断企业的经营情况，通常使用雷达图。

5.1.3　新建图表

在 Excel 的“插入”菜单下的“图表”功能区中列示了常用的图表类型，可以帮助大家快速建立图表。

【跟我练 5-1】飞鹿集团在北京、上海、天津、重庆 4 个直辖市设有分公司，各分公司一季度~四季度销售数据如图 5-3 所示。要求：创建柱形图来对比各分公司各季度销售情况；创建饼图来对比各分公司销售额在总体中所占的比重。

	A	B	C	D	E	F	G
1	各分公司销售情况一览表						
2		一季度	二季度	三季度	四季度	合计	
3	北京	2200	3420	3248	3846	12714	
4	上海	3100	5240	5232	5013	18585	
5	天津	1980	3653	3333	4444	13410	
6	重庆	2450	2434	3500	2874	11258	
7							

图 5-3　各分公司销售情况一览表

① 选择单元格区域 A2∶E6。选择“插入”|“柱形图”命令，单击选择其中的“簇状柱形图”选项，系统自动生成图表如图 5-4 所示。

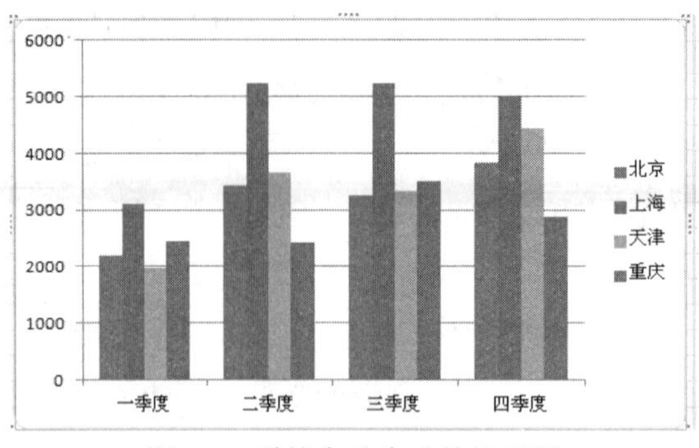

图 5-4　系统自动生成的柱形图

② 选择单元格区域 A3∶A6，按住 Ctrl 键，再选择单元格区域 F3∶F6。执行“插入”|“饼图”命令，单击选择其中的“三维饼图”选项，系统自动生成三维饼图如图 5-5 所示。

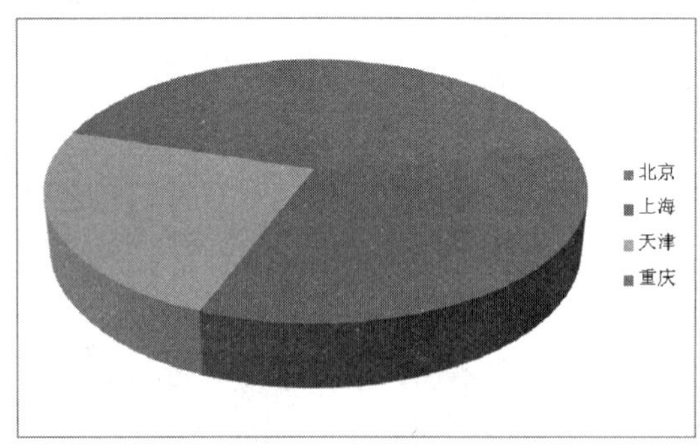

图 5-5　三维饼图

5.2　编辑图表

系统自动建立的图表可能并不令人满意，或者显示的效果不理想，此时就需要对图表进行适当的编辑，以达到最佳的效果。对图表进行编辑就是对图表的各个对象进行一些必要的修饰。

对图表进行编辑时，必须有一定的针对性，也就是要先选定图表或它的某个对象。要选定图表只需单击图表区域。单击某图表项即可以对该图表项进行编辑。

单击选中图表，在 Excel 菜单栏中出现“图表工具”选项卡。其中包含 3 个功能组：设计、布局及格式。均用来对生成的图表进行编辑之用。

5.2.1　图表设计

图表设计工具栏如图 5-6 所示。

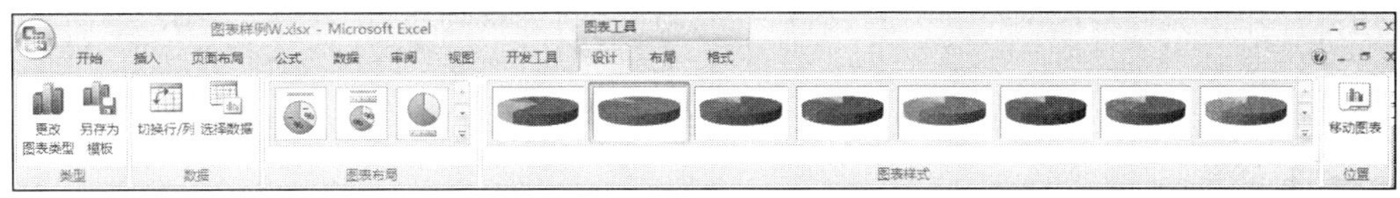

图 5-6　图表设计工具栏

从图 5-6 中可以看出，图表设计主要确定以下 5 个方面的内容。

1. 图表类型

可以将现有图表更改为其他图表类型；也可以将现有图表的格式和布局另存为可应用于将来图表的模板。

2. 图表数据源

可以交换坐标轴上的数据；也可以更改图表中包含的数据区域。

3. 图表布局

可以参考不同的布局方式修正现有图表。

4. 图表样式

可以将某个图表样式应用于选中图表。

5. 图表位置

自动生成的图表默认与数据表放置在同一张工作表中。除此之外，还有两种选择：一是指定放置在该工作簿的其他某个工作表中；二是放置在一张新的图表工作表中，文件名为 chart1，是工作簿中专用于图表的独立工作表。

5.2.2　图表布局

图表布局工具栏如图 5-7 所示。

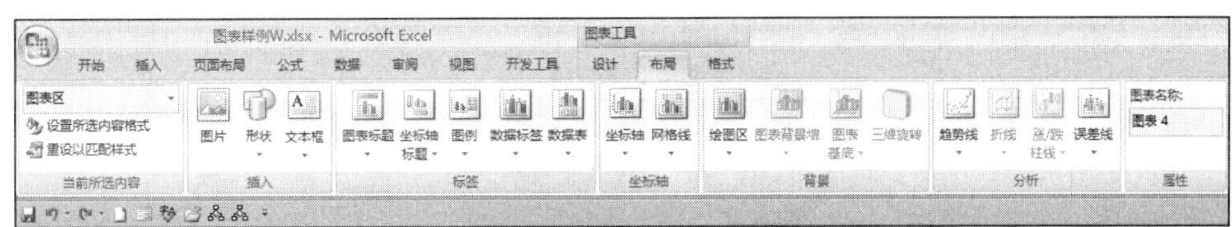

图 5-7　图表布局工具栏

图表布局工具栏中主要选项介绍如下。

1. 当前所选内容

当前所选内容是指显示当前选中的图表要素，如绘图区。单击“设置所选内容格式”选项，打开“设置绘图区格式”对话框，可对所选内容格式填充、边框、阴影等进行设计。

2. 标签

在标签中可以设置图表标题、坐标轴标题、图例、数据标签和对数据表进行添加、删除等操作。

3. 坐标轴

选择坐标轴可以更改坐标轴的格式和布局；选择网格线可以设置网格线的启用和取消。

4. 背景

选择背景可以对绘图区、图表背景墙、图表基底进行格式设置，选择“三维旋转”可以更改图表的三维视点。

5. 分析

分析选项中包括趋势线、折线和涨/跌柱线。单击可以向图表中添加相应的线。

【跟我练 5-2】为图 5-5 添加标题“分公司销售构成比”，标注数据标记，并将其中占比例最大的饼块分离出来。

① 单击饼图图表区，出现选中标记。选择“布局”|“图表标题”命令，选择“图表上方”选项，出现“图表标题”文本框，输入图表标题“分公司销售构成比”，设置标题字体为“黑体”。

② 单击选中数据系列，选择“布局”|“数据标签”命令，选择“其他数据标签”选项，选中“百分比”复选框。

③ 单击“上海”饼块，确保只有该饼块有选中标记，向下拖曳，从饼中分离。全部完成后，如图 5-8 所示。

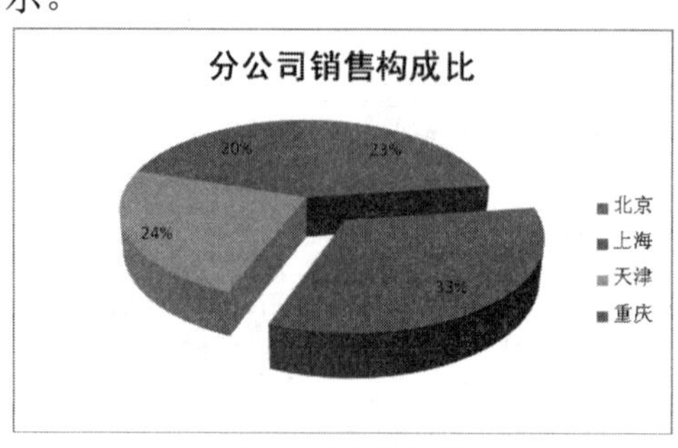

图 5-8　编辑饼图

5.3　图表应用示例

本节通过介绍几个图表制作的应用案例来帮助大家理解图表的制作过程。

5.3.1　柱中柱图

在进行财务分析时，有时既要对比各明细项目，又要对明细项目的合计数进行对比，例如：既要对比各商品的年份合计数，又要对比各年各商品的数据。或者不仅要展示各季度的销售收入，还要展示各季度各月的销售收入(注意与后面双层饼图的区别，这里强调的是数量或金额，双层饼图着重对比的是组成比例)，这时就需要用到多项目对比分析图。

【跟我练 5-3】天京商城主营甲产品、乙产品、丙产品 3 种商品，近 4 年的销售数据如图 5-9 所示。制作柱形图对比各年度各种产品的销售情况。

	A	B	C	D	E
1		2013年	2014年	2015年	2016年
2	甲产品	10	15	25	23
3	乙产品	15	20	30	28
4	丙产品	20	19	15	16
5	合计	45	54	70	67

图 5-9　天京商城近 4 年销售数据

1. 制作图表

选择单元格区域 A1∶E5，执行“插入”|“柱形图”命令，单击选择其中的“簇状柱形图”选项，系统自动生成簇状柱形图，如图 5-10(a)所示。

2. 编辑图表

(1) 将甲、乙、丙 3 个产品系列放置于次坐标轴

① 单击选中甲产品数据系列，单击右键，从快捷菜单中选择“设置数据系列格式”选项，打开“设置数据系列格式”对话框。

② 选中“系列绘制在次坐标轴”选项，单击“关闭”按钮返回。

③ 同理，将乙产品、丙产品数据系列也放置在次坐标轴。

设置完成后，如图 5-10(b)所示。

注意事项：

将甲产品和乙产品数据系列放置于次坐标轴之后，丙产品数据系列在绘图区恰好被覆盖。此时可通过“布局”菜单最左边功能区的“当前所选内容”处，从下拉列表中选

择“丙产品”选项，并单击“设置所选内容格式”选项，打开“设置数据系列格式”对话框，将丙产品数据系列放置在次坐标轴。

(2) 设置合计数据系列的分类间距

选中“合计”数据系列，设置数据系列格式分类间距为“50%”。设置完成后如图 5-10(c)所示。

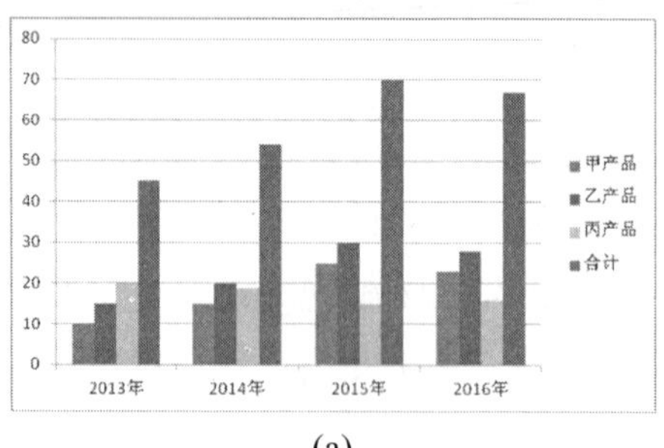

(a)

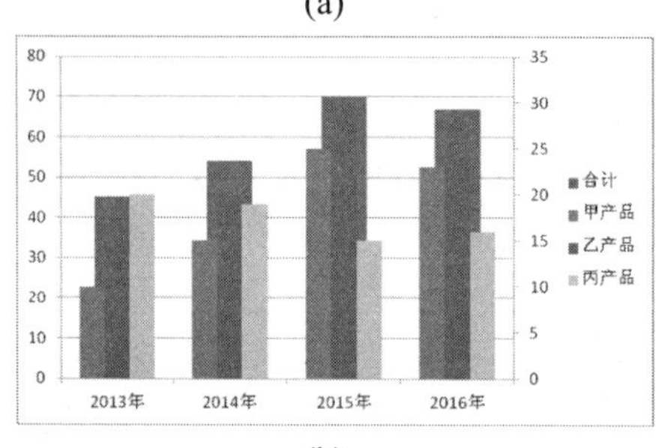

(b)

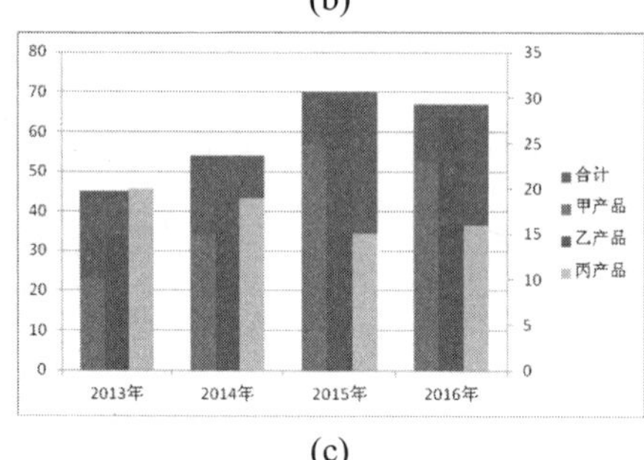

(c)

图 5-10　制作柱中柱图

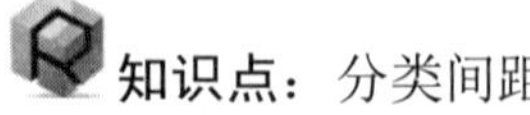

知识点：分类间距

作用：分类间距用于控制柱形簇或条形簇之间的间距；分类间距的值越大，数据标记簇之间的间距就越大。

- 可不可以将合计数据系列放置在次坐标轴，将甲产品、乙产品、丙产品 3 个数据系列放置在主坐标轴呢？

5.3.2　饼图

在进行财务分析时，经常需要展示各个项目的明细组成，例如：既要展示各季度销售收入构成百分比，又要展示各季度各月的销售构成百分比；或者既要展示各商品的销售构成比，又要查看各商品在各销售区域的构成比。这种情况下，我们可以考虑用双层饼图来实现。

【跟我练 5-4】已知万华集团 2016 年销售情况表如图 5-11 所示。制作双层饼图，内层显示各季度销售收入构成百分比，外层展示各季度各月的销售构成百分比。

	A	B	C	D
1	季度	小计	月份	销售收入
2			1月	55.00
3	一季度	193	2月	68.00
4			3月	70.00
5			4月	38.00
6	二季度	178	5月	75.00
7			6月	65.00
8			7月	27.00
9	三季度	104	8月	53.00
10			9月	24.00
11			10月	40.00
12	四季度	178	11月	63.00
13			12月	75.00
14	合计			653.00

图 5-11　万华集团 2016 年销售情况表

1. 制作内层饼图

选择B1∶B13区域，执行“插入”|“饼图”命令选择二维饼图，系统自动生成二维饼图。

2. 图表设计

(1) 添加销售收入数据系列

① 选中饼图，单击光标右键，从快捷菜单中选中“选择数据”选项，打开“选择数据源”对话框。

② 单击“添加”按钮，打开“编辑数据系列”对话框。选择系列名称为“D1”即“销售收入”；选择系列值为“D2∶D13”，如图 5-12 所示。

③ 单击“确定”按钮，返回“选择数据源”对话框。此时图形没有什么变化。

图 5-12　添加数据系列

(2) 设置水平分类轴标签

① 在“选择数据源”对话框中，选中“销售收入”数据系列，单击“水平分类轴标签”下的“编辑”按钮，打开“轴标签”对话框。

② 选择轴标签区域为 C2：C13，单击“确定”按钮返回。

③ 同理，选择“小计”数据系列，将轴标签设置为 A2：A13。此时图形也没有发生变化。

3. 图表布局

① 选中“小计”数据系列，单击右键，从快捷菜单中选择“设置数据系列格式”选项，打开“设置数据系列格式”对话框。

② 选中系列绘制在“次坐标轴”选项，饼图分离程度为“50%”，如图 5-13 所示。

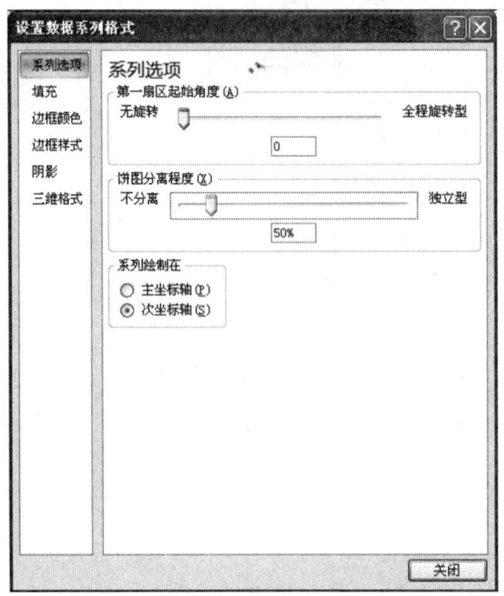

图 5-13　设置“小计”数据系列格式

③ 单击“关闭”按钮返回。图形发生变化，如图 5-14 所示。

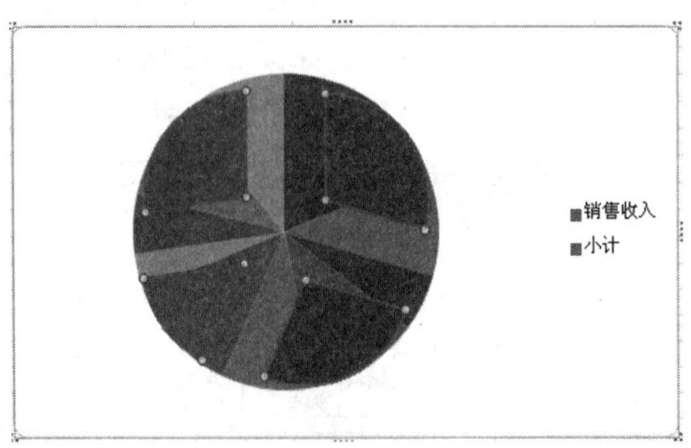

图 5-14　设置小计数据系列放置于次坐标轴，饼图分离程度为 50%

④ 单击选中小计系列的各个扇区，并将其拖动到中心位置。

⑤ 选中“小计”数据系列，在“布局”菜单下选择“数据标签”|“其他数据标签”选项，打开“设置数据标签格式”对话框，选中“类别名称”、“值”、“百分比”3 个复选框，单击“关闭”按钮。

⑥ 同理，选中“销售收入”数据系列，同上设置数据标签格式。全部完成后，如图 5-15 所示。

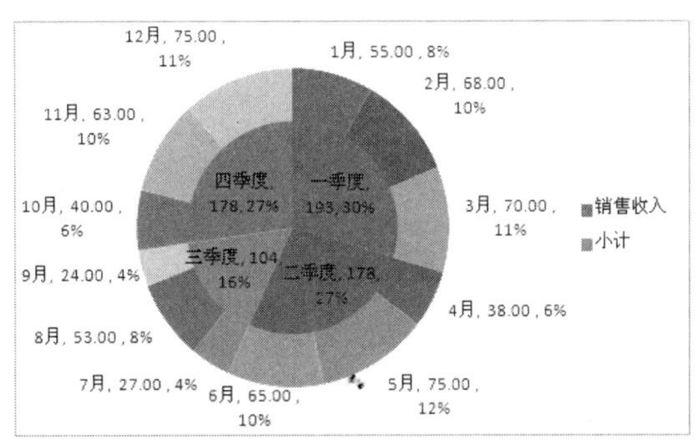

图 5-15　双层饼图设置完成

【跟我练 5-5】如果在展示各季度销售比的二维饼图的基础上，需要同时展示四季度各月销售组成情况，可以考虑使用复合饼图来实现。完成效果如图 5-16 所示。

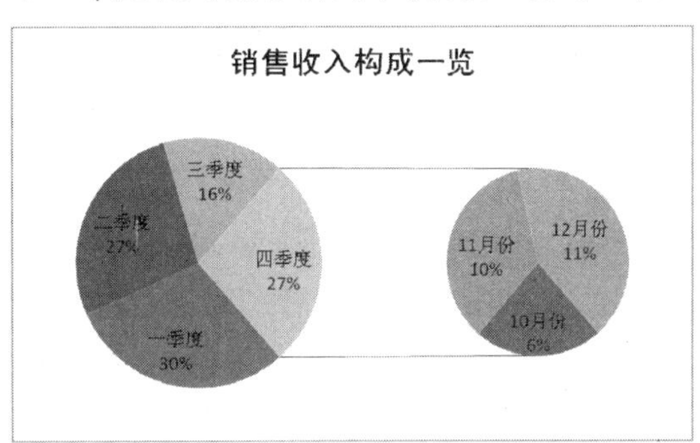

图 5-16　复合饼图效果

1. 制作复合饼图基础数据表

为了制作如图 5-5 所示的复合饼图，首先需要构建数据表。将图 5-11 所示的数据表修订为图 5-17 所示。

	A	B	C
1	时间	销售收入	
2	一季度	193	
3	二季度	178	
4	三季度	104	
5	10月份	40	
6	11月份	63	
7	12月份	75	
8			

图 5-17　制作复合饼图的数据表

2. 制作复合饼图

执行“插入”|“饼图”命令，选择其中的“复合饼图”选项，系统自动生成复合饼图如图 5-18(a)所示。

观察图 5-18 可以看出，10 月份数据应该包含在第 2 个饼中。单击选中饼图，单击光标右键从快捷菜单中选择“设置数据系列格式”选项，设置系列选项为“第二绘图区包含最后一个 3 值”，如图 5-19 所示，单击“关闭”按钮返回。将 10 月份数据调整到第二个饼图中，如图 5-18(b)所示。

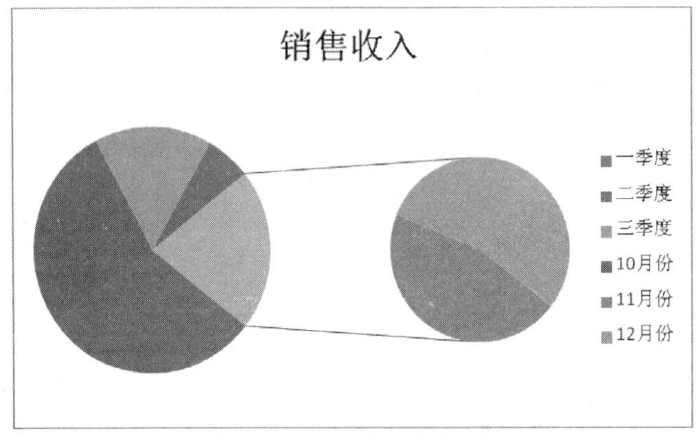

(a) 系统自动生成的复合饼图

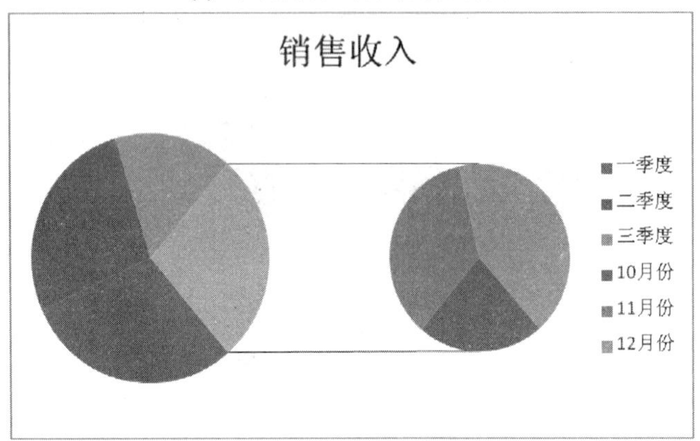

(b)　调整后的复合饼图

图 5-18　制作复合饼图

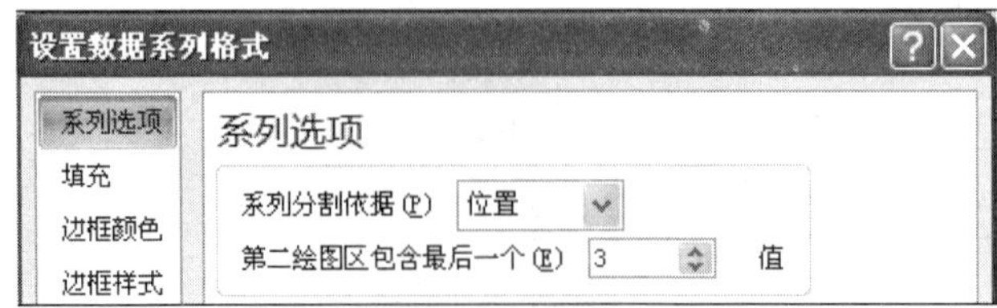

图 5-19　设置第二绘图区包含的值个数

3. 编辑复合饼图

(1) 设置数据标签

为复合饼图添加数据标签：显示类别名称和百分比。如图 5-20(a)所示。

(2) 更改第二饼图对应的数据标签显示

在复合饼图中，第二饼图对应的扇区位置应显示为“四季度”，目前显示为“其他”。将“其他”更改为“四季度”，完成后如图 5-20(b)所示。

(3) 调整图表标题、数据标签位置等，全部完成后如图 5-16 所示。

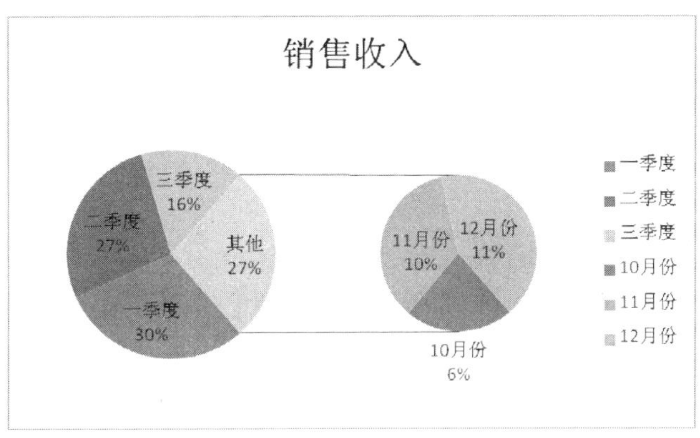

(a) 设置数据标签后的复合饼图

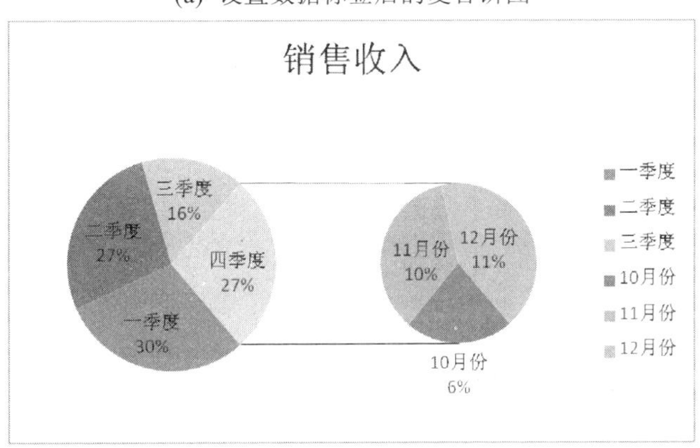

(b) 修改后的复合饼图

图 5-20　编辑复合饼图

5.3.3　折线图

折线图是图表中常用的一种。本例通过折线图的制作来深入领会图表设计和布局的技巧。

【跟我练 5-6】《互联网金融》杂志公布了一组数据，说明 P2P 网络借贷的交易规模，如图 5-21 所示。制作适当的图形显示交易规模和环比增长的变化情况，成图如图 5-23

所示。

	A	B	C	D	E
1	年度	季度	交易规模	环比增长	
2	2015年	一季度	1802	16.90%	
3		二季度	2098	16.40%	
4		三季度	2668	27.20%	
5		四季度	3537	32.60%	
6	2016年	一季度	3650	3.20%	
7		二季度	4517	23.75%	
8					

图 5-21　P2P 网络借贷的交易规模

1. 制作基本柱形图

选择 A1：D6 区域，执行“插入”|“柱形图”命令，选择“簇状柱形图”选项，完成基本柱形图的制作。

2. 设置“交易规模”数据系列

① 在“布局”工具栏中的“当前所选内容”功能组中，选择“交易规模”数据系列，单击“设置所选内容格式”选项，将该数据系列放置于“次坐标轴”。

② 在“设计”工具栏中，选择“更改图表类型”选项，将“交易规模”数据系列更改为“带数据标记的折线图”。

③ 在“布局”工具栏中，继续设置数据系列格式。

- 在“数据标记选项”中将“数据标记类型”设置为“圆形”，“大小”设置为“30 磅”。
- 在“数据标记填充”中将“数据标记类型”设置为“纯色填充”，“颜色”设置为“白色”。
- 在“线型”中设置“线型宽度”为“3 磅”。
- 在“标记线样式”中，设置“标记线样式宽度”为“3 磅”，“符合类型”为“由粗到细”。

④ 在“布局”工具栏中，为“交易规模”添加数据标签，“位置”设置为“居中”。

3. 设置“环比增长”数据系列

在“布局”工具栏中，为“环比增长”添加数据标签，“位置”设置为“数据标签外”。

4. 设置坐标轴

(1) 设置主坐标轴(垂直轴)

选中主坐标轴(垂直轴)，设置坐标轴格式，如图 5-22 所示。

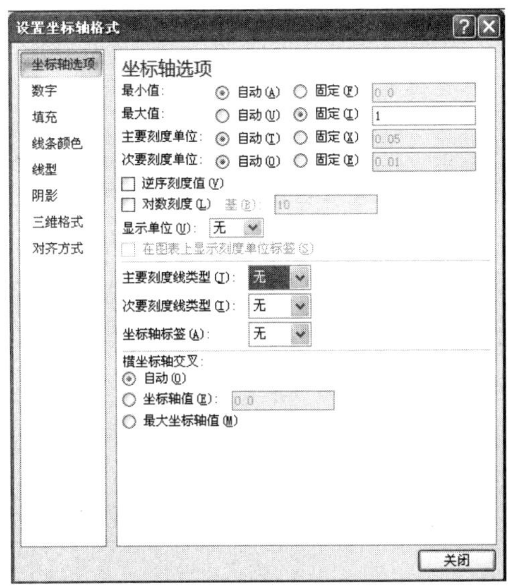

图 5-22　设置坐标轴格式

在“坐标轴选项”选项卡中设置“最大值”为“固定”，数值为“1”；“主要刻度线类型”为“无”；“坐标轴标签”为“无”。

在“线条颜色”选项卡中设置“线条颜色”为“无线条”。

(2) 设置次坐标轴(垂直轴)

同理，设置次坐标轴(垂直轴)主要刻度线类型和坐标轴标签均为“无”。线条颜色为“无线条”。

5. 设置绘图区

选中绘图区横线，删除。

6. 设置图例

选中“图例”，将其拖动到图形左上方。

全部完成后，如图 5-23 所示。

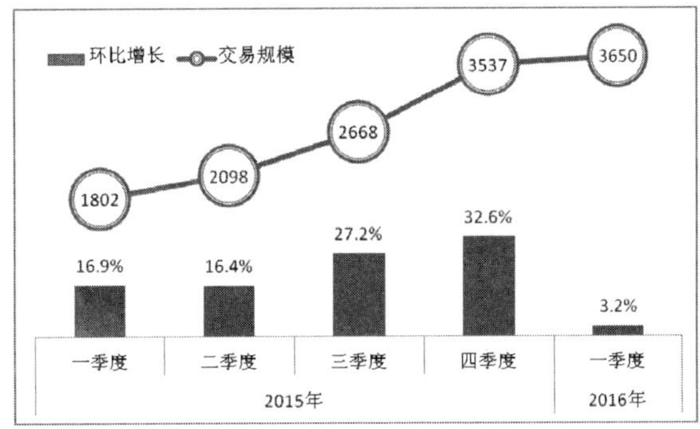

图 5-23　折线图制作完成

5.3.4 雷达图

1. 五力分析

比率是财务分析中应用最广泛的一项分析工具。常用于反映企业财务状况和经营业绩的比率可以归纳成五大类，即收益力分析、安定力分析、活动力分析、成长力分析和生产力分析。这种从 5 个方面来评估企业经营绩效的方法，就是财务分析中的五力分析法。由于五力分析中考察的指标涉及企业财务和经营状况的各个方面，经营者可以通过五力分析法基本了解公司的经营业绩和发展前景。

五力分析的常用指标及计算公式如表 5-1 所示。

表 5-1　五力分析的常用指标及计算公式

指标分类	具体指标	含义	计算公式
收益力	总资产收益率	反映企业总资产的利用效果	息税前利率/平均资产总额
	净资产收益率	反映企业所有者权益的回报	净利率/所有者权益
	毛利率	反映企业销售收入的收益水平	销售毛利/销售收入
	销售净利率	反映企业销售收入的收益水平	净利润/销售收入
安定力	流动比率	反映企业短期偿债能力和信用状况	流动资产/流动负债
	速动比率	反映企业立刻偿付流动负债的能力	流动资产/流动负债
	资产负债率	反映企业总资产中有多少是负债	负债总额/资产总额
	所有者权益比率	反映企业总资产中有多少是所有者权益	所有者权益/资产总额
活动力	总资产周转率	反映全部资产的使用效率	销售收入/平均资产总额
	固定资产周转率	反映固定资产的使用效率	销售收入/平均固定资产
	流动资产周转率	反映流动资产的使用效率	销售收入/平均流动资产
	应收账款周转率	反映年度内应收账款的变现速度	销售收入/平均应收账款
	存货周转率	反映存货的变现速度	销售成本/平均存货
成长力	销售收入增长率	反映销售收入变化趋势	本期销售收入/上期销售收入
	税前利润增长率	反映税前利润变化趋势	本期税前利润/上期税前利润
	净资产增长率	反映净资产变化趋势	本期净资产/上期净资产
	固定资产增长率	反映固定资产变化趋势	本期固定资产/上期固定资产
生产力	人均销售收入	反映企业人均销售能力	销售收入/平均职工人数
	人均净利率	反映企业经营管理水平	净利润/平均职工人数
	人均资产总额	反映企业生产经营能力	资产总额/平均职工人数
	人均工资	反映企业成果分配状况	工资总额/平均职工人数

2. 雷达图释义

计算出企业的各项经营比率后，各项单个的数据给人的印象是散乱的，我们无法判断出企业整体的经营在同行业中处于一种什么样的位置，而通过雷达图可以清晰地反映出来，雷达图是专门用来进行多指标体系分析的专业图表。

雷达图通常由一组坐标轴和若干 3 个同心圆构成，如图 5-24 所示。

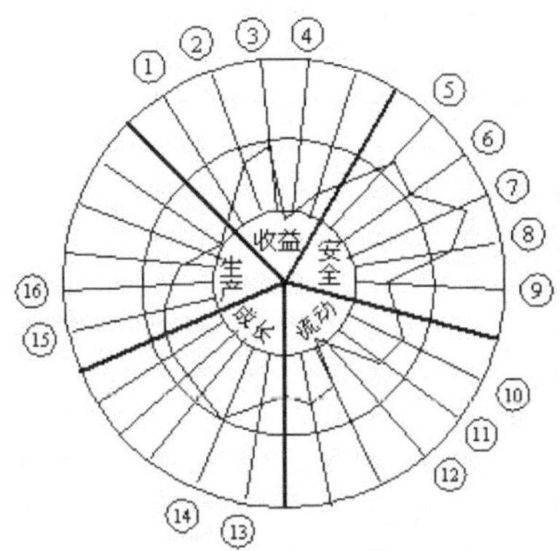

图 5-24　雷达图示意

首先，每个坐标轴代表一个指标。同心圆中最小的圆表示最低水平或同行业平均水平的 1/2 值；中间的圆表示标准水平或是平均水平；最大的圆表示同行先进水平或平均水平的 1.5 倍。其次，将这 3 个圆的 360 度分成 5 个扇形区，分别代表收益力、安全力、活动力、成长力和生产力指标区域；再次，从 5 个扇形区的圆心开始以放射线的形式分别画出相应的财务指标线，并标明指标名称及标度，财务指标线的比例尺及同心圆的大小由该经营比率的量纲与同行业的水平来决定。最后，把客户同期的相应指标值用点标在图上，用线段依次连接相邻点，形成的多边形折线闭环，就代表了客户的现实财务状况。

3. 应用案例

【跟我练 5-7】根据企业经营数据，计算得到基本数据表如图 5-25 所示(仅为演示雷达图编制模拟数据)。其中，实际值是根据实际经营数据计算得到的，标准值是行业平均水平，理想值是平均水平的 1.5 倍，比值是实际值与理想值的比。制作企业经营雷达图。

(1) 雷达图的制作

选择 C3∶C17 区域，执行“插入”|“雷达图”命令，系统自动生成基本的雷达图，如图 5-26 所示。

(2) 雷达图的设计和布局

按照个人喜好，对雷达图进行设计和布局。

	A	B	C	D	E	F	G
1	经营分析						
2	项目	序号	指标	实际值	标准值	理想值	比值
3	收益力	a1	资产净利率	14	10	15	0.93
4		a2	销售净利率	12	10	15	0.80
5		a3	销售毛利率	26	20	30	0.87
6	流动力	b1	流动资产周转率	6	6	9	0.67
7		b2	固定资产周转率	2	2	3	0.67
8		b3	存货周转率	3	2	3	1.00
9	安定力	c1	流动比率	100	200	300	0.33
10		c2	速动比率	23	70	105	0.22
11		c3	资产负债率	30	45	67.5	0.44
12	生产力	d1	人均收入	20	14	21	0.95
13		d2	人均利润	4	6	9	0.44
14		d3	人均工资	9	10	15	0.60
15	成长力	e1	销售收入增长率	12	10	15	0.80
16		e2	固定资产增长率	13	10	15	0.87
17		e3	总利润增长率	12	10	15	0.80

图 5-25　企业经营分析基本数据表

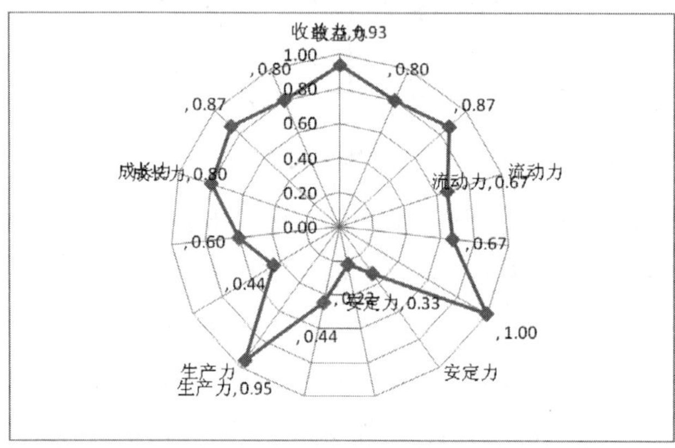

图 5-26　雷达图

一试身手

1. 已知凯德集团 2016 年下属 6 个分公司的销售情况如图 5-27 所示。要求，计算各分公司销售收入占比，并制作图形反映各分公司销售对比情况及占比情况。参照图 5-1 样图完成制图。

	A	B	C	D
1		营业收入	占比	
2	一公司	300.7	22.0%	
3	二公司	473.3	34.7%	
4	三公司	191.9	14.1%	
5	四公司	147.2	10.8%	
6	五公司	124.3	9.1%	
7	六公司	127	9.3%	
8	合计	1364.4		
9				

图 5-27　凯德集团各分公司销售情况

2. 已知某集团各分公司目标及实际完成情况如表 5-2 所示。

表 5-2　目标及实际完成情况统计

公司名称	目标	完成
公司 A	2417	1183
公司 B	2419	1375
公司 C	2331	605
公司 D	2371	966
公司 E	2291	2685
公司 F	2711	875

请制作实际完成与目标的重叠对比柱形图，完成后效果如图 5-28 所示。

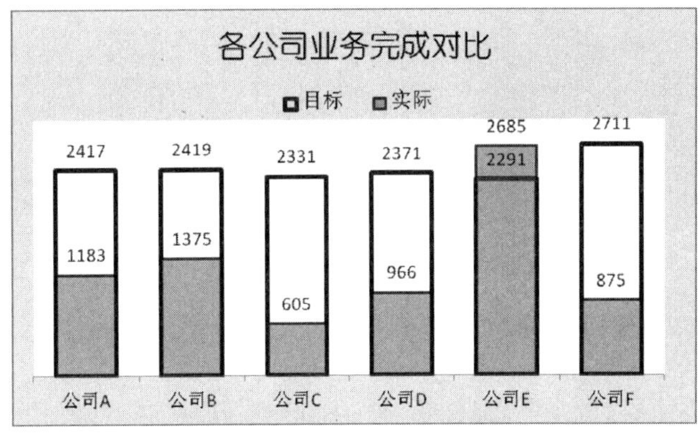

图 5-28　实际完成效果

第 6 章

函　　数

本章概要：

- 函数分类
- 常见函数应用示例

6.1　函数概述

Excel中的函数其实是一些预定义的公式，它们使用一些称为参数的特定数值按特定的顺序或结构进行计算。

6.1.1　函数构成

Excel 函数一般由函数名称、函数参数和括号构成。其基本结构为：

函数名称(参数 1,参数 2,…,参数 n)

其中：

- 函数名称：标明函数的含义，通常是一个字符串。每个函数都有唯一的名称。
- 圆括号：负责把函数参数括起来，即括号中包含所有的参数。
- 参数：参数可以是数字、文本、单元格或区域引用、逻辑值、名称和函数，还可以是错误值。最多可以有 30 个参数，参数之间用半角符号“,”分隔。

注意事项：

- 函数名称与其后的“(”之间不能有空格。
- 在函数中引用文本时需要用双引号括起来，如果没有使用双引号，则 Excel 将其视为名称，如果该名称没有被事先定义，则会出现错误值“#NAME?”。

- 如果函数的参数也是函数，称为“嵌套函数”，则 Excel 中最多可嵌套七层。

6.1.2　函数分类

Excel 函数一共分为 11 类，分别是数据库函数、日期与时间函数、工程函数、财务函数、信息函数、逻辑函数、查询和引用函数、数学和三角函数、统计函数、文本函数以及用户自定义函数。每类函数的作用各不相同。本章选择几类常用函数介绍其用法。

6.2　常用函数简介

6.2.1　数据库函数

在 Microsoft Excel 中包含了一些工作表函数，它们用于对存储在数据清单或数据库中的数据进行分析，这些函数统称为数据库函数 Dfunctions。

1. 数据库函数的特点

数据库函数格式为：函数名称(database,field,criteria)

参数说明：

- Database：为构成数据清单或数据库的单元格区域。数据库是包含一组相关数据的数据清单，其中包含相关信息的行为记录，而包含数据的列为字段。数据清单的第一行包含着每一列的标志项。
- Field：为指定函数所使用的数据列。数据清单中的数据列必须在第一行具有标志项。Field 可以是文本，即两端带引号的标志项，如“使用年数”或“产量”；也可以是代表数据清单中数据列位置的数字：1 表示第一列，2 表示第二列，等等。
- Criteria：为一组包含给定条件的单元格区域。可以为参数 criteria 指定任意区域，只要它至少包含一个列标志和列标志下方用于设定条件的单元格。

2. 数据库函数应用示例

数据库函数共 13 个，如表 6-1 所示。

表 6-1　数据库函数及其作用

函 数 名	作　用
DAVERAGE	返回数据库或数据清单中满足指定条件的列中数值的平均值
DCOUNT	返回数据库或数据清单的指定字段中，满足给定条件并且包含数字的单元格数目
DCOUNTA	返回数据库或数据清单指定字段中满足给定条件的非空单元格数目
DGET	从数据清单或数据库中提取符合指定条件的单个值
DMAX	返回数据清单或数据库的指定列中，满足给定条件单元格中的最大数值
DMIN	返回数据清单或数据库的指定列中满足给定条件的单元格中的最小数值
DPRODUCT	返回数据清单或数据库的指定列中，满足给定条件单元格中的数值乘积
DSTDEV	将列表或数据库的列中满足指定条件的数字作为一个样本，估算样木总体的标准偏差
DSTDEVP	将数据清单或数据库的指定列中，满足给定条件单元格中的数字作为样本总体，计算总体的标准偏差
DSUM	返回数据清单或数据库的指定列中，满足给定条件单元格中的数字之和
DVAR	将数据清单或数据库的指定列中满足给定条件单元格中的数字作为一个样本，估算样本总体的方差
DVARP	将数据清单或数据库的指定列中满足给定条件单元格中的数字作为样本总体，计算总体的方差
GETPIVOTDATA	返回存储在数据透视表报表中的数据

【跟我练 6-1】已知某个班级 40 名同学本学期五门考试课的成绩如图 6-1 所示。请统计：

- 有几个学生的会计电算化课程成绩达到优秀(成绩>=90 即为优秀)？
- 会计 1 班男同学大学英语课程的平均成绩是多少？
- 会计 2 班中有多少位女同学？

(1) 有几个学生的会计电算化课程成绩达到优秀？

① 在 M2∶M3 中设定条件。在 M2 中输入“会计电算化”，在 M3 中输入“>=90”。

② 在 L2 中调用函数。L2=DCOUNT(A2:I42,I2,M2:M3)。其中 A2：I42 为数据清单区域；I2 是指定对该数据列使用函数(I2 位置也可以替换为数字“9”。“9”是“会计电算化”在该数据清单中的列位置)；M2∶M3 中是已设定的条件。结果为 16。

	A	B	C	D	E	F	G	H	I
1	学生成绩单								
2	序号	学号	姓名	性别	大学英语	宏观经济学	基础会计	财务会计	会计电算化
3	1	2015111897	杨智咏	男	86	75	90	87	85
4	2	2015111898	张航	男	68	32	60	73	63
5	3	2015111899	郭童	男	86	78	94	85	90
6	4	2015111900	郑康康	男	65	84	86	86	96
7	5	2015111901	郭梁宝	男	72	85	89	87	90
8	6	2015111902	王杰	男	86	87	77	90	91
9	7	2015111903	徐鹤龄	男	92	90	67	90	92
10	8	2015111904	顾翔	男	67	90	88	82	66
11	9	2015111905	吴楠	男	94	81	87	95	97
12	10	2015111906	王汉钧	男	86	95	67	93	80
13	11	2015111907	朱家琳	男	89	92	88	95	91
14	12	2015111908	黄嘉玲	女	77	94	87	66	80
15	13	2015111909	王晓双	女	67	86	78	90	85
16	14	2015111910	崔博	女	88	89	86	94	76
17	15	2015111911	赵菲	女	87	77	90	86	80
18	16	2015111912	胡秀韵	女	78	67	76	89	85
19	17	2015111913	许冲	女	86	88	95	77	85
20	18	2015111914	付培昕	女	90	87	77	67	86
21	19	2015111915	鹿田	女	76	77	69	88	87
22	20	2015111916	杨昕彤	女	95	67	84	87	90
23	21	2015111917	谢姝慧	女	77	88	87	78	90
24	22	2015111918	李馨	女	87	87	90	86	82
25	23	2015111919	常晓歌	女	90	78	90	90	95
26	24	2015111920	陈国翠	女	90	86	82	76	93
27	25	2015111921	白冠男	女	82	90	95	95	88
28	26	2015111922	陈秋位	女	95	76	93	77	95
29	27	2015111923	余佩青	女	93	95	90	87	86
30	28	2015111924	陈菲	女	64	77	89	94	90

图 6-1　学生成绩单

(2) 会计 1 班男同学大学英语课程的平均成绩是多少？

① 在 M4∶M5 中设定条件，如图 6-2 所示。

K	L	M	N
第1题	16	会计电算化	
		>=90	
第2题	80.84615385	班级	性别
		会计1班	男
第3题	14	班级	性别
		会计2班	女

图 6-2　数据库函数应用示例

② 在 L4 中调用函数。L4＝DAVERAGE(A2:I42,5,M4:N5)。其中，A2∶I42 为数据清单区域；“5”是指定对该数据列使用函数(也可以替换为“E2”)；M4∶N5 中是已设定的条件。

(3) 会计 2 班中有多少位女同学？

① 在 M6∶N7 中设定条件，如图 6-2 所示。

② 在 L6 中调用函数。L6＝DCOUNTA(A2:I42,D2,M6:N7)。结果为 14。

6.2.2　逻辑函数

用来判断真假值，或者进行复合检验的 Excel 函数称为逻辑函数。Excel 2007 中一共有 7 个逻辑函数，常用的 5 个逻辑函数如表 6-2 所示。

表 6-2　常用的逻辑函数

函　　数	作　　用
And(logical1,logical2…)	所有参数均为 True 时返回 True，否则返回 False
If(Logical,Value_if_true,Value_if_false)	判断是否满足某个条件，满足时返回一个值，不满足时返回另一个值
Iferror(value,value_if_error)	如果表达式是一个错误，则返回value_if_error，否则返回表达式本身的值
Not(logical)	对参数的逻辑值求反
Or(logical1,logical2…)	任一参数为 True 时返回 True，所有参数均为 False 时返回 False

1. IFERROR 函数的应用

如果工作表的 C2 单元格定义了公式“＝A2/B2”，但是因故没有在 B2 单元格输入除数，那么 C2 单元格就会显示“#DIV/0!”的错误信息。这不仅看起来很不美观，而且将报表打印出来以后还可能会引起误会。为避免上面提到的问题出现，可在 C2 单元格中输入“＝IFERROR(A2/B2," ")”。意义为：如果 A2/B2 返回错误#N/A、#VALUE!、#REF!、#DIV/0!、#NUM!、#NAME?或#NULL!，则 C2 中返回空，如果 A2/B2 能够正常计算，则 C2 中返回 A2/B2 的计算结果。

2. IF 函数的应用

【跟我练 6-2】某企业制定的销售提成政策为：销售额大于等于 80 万元，提成比例为 30%；销售额为 80～60 万(含 60 万)，提成比例为 20%；销售额为 60～40 万(含 40 万)，提成比例为 10%；销售额小于 40 万，提成比例为 5%。已知销售员的销售额，计算销售提成。

① 在 A1：D10 中构建基本数据区。

② 在D3单元中输入公式“＝IF(C3>＝800000,C3*0.3,IF(AND(C3<800000,C3>＝600000),C3*0.2,IF(AND(C3<600000,C3>＝400000),C3*0.1,C3*0.05)))”。并将该公式复制到D4：D10中。得到计算结果如图6-3所示。

	A	B	C	D
1	销售业绩			
2	工号	姓名	销售额	销售提成
3	201201	顾翔	520000	52000
4	301202	吴楠	670000	134000
5	201203	王汉钧	450000	45000
6	301204	朱家琳	320000	16000
7	301205	黄嘉玲	860000	258000
8	201204	王晓双	230000	11500
9	201202	王杰雄	750000	150000
10	301201	赵菲	780000	156000

图 6-3　IF 函数的应用

6.2.3　数学与三角函数

数学函数是一类常用的函数，除了前面使用过的 SUM、SQRT、ABS、ROUND 等函数外，还有一些数学函数如表 6-3 所示。

表 6-3　数学与三角函数

函　　数	作　　用
Int(number)	将数值向下取整为最接近的整数
Mod(number,divisor)	返回两数相除的余数
If(Logical,Value_if_true,Value_if_false)	判断是否满足某个条件，满足时返回一个值，不满足时返回另一个值
Pi()	返回圆周率 Pi 的值，精确到 15 位
Rand()	返回大于或等于 0 且小于 1 的平均分布随机数
Sin(number)	返回给定角度的正弦值。同类还有 Cos、Tan
Sumproduct(array1,array2,array3…)	返回相应的数组或区域乘积的和

【跟我练 6-3】绘制正弦曲线和余弦曲线，如图 6-4 所示。

① 构建绘图数据区。在 B1～N1 区域，输入从 0～360 角度值。输入公式 B2“＝SIN(B1*PI()/180)”、B3“＝COS(B1*PI()/180)”；将公式复制到 C2∶N3。

② 选择 A1：N3 区域，选择“插入”|“散点图”|“带平滑线的散点图”命令，绘制正弦和余弦曲线。

【跟我练 6-4】出于页面美观或阅读方便目的，将工作表中奇数行设置为紫罗兰色。

① 选中要设置的区域，如 A1∶H10。

② 选择“开始”|“条件格式”|“新建规则”命令，打开“新建格式规则”对话框。选择“使用公式确定要设置格式的单元格”选项，在“为符合此公式的值设置格式”框中输入“＝mod(row(),2)”。单击“格式”按钮，设置填充颜色返回，如图 6-5 所示。

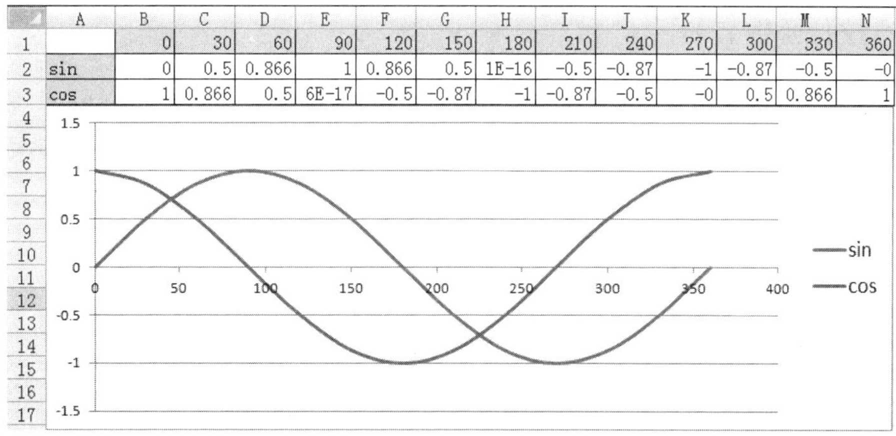

	A	B	C	D	E	F	G	H	I	J	K	L	M	N
1		0	30	60	90	120	150	180	210	240	270	300	330	360
2	sin	0	0.5	0.866	1	0.866	0.5	1E-16	-0.5	-0.87	-1	-0.87	-0.5	-0
3	cos	1	0.866	0.5	6E-17	-0.5	-0.87	-1	-0.87	-0.5	-0	0.5	0.866	1

图 6-4　正弦和余弦曲线

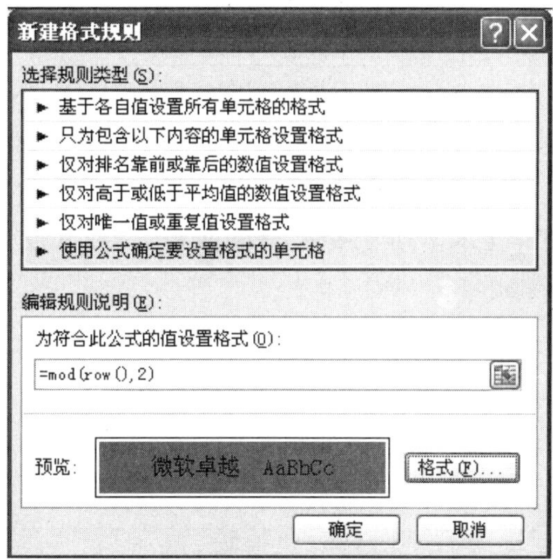

图 6-5　设置工作表奇数行的填充颜色

知识点：ROW(reference)

作用：返回一个引用的行号。

【跟我练 6-5】仍以【跟我练 6-2】中的销售业绩统计计算为例，如何求工号以 3 开头的销售员的销售额之和。

利用 Sumproduct 函数，可以轻松解决这个问题。

在结果单元格 B12 中输入公式"＝SUMPRODUCT((LEFT(A3:A10)＝"3")*C3:C10)"。

以上公式中，(LEFT(A3:A10)＝"3")就是在 A3：A10 区域中，如果第 1 个字符的值是"3"，就是"真"，否则，就是"假"。"真"对应值为 1，"假"对应值为 0，按照这个意义理解，A3：A10 的值是"0，1，0，1，1，1，0，0，1"。这个数组与 C3：C10 数组乘积之和就是结果值。

6.2.4　统计函数

Excel的统计函数用于对数据区域进行统计分析，例如用来统计样本的方差、数据区间的频率分布等，很多函数属于统计学范畴，在日常生活中有些统计函数也很常用，如表 6-4 所示。

表 6-4　常用统计函数

函　　数	作　　用
Average(number1, number2…)	返回其参数的算术平均值
Count(value1,value2…)	计算区域中包含数字的单元格的个数
Countif(range,criteria)	计算某个区域中满足给定条件的单元格数目
Max(number1, number2…)	返回一组数值中的最大值
Min(number1, number2…)	返回一组数值中的最小值
Min(number1, number2…)	返回给定角度的正弦值。同类还有 Cos、Tan
Rank(number,ref,order)	返回某数字在一列数字中相对于其他数值的大小排名

【跟我练 6-6】现有学生本学期《Excel 财务应用》课程考核成绩，其中，总评成绩＝平时成绩×30%＋期末成绩×70%。要求：

(1) 按总评成绩排出每名学生的名次。

(2) 进行成绩统计。统计每个分数段的学生各有多少名？

(3) 整个班级这门课程的平均分是多少？

结果如图 6-6 所示。

	A	B	C	D	E	F	G	H	I	J
1			学生成绩单						成绩统计	
2	序号	学号	姓名	平时成绩	期末成绩	总评成绩	名次		分数段	人数
3	1	2012111897	杨智咏	96	80	85	22		90分以上（优秀）	15
4	2	2012111898	张航	70	60	63	39		80-89分（良好）	17
5	3	2012111899	郭童	90	90	90	13		70-79分（中等）	5
6	4	2012111900	郑康康	97	95	96	2		60-69分（及格）	2
7	5	2012111901	郭梁宝	90	90	90	13		不及格（不及格）	0
8	6	2012111902	王杰	94	89	91	9		合计	39
9	7	2012111903	徐鹤龄	96	90	92	6		平均分	85
10	8	2012111904	顾翔	80	60	66	38			
11	9	2012111905	吴楠	99	96	97	1			
12	10	2012111906	王汉钧	90	76	80	32			
13	11	2012111907	朱家琳	97	88	91	8			
14	12	2012111908	黄嘉玲	95	74	80	31			
15	13	2012111909	王晓双	95	80	85	23			
16	14	2012111910	崔博	90	70	76	36			
17	15	2012111911	赵菲	95	73	80	33			
18	16	2012111912	胡秀韵	95	80	85	23			
19	17	2012111913	许冲	95	80	85	23			
20	18	2012111914	付培昕	90	84	86	21			
21	19	2012111915	鹿田	86	88	87	18			
22	20	2012111916	杨昕彤	95	88	90	10			

图 6-6　统计函数应用

① 在G3单元中调用函数RANK函数。G3＝RANK(F3,$F$3:$F$41)，并复制到G4：G41。

② 在 J3 中调用 COUNTIF 函数统计每个分数段的学生各有多少。

J3＝COUNTIF($F$3:$F$41,">＝90")

J4＝COUNTIF($F$3:$F$41,">＝80")-J3

J5＝COUNTIF($F$3:$F$41,">＝70")-J3-J4

J7＝COUNTIF($F$3:$F$41,"<60")

J6＝COUNTIF($F$3:$F$41,"<70")-J7

③ 在 J9 中调用 AVERAGE 求平均分。

J9＝AVERAGE(F3:F41)

6.2.5　文本函数

Excel 中的文本函数是以字符串为处理对象。常用的文本函数如表 6-5 所示。

表 6-5　常用的文本函数

函　　数	作　　用
Concatenate(text1,text2…)	将多个文本字符串合并成一个
Left(text,num_chars)	从一个文本字符串的第一个字符开始返回指定个数的字符
Len(text)	返回文本字符串中的字符个数
Mid(text,start_num,num_chars)	从文本字符串中指定的位置起返回指定长度的字符
Right(text,num_chars)	从一个文本字符串的最后一个字符开始返回指定个数的字符
Text(value,format_text)	根据指定的数值格式将数字转化为文本
Value(text)	将一个代表数值的文本字符串转化为数值

【跟我练 6-7】某单位需建立员工人事档案记录，表中已有“员工编号”、“员工姓名”基本信息；现在还需要“性别”、“出生日期”、“身份证号”三项信息。要求：

(1) 只录入职工的身份证号，性别、出生日期通过计算自动获得。

(2) 在表尾标注创建日期，创建日期取系统日期，格式为“yyyy-mm-dd”，如图 6-7 所示。

知识点：18 位身份证号中蕴藏了哪些信息？

第 2 代居民身份证统一为 18 位字符。其中第 1～6 位为地区代码；7～10 位为出身年份；5～12 位为出生月份；13～14 位为出生日；第 15～17 位为顺序号，且奇数为男性，偶数为女性；第 18 位为校验位。

	A	B	C	D	E
1	人事档案记录				
2	员工编号	员工姓名	性别	出生日期	身份证号
3	001	张大大	男	1990/01/21	210203199001217975
4	002	张冰冰	女	1981/03/28	12010419810328784X
5	003	王贺雯	女	1969/00/11	110201196900110823
6	004	李颖	女	1987/09/04	210203198709047845
7	005	王晨	男	1976/11/26	210203197611264511
8	006	姜颖	女	1985/05/10	110105198505105366
9	007	陆青	男	1979/07/29	210203197907295135
10	008	谭维维	女	1975/11/17	120102197511179940
11					创建日期:2015-03-21

图 6-7　文本函数应用示例

(1) 根据身份证号提取性别和出生日期

在 C3 中输入公式“＝IF(VALUE(MID(E3,15,3))/2＝INT(VALUE(MID(E3,15,3))/2),"女","男")”，将 C3 中的公式复制到 C4：C10，得到性别。

- MID(E3,15,3)的作用是什么？
- VALUE(MID(E3,15,3))的作用是什么？
- VALUE(MID(E3,15,3))/2＝INT(VALUE(MID(E3,15,3))/2)的作用是什么？

在 D3 中输入公式“＝CONCATENATE(MID(E3,7,4),"/",MID(E3,11,2),"/",MID(E3,13,2))”，将公式复制到D4：D10，得到出生日期。

(2) 在表尾标注创建日期

在 E11 单元格输入公式“＝"创建日期:"&TEXT(TODAY(),"yyyy-mm-dd")”。

6.2.6　日期与时间函数

常用的日期与时间函数如表 6-6 所示。

表 6-6　常用的日期与时间函数

函　　数	作　　用
Date(year,month,day)	返回代表日期的数字
Datevalue(date_text)	将日期值从字符串转化为序列数
Day(serial_number)	返回一个月中的第几天的数值
Days360(start_date，end_date，method)	按照一年 360 天的算法(每个月 30 天，一年共计 12 个月)，返回两日期间相差的天数
Month(serial_number)	返回月份值
Now()	返回日期时间格式的当前日期和时间
Today()	返回日期格式的当前日期

【跟我练 6-8】一笔存款从 2013 年 1 月 1 日起存，计算到今天为止存了多少天？

① 第一种方法：结果单元格 B1 "＝value(today()-"2013-1-1")"。

② 第二种方法：结果单元格 B2 "＝DATEDIF("2013-1-1",TODAY(),"d")"。

● 如果用 Days360 函数计算，一共多少天呢？

**知识点：**隐藏函数 DATEDIF(start_date,end_date,unit)

隐藏函数是指在帮助和插入函数里面都找不到的函数。例如 DATEDIF 函数就是 Excel 中的隐藏函数。

作用：返回两个日期之间的年/月/日间隔数。常使用DATEDIF函数计算两个日期之差。

参数说明：

- Start_date：代表时间段内的第一个日期或起始日期。
- End_date：代表时间段内的最后一个日期或结束日期。结束日期必须大于起始日期。
- Unit：所需信息的返回类型。"Y"时间段中的整年数；"M"时间段中的整月数；"D"时间段中的天数。

例如：出生日期为"1973-4-1"人的年龄"＝DATEDIF("1973-4-1",TODAY(),"Y")"。

6.2.7　查找与引用函数

常用的查找与引用函数如表 6-7 所示。

表 6-7　常用的查找与引用函数

函　　数	作　　用
Column(reference)	返回一引用的列号
Hlookup(lookup_value,table_array,row_index_num,range_lookup)	搜索数组区域首行满足条件的元素，确定待检索单元格在区域中的列序号，再返回该单元格的值
Index(array,row_num,column_num)	在给定的单元格区域中，返回特定行列交叉处的单元格的值或引用
Lookup(lookup_value,array)	从单行或单列或数组中查找一个值，条件是向后兼容性

(续表)

函　　数	作　　用
Match(lookup_value,lookup_array,match_type)	返回指定数值在指定数组中的相对位置
Row(reference)	返回一引用的行号
Vlookup(lookup-value,table-array,col-index-num,range-lookup)	搜索表区域首列满足条件的元素，确定待检索单元格在区域中的列序号，再进一步返回选定单元格的值。默认情况下，表是以升序排列的

【跟我练6-9】 为了激励业务人员创造销售业绩，企业应制定合理的激励机制。银星公司制定激励机制如下：首先根据一定比例来发放业绩基本奖金，并且累积业务人员的销售总金额，当销售总金额达到一定标准时，就会再加上累积奖金。假设：每个月的基本业绩奖金按照图6-9中A1∶F4基本销售业绩奖金标准来发放。如果业务员王明明本月销售业绩为135 000元，那么其基本绩效奖金为：135 000×15%＝20250元。

当每个业务人员的累积销售金额达到 20 万时，公司就会发放 2 万元奖金。而为了不重复发放奖金，当发放奖金之后，就会扣除 20 万的累积销售金额。让业务人员在下个月已扣除的差额上继续累积。但是如果当月累积销售金额超过 40 万，还是只会发放一次，其余金额累计到下一个月的累积销售业绩。如：业务员王明明上个月累计销售金额为 180 000 元，本月销售业绩为 135 000 元，那么，180000＋135000＝315000 元达到发放累积奖金资格：315000－200000＝115000 元，下个月将以此金额开始累积。王明明本月的业绩奖金为：135000×15%＋20000＝40250 元。

现在已知业务员本月销售业绩和上个月累积业绩，请计算每个销售员总的业绩奖金，并更新累积业务数据。

(1) 设计销售业绩计算表

为了查看方便，我们把基本销售业绩奖金标准、上月累积业绩、本月奖金计算表都放在一张工作表中。

① 在 A1∶F4 区域存放基本销售业绩奖金标准。

② 在 H1∶H12 区域存放上月累积业绩。

③ 在 A14∶G25 区域计算员工业绩奖金。

已知数据如图 6-8 所示。

(2) 计算本月业务人员业绩奖金

① 在奖金百分比 D16 中设置“＝HLOOKUP(C16,$A$3:$F$4,2)”。

② 在累积业绩 E16 中设置“＝VLOOKUP(A16,$H$2:$J$12,3)”。

③ 在累积奖金 F16 中设置“＝IF((C16＋E16)>＝200000,20000,0)”。

基本销售业绩奖金标准					
	49999以下	50000～99999	100000～149999	150000～199999	200000以上
销售业绩对照	0	50000	100000	150000	200000
奖金比例	5%	10%	15%	20%	25%

累积销售业绩表		
员工编号	姓名	累积业绩
990001	王桢珍	190000
990002	郭旻宜	23000
990003	郭佳琳	12000
990004	曾雅琪	60000
990005	彭天慈	190000
990006	陆丽晴	20000
990007	王贞琇	170000
990008	陈光辉	50000
990009	林子杰	120000
990010	李宗勋	180000

业务人员业绩奖金表						
员工编号	姓名	本月销售业绩	奖金百分比	累积业绩	累积奖金	总业绩奖金
990001	王桢珍	251000				
990002	郭旻宜	60000				
990003	郭佳琳	120000				
990004	曾雅琪	140000				
990005	彭天慈	150000				
990006	陆丽晴	320000				
990007	王贞琇	40000				
990008	陈光辉	180000				
990009	林子杰	48000				
990010	李宗勋	40000				

图 6-8　销售业绩计算—已知数据

④ 在总业绩奖金 G16 中设置“＝C16*D16＋F16”。

计算完成后如图 6-9 所示。

基本销售业绩奖金标准					
	49999以下	50000～99999	100000～149999	150000～199999	200000以上
销售业绩对照	0	50000	100000	150000	200000
奖金比例	5%	10%	15%	20%	25%

累积销售业绩表		
员工编号	姓名	1月累积业绩
990001	王桢珍	190000
990002	郭旻宜	23000
990003	郭佳琳	12000
990004	曾雅琪	60000
990005	彭天慈	190000
990006	陆丽晴	20000
990007	王贞琇	170000
990008	陈光辉	50000
990009	林子杰	120000
990010	李宗勋	180000

业务人员业绩奖金表						
员工编号	姓名	本月销售业绩	奖金百分比	累积业绩	累积奖金	总业绩奖金
990001	王桢珍	251000	25%	190000	20000	82750
990002	郭旻宜	60000	10%	23000	0	6000
990003	郭佳琳	120000	15%	12000	0	18000
990004	曾雅琪	140000	15%	60000	20000	41000
990005	彭天慈	150000	20%	190000	20000	50000
990006	陆丽晴	320000	25%	20000	20000	100000
990007	王贞琇	40000	5%	170000	20000	22000
990008	陈光辉	180000	20%	50000	20000	56000
990009	林子杰	48000	5%	120000	0	2400
990010	李宗勋	40000	5%	180000	20000	22000

图 6-9　销售业绩计算—结果

一试身手

1. 在【跟我练 6-1】中，统计：

(1) 男生中大学英语课程有多少人分数在 85 分以上？

(2) 会计 2 班中有多少名男同学？

2. 已知 2015 年 7 月份销售记录明细数据“一试身手 6”，请按照日期进行销售记录汇总。

3. 目前个人所得税起征点为 3 500 元，采用 7 级累进税率计算个人所得税，税率表如表 6-8 所示。

表 6-8　7 级超额累进个人所得税税率表

级数	全月应纳税所得额	税率(%)	速算扣除数
1	不超过 1 500 元	3	0
2	超过 1 500 元至 4 500 元的部分	10	105
3	超过 4 500 元至 9 000 元的部分	20	555
4	超过 9 000 元至 35 000 元的部分	25	1 005
5	超过 35 000 元至 55 000 元的部分	30	2 755
6	超过 55 000 元至 80 000 元的部分	35	5 505
7	超过 80 000 元的部分	45	13 505

已知本月职工工资数据如图 6-10 所示。请思考可以用哪些方法计算代扣个人所得税并验证？

	A	B	C	D	E	F	G	H	I
1	工资表								
2	职工编号	职工姓名	职工类别	所属部门	基本工资	岗位津贴	奖金	应发工资	代扣个税
3	0001	王雨	总经理	经理办公室	8000	3000	3000	14000	
4	0002	赵亮	部门经理	供应部	3000	1500	1500	6000	
5	0003	孙严波	职员	供应部	1800	1000	1000	3800	
6	0004	姜楠	部门经理	销售部	3000	1500	2000	6500	
7	0005	齐秦	职员	销售部	1600	1000	1200	3800	
8	0006	刘秀	部门经理	财务部	3500	1500	1000	6000	
9	0007	陈雅娟	职员	财务部	2000	1000	1000	4000	
10	0008	秦月	部门经理	人事部	2800	1500	1100	5400	
11	0009	左薇	职员	人事部	2200	1000	1100	4300	
12	0010	徐伟	部门经理	后勤部	2200	1500	800	4500	
13	0011	周涛	职员	后勤部	1800	1000	500	3300	

图 6-10　本月职工工资数据

第 7 章

表单控件

本章概要：

- 了解各种表单控件的作用
- 学会利用表单控件构建简单应用

7.1 理解表单控件

7.1.1 表单与控件

表单是一种具有标准结构和格式的文档，这种文档可让用户更轻松地捕获、组织和编辑信息。例如，会计信息系统中输入客户档案、填制凭证这些界面都可以称作表单。

控件是放置于表单上的一些图形对象，可用来显示或输入数据、执行某些操作或使表单更易于阅读。这些对象包括标签、列表框、选项按钮、命令按钮及其他一些对象。

7.1.2 控件类型

Excel 提供了两种类型的控件：ActiveX 控件和表单控件(也称为窗体控件)，如图 7-1 所示。ActiveX 控件与 Visual Basic 语言中的控件相似，可以添加到 Visual Basic 编辑器自定义窗体中，适用范围更加广泛，功能也更加强大，例如可以响应各种事件，但是使用起来也相对较为复杂。对于一般用户来说，表单控件更加简单实用，即使不懂得 Visual Basic 专业知识的用户也可以直接在工作表中使用这些控件。本章只介绍表单控件。

图 7-1　表单控件和 ActiveX 控件

为方便大家理解，图 7-2 中以会计信息系统中的“新增会计科目”表单为例标注了其中使用到的几个控件。

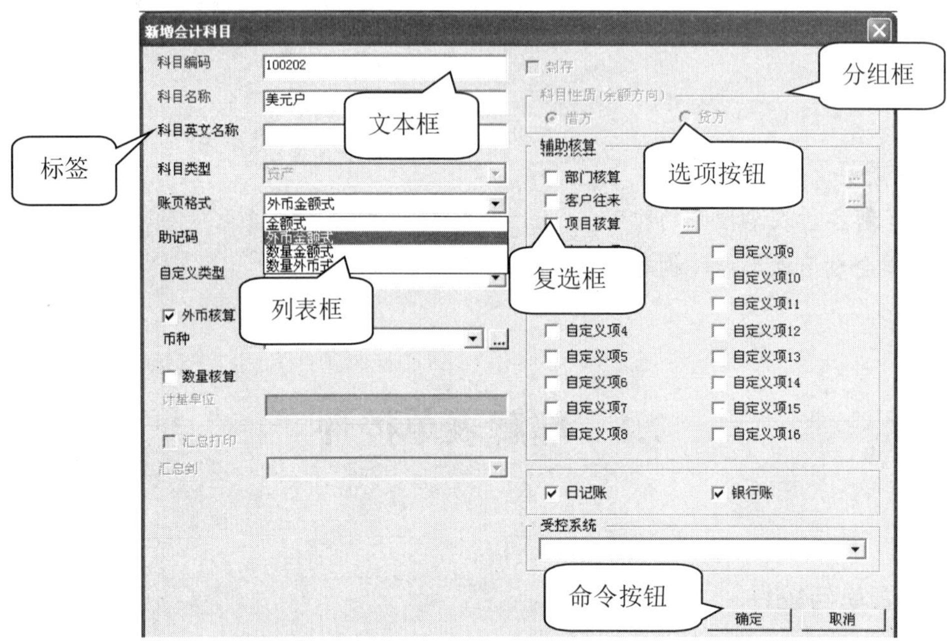

图 7-2　表单与控件

- 图 7-2 中的控件是 ActiveX 控件还是表单控件呢？

7.2　表单控件应用案例—互联网理财调查

7.2.1　案例背景与需求分析

1. 案例背景

2013年是互联网金融元年。2013年6月“余额宝”的横空出世，将货币基金和互联网理财相结合，短短几个月，天弘基金就突破了2500亿规模，在强大的示范效应下，各类“宝宝”加入混战，此后，各种互联网理财产品也不断创新，一场由互联网繁荣与金融自由化引发的互联网理财革命正在冲击着世人。

基于上述背景，迫切需要对互联网理财消费者进行普查，分析消费者的理财背景和偏好。通过调查回答互联网理财人群是谁，开始互联网理财的背景与原因，风险偏好，投资金额以及购买渠道等问题。

2. 需求分析

互联网理财调查的总体需求是：了解不同年龄、不同收入水平、不同性别的人员对互联网理财的看法、期望，对产品、风险、购买渠道的偏好。本例选取几个典型要素进行分析。

具体描述如下：

(1) 被调查人的基本信息

被调查人的基本信息包括性别、年龄。

(2) 获取渠道

被调查人从何种渠道了解到互联网金融。

(3) 风险偏好

被调查人关于产品期望利率等。

7.2.2　互联网理财调查整体设计与详细设计

1. 整体设计

互联网理财调查整体工作分为 3 个模块。第一，由被调研者填写调研表；第二，将调研者填写完成的调研表各项内容存储在后台数据库中；第三，将调研结果进行统计分析，发布给相关人员。

本案例模拟前两个模块的设计。

2. 互联网理财调查表详细设计

互联网理财调研表调研的主要内容如下。

- 性别：提供“男”、“女”两个互斥选项。默认为“男”。
- 年龄：区分主要的 4 个年龄段“30 岁以下、30 岁～40 岁、40 岁～50 岁、50 岁以上”。
- 信息渠道：区分不同的信息来源“互联网、报刊、电视、好友”。
- 期望利率：不宜给出具体数值，可由调研者在 5%～20%之间选择。

3. 互联网理财调研结果汇总

被调查人在表单中填写的调研内容需要存储在数据列表中以供进一步分析，以为互联网商家提供有价值的决策信息。该汇总表字段包括以上所调查的全部内容。

7.2.3　建立互联网理财模型—设计调查表

根据上述需求分析及设计要点，设计互联网理财调查表如图 7-3 所示。本节以互联网理财调查表为例介绍表单控件的基本用法。

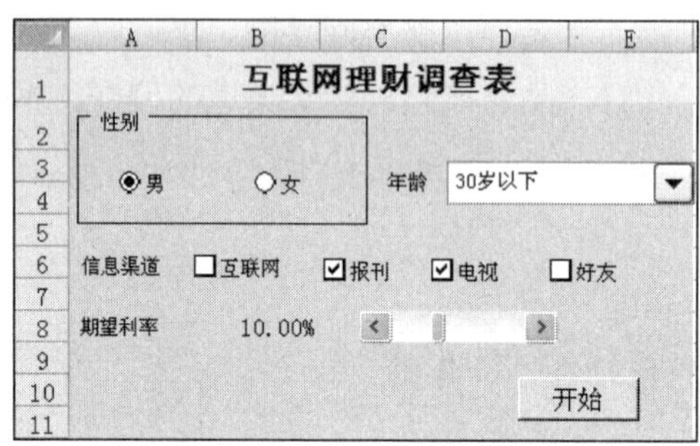

图 7-3　互联网理财调查表

特别说明，表单控件位于“开发工具”选项卡中，如果打开的 Excel 界面中找不到“开发工具”选项卡，可以单击“Office”按钮，单击“Excel 选项”按钮，打开“Excel 选项”对话框。单击左边列表中的“常用”选项，在右边窗口中选中“在功能区显示‘开发工具’选项卡”复选框，如图 7-4 所示，“开发工具”选项卡就会出现在菜单栏中。

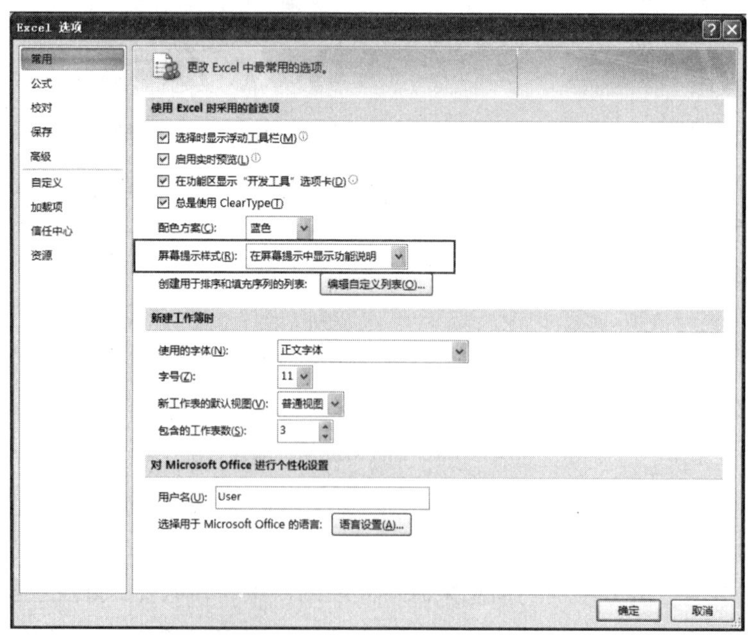

图 7-4　设置在功能区中显示“开发工具”选项卡

1. 设置性别

【跟我练 7-1】用分组框和选项按钮设置“性别”。

① 画一个分组框。选择“开发工具”|“插入”|“表单控件”命令，单击“”分组框图标，在工作表适当位置画一个分组框，分组框标题处显示“分组框 1”。

② 修改分组框标题。单击分组框，将标题改为“性别”。

③ 画一个选项按钮。选择“开发工具”|“插入”|“表单控件”命令，单击“”选项按钮图标，在“性别”分组框中画一个选项按钮，将该选项按钮的名称改为“男”。

④ 设置选项按钮的单元格链接。右击该选项按钮，从快捷菜单中选择设置控件格式。设置选项按钮的值为“已选择”；指定单元格链接为“H1”单元，如图 7-5 所示。

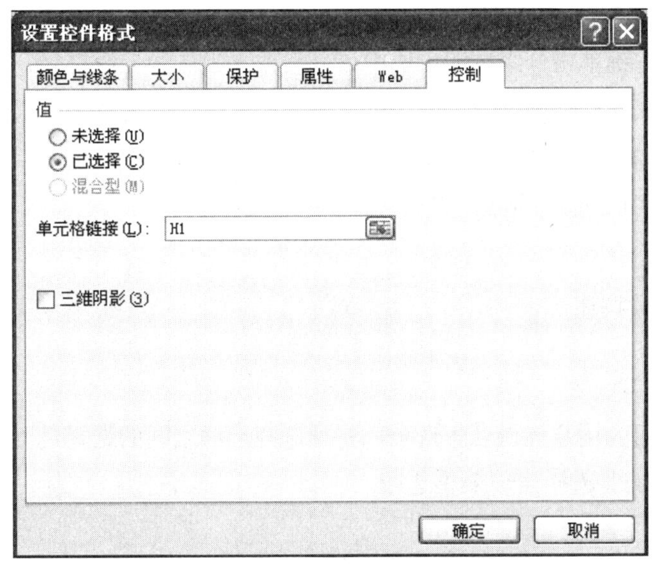

图 7-5　设置选项按钮的值和单元格链接

⑤ 同理，设置第二个“选项按钮”并命名为“女”，该选项按钮的值自动设置为“未选择”，单元格链接也自动设置为“H1”。

⑥ 设置完成后，性别分组框显示如图 7-6 所示。

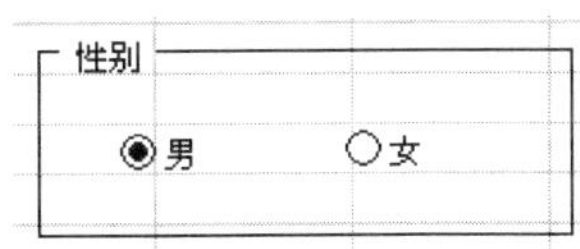

图 7-6　用分组框和选项按钮设置“性别”

- 单击选项“男”，查看单元格 H1 中的结果。
- 单击选项“女”，查看单元格 H1 中的结果。

知识点：分组框

功能：

分组框是一个容器对象，可以容纳一个或多个其他对象。特别是当多个单选钮放置在同一分组框之中时，这多个单选钮将被视为一组，用户只能选择其中之一，而不同分组框之内的单选钮是无关的。

使用方法：

在工作表中使用分组框控件时，只要在窗体工具栏中单击“[XYZ]”按钮，然后在工作表中按下鼠标左键并拖动鼠标即可画出一个分组框。

直接用鼠标左键单击分组框即可选中该分组框。当选中分组框时，可以直接更改分组框的标题；将鼠标指针指向分组框边框并按下鼠标左键即可移动分组框；当分组框处于编辑状态时，如果处于文字编辑状态，先用鼠标单击其边框退出文字编辑状态，然后按“Delete”键即可删除分组框。

知识点：选项按钮

功能：

一组单选钮可为用户提供若干选项，并且这些选项之间的选择是互斥的，即用户只能从同一组单选钮中选择某一个单选钮。

使用方法：

在工作表中使用选项按钮控件时，只要在窗体工具栏中单击“◉”按钮，然后在工作表中按下鼠标左键并拖动鼠标即可画出一个选项按钮，不同类型的单选钮可以放置在不同的分组框中。

当选项按钮处于运行状态时，直接用鼠标左键单击某选项按钮，该选项按钮会出现黑点，表示选中该选项；右键单击选项按钮即可使该选项按钮转换为编辑状态，同时会出现快捷菜单，从快捷菜单中选择“编辑文字”可以编辑选项按钮所显示的文本内容，直接按“Esc”键可以取消快捷菜单；当选项按钮处于编辑状态时，将鼠标指针指向其边框并按下鼠标左键即可移动选项按钮；当选项按钮处于编辑状态时，如果处于文字编辑状态，先用鼠标单击其边框退出文字编辑状态，然后按“Delete”键即可删除选项按钮。

参数设置：

右键单击选项按钮，然后从快捷菜单中选择“设置控件格式”，此时会出现对话框，包括颜色线条、大小、保护、属性、控制等选项卡，可用于设置选项按钮的各种参数。这里重点为大家介绍一下控制选项卡参数。

在控制选项卡中可以设置以下几个参数。

(1) 当前值。选项按钮的状态有两种：未选择和已选择。在设置同一组选项按钮时，可以将某个选项按钮的初值设置为已选择，此时其他单选钮自动被设置为未选择。

(2) 单元格链接。可以将选项按钮的值链接到某个单元格中，这样将来可以通过引用该单元格的值来判断用户所做的选择。需要注意的是，由于在同一时刻只能选中同一组选项按钮中的一个，所以同一组选项按钮所链接到的单元格会自动被设置为同一个单元格。假定某组选项按钮共有 10 个，当选中第 1 个选项按钮时其链接单元格的值为 1，当选中第 2 个选项按钮时其链接单元格的值为 2，……，当选中第 10 个选项按钮时其链接单元格的值为 10。

2. 设置年龄

【跟我练 7-2】利用组合框设置“年龄”。

① 设置年龄选项。首先在区域“I1:I4”中输入各年龄选项“30 岁以下”、“30 岁至 40 岁”、“40 岁至 50 岁”、“50 岁以上”。

② 画一个组合框。选择“开发工具”|“插入”|“表单控件”命令，单击“”组合框图标，在工作表适当位置画一个组合框。

③ 设置组合框的数据源。右击该组合框，从快捷菜单中选择“设置控件格式”选项，将其数据源区域设置为“I1:I4”，单元格链接设置为“H2”，下拉显示项数设为“5”。如图 7-7 所示。

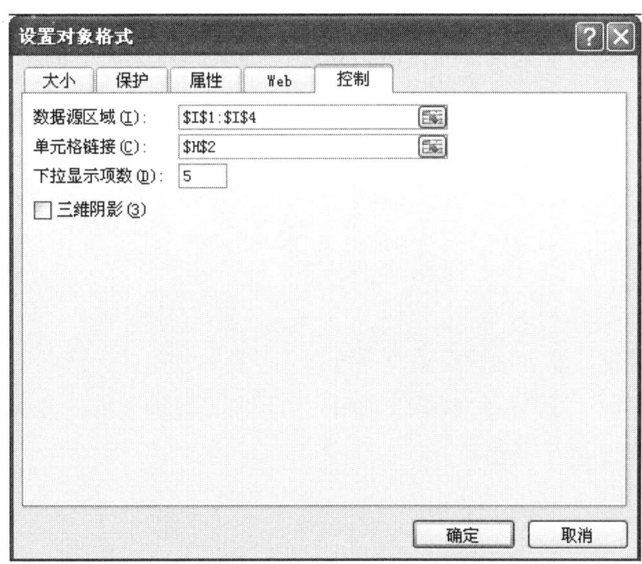

图 7-7　设置组合框数据来源及单元格链接

④ 设置完成后，单击组合框下拉箭头，显示如图 7-8 所示。

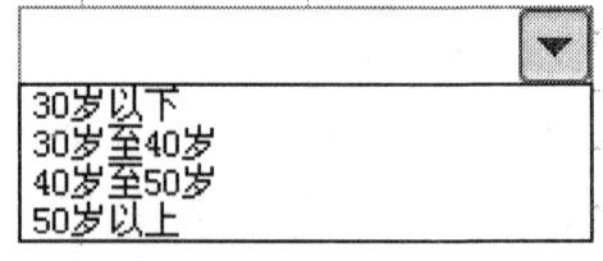

图 7-8　“年龄”组合框

⑤ 分别单击组合框中的不同选项，观察 H2 单元中的显示结果。

- 可以用“列表框”控件来进行“年龄”设计吗？
- “列表框”和“组合框”有何不同？

知识点：列表框

功能：

列表框以列表的形式将各备选项显示出来供用户选择，用户可以从中选择某一个或多个选项。

使用方法：

在工作表中使用列表框控件时，只要在窗体工具栏中单击“ ”按钮，然后在工作表中按下鼠标左键并拖动鼠标即可画出一个列表框。

当列表框处于运行状态时，可直接用鼠标左键单击列表框中的某选项即可选中该选项；右键单击列表框即可使该列表框转为编辑状态，同时会出现快捷菜单，直接按“Esc”键可以取消快捷菜单；当列表框处于编辑状态时，将鼠标指针指向其边框并按下鼠标左键即可移动列表框；当列表框处于编辑状态时，按“Delete”键即可删除列表框。

参数设置：

右键单击列表框，然后从快捷菜单中选择“设置控件格式”选项，此时会出现对话框，包括大小、保护、属性、控制等选项卡，可用于设置列表框的各种参数。这里重点为大家介绍一下控制选项卡参数。

在控制选项卡中可以设置以下几个参数。

(1) 数据源区域。使用列表框时，先在工作表某区域中输入用于填充列表框的各选项，然后将该区域指定为列表框的数据源区域，这样列表框就能显示各选项了。

(2) 单元格链接。可以将列表框的值链接到某个单元格中，这样将来可以通过引用该单元格的值来判断用户所做的选择。需要注意的是，链接单元格中保存的是各选项的序号而非选项本身的文本内容。假定某列表框共有10个选项，在选定类型为单选时，当选中第1个选项时其链接单元格的值为1，当选中第2个选项时其链接单元格的值为2，……，当选中第10个选项时其链接单元格的值为10。

(3) 选定类型。选定类型包括 3 种：单选、复选和扩展。如果选定类型为单选，将来在该列表框中用户同时只能选择一个选项；如果选定类型为复选，将来在该列表框中用户同时可以选择多个选项，只要依次单击要选择的选项即可；如果选定类型为扩展，将来在该列表框中用户同时可以选择多个选项，如果要选择多个选项的话，需要按下“Ctrl”键，然后再依次单击要选择的选项，或者按下“Shift”键，然后再分别单击要选择的第一个选项和要选择的最后一个选项，此时第一选项和最后一个选项之间的各选项将同时被连续选中。

知识点：组合框

功能：

组合框的使用与列表框类似，只不过是在下拉框中显示各选项，而不是像列表框那样将所有选项同时在列表中显示出来。另外，在组合框中同时只能选择一个选项。组合框控件的按钮是“ ”，具体内容不再赘述。

3. 信息渠道

【跟我练 7-3】利用复选框设置“信息渠道”。

① 画一个复选框。选择“开发工具”|“插入”|“表单控件”命令，单击“ ”复选框图标，在工作表适当位置画一个复选框。

② 修改复选框的名称。单击选中该复选框，修改复选框的名字为“互联网”。

③ 设置复选框的值与单元格链接。右击该复选框，从快捷菜单中选择“设置控件格式”，设置其值为“已选择”，单元格链接设置为“H3”，如图 7-9 所示。

④ 同理，画出另外 3 个复选框分别代表信息来源“报刊、电视、好友”。其值设置为未选择，单元格链接设置为 H4～H6。

⑤ 单击某个复选框，观察其链接单元格中值的变化。

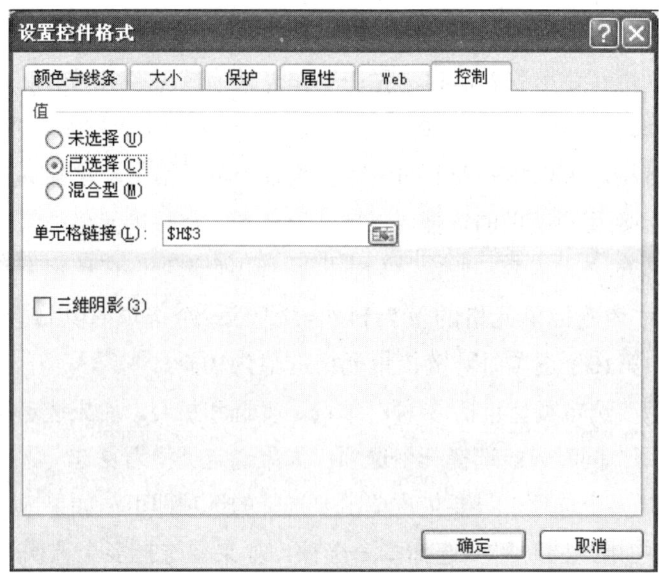

图 7-9　设置复选框控件格式

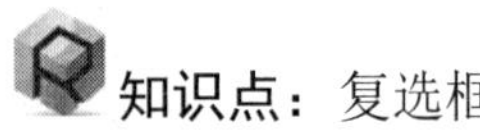

知识点：复选框

功能：

复选框用于为用户提供若干选项，并且这些选项之间的选择与否是无关的，即用户可以任意从中选择一个、多个选项或者一个也不选择。

使用方法：

在工作表中使用复选框控件时，只要在窗体工具栏中单击"☑"按钮，然后在工作表中按下鼠标左键并拖动鼠标即可画出一个复选框，不同类型的复选框可以放置在不同的分组框中。

当复选框处于运行状态时，直接用鼠标左键单击复选框时将在未选择和已选择状态间进行切换；右键单击复选框即可使该复选框转为编辑状态，同时会出现快捷菜单，从快捷菜单中选择"编辑文字"可以编辑复选框所显示的文本内容，直接按"Esc"键可以取消快捷菜单；当复选框处于编辑状态时，将鼠标指针指向其边框并按下鼠标左键即可移动复选框；当复选框处于选中状态时，如果处于文字编辑状态，先用鼠标单击其边框退出文字编辑状态，然后按"Delete"键即可删除复选框。

参数设置：

右键单击复选框，然后从快捷菜单中选择"设置控件格式"选项，此时会出现对话框，包括颜色线条、大小、保护、属性、控制等选项卡，可用于设置复选框的各种参数。

这里重点为大家介绍一下控制选项卡参数。

在控制选项卡中可以设置以下几个参数。

(1) 当前值。复选框的状态有 3 种：未选择、已选择、混合型。当复选框处于未选择状态时，其值为“FALSE”；当复选框处于已选择状态时，其值为“TRUE”；当复选框处于混合状态时，表示用户尚未做出任何选择，其值为“#N/A”。当复选框处于运行状态时，只能在已选择和未选择两个状态间切换。

(2) 单元格链接。可以将复选框的值链接到某个单元格中，这样将来可以通过引用该单元格的值来判断用户所做的选择。

4. 设置期望利率

【跟我练 7-4】利用滚动条控件设置“利率”，假定利率范围在 5%至 20%之间，且保留两位小数。

① 画一个滚动条。选择“开发工具”|“插入”|“表单控件”命令，单击“ ”滚动条控件，在工作表的适当位置画一个横向滚动条。

② 设置滚动条控件属性。右击滚动条控件，从快捷菜单中选择“设置控件属性”选项。将其当前值、最小值、最大值、步长、页步长分别设置为 100、50、200、1、10，将单元格链接设置为“H7”，如图 7-10 所示。

③ 设置利率显示值。因为“H7”中保存的是中间值，还要定义计算利率的公式。在“B8”单元格输入公式“＝H7/1000”，并设置为“显示两位小数，百分号格式显示”。

④ 单击滚动条控件的箭头或滚动块，观察对利率的影响。

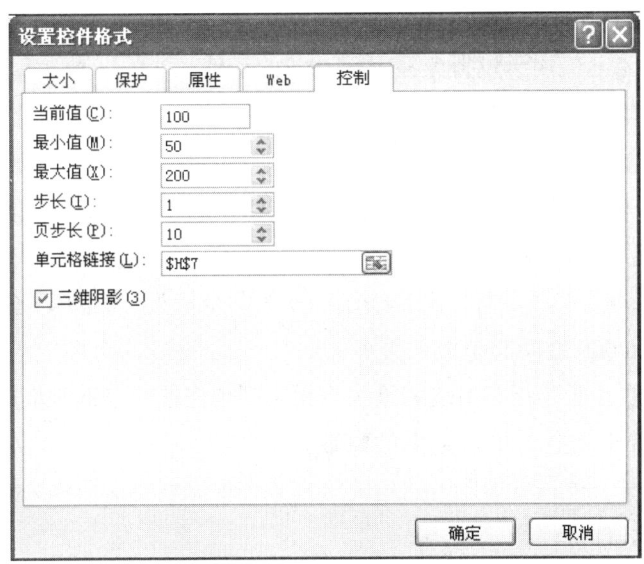

图 7-10　设置滚动条控件属性

知识点：滚动条

功能：

当某个项目的数值在一定范围内变化时，可以利用滚动条来设置该项目值。此时，用户通过操纵滚动条就能得到想要的值，而不必从键盘输入。

使用方法：

在工作表中使用滚动条控件时，只要在窗体工具栏中单击“▪”按钮，然后在工作表中按下鼠标左键并拖动鼠标即可画出一个滚动条。

当滚动条处于运行状态时，可直接用鼠标左键单击滚动条的两个箭头按钮来调整值(变化量称之为步长)，或用鼠标左键拖动滚动条的滑块来调整值，或在滑块和箭头按钮之间单击鼠标左键来调整值(变化量称之为页步长)；右键单击滚动条即可使该滚动条转为编辑状态，同时会出现快捷菜单，直接按“Esc”键可以取消快捷菜单；当滚动条处于编辑状态时，将鼠标指针指向其边框并按下鼠标左键即可移动滚动条；当滚动条处于编辑状态时，按“Delete”键即可删除滚动条。

参数设置：

右键单击滚动条，然后从快捷菜单中选择“设置控件格式”，此时会出现对话框，包括大小、保护、属性、控制等选项卡，可用于设置滚动条的各种参数。这里重点为大家介绍一下控制选项卡参数。

在控制选项卡中可以设置以下几个参数。

(1) 当前值。当前值用于设置或显示滚动条的初值。

(2) 最小值。即滚动条所能设置的最小数值，默认为 0，只能是介于 0 至 30 000 之间的整数。

(3) 最大值。即滚动条所能设置的最大数值，默认为 100，只能是介于 0 至 30 000 之间的整数且不能小于最小值。

(4) 步长。步长是指当用鼠标左键单击滚动条的两个箭头时值的变化量，默认值为 1，只能是介于 0 至 30 000 之间的整数。

(5) 页步长。页步长是指在滑块和箭头按钮之间单击鼠标左键时值的变化量，默认值为 10，只能是介于 0 至 30 000 之间的整数。

(6) 单元格链接。可以将滚动条的值链接到某个单元格，这样将来通过直接或间接引用链接单元格的值可得到预期结果。

技巧：

因为滚动条的数值范围只能是 0 至 30 000 之间的整数，所以当希望的数值范围不在

该区间之内时需要进行一些转换。下面举例说明一下其设置技巧。

例如，某项目的数值范围是-20 至 20，此时可以将滚动条的数值范围设置为 0 至 40，链接单元格(假定为“A1”)的值作为中间值，在项目单元格定义公式“＝A1-20”，那么项目单元格的数值范围就符合要求了。

再如，某项目的数值范围是 1.0%至 20.0%的百分数且有一位小数，此时可以将滚动条的数值范围设置为 1 至 200、步长设置为 1、页步长设置为 10，链接单元格(假定为“A1”)的值作为中间值，在项目单元格定义公式“＝A1/1000”，那么项目单元格的数值范围就符合要求了，并且给人的感觉是步长为 0.1%，而页步长为 1%。

5. 设置提示信息

【跟我练 7-5】利用标签为调研表的各个项目设置准确的提示信息。

① 画一个标签。选择“开发工具”|“插入”|“表单控件”命令，单击“Aa”标签图标，在工作表适当位置画一个标签。分组框标题处显示“分组框 1”。

② 修改标签名字。单击标签，命名为“年龄”。

③ 同理，设置“信息渠道”和“期望利率”标签。

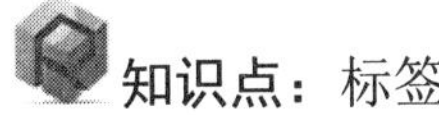

知识点：标签

功能：

标签一般用于显示提示信息，例如可用标签显示“姓名”，这样用户才知道应该输入姓名。与文本框不同，标签只用于显示信息而不能进行编辑。

使用方法：

在工作表中使用标签控件时，只要在窗体工具栏中单击“Aa”按钮，然后在工作表中按下鼠标左键并拖动鼠标即可画出一个标签。

直接用鼠标左键单击标签即可选中该标签。当选中标签时，可以直接更改标签的显示内容；将鼠标指针指向标签边框并按下鼠标左键即可移动标签；当标签处于编辑状态时，如果处于文字编辑状态，先用鼠标单击其边框退出文字编辑状态，然后按“Delete”键即可删除标签。

知识点：数值调节钮

功能：

数值调节钮的使用与滚动条类似，只不过数值调节钮控件不具有滑块，不能按页步长变化，只能按步长变化，一般用于小范围数值的设置。

7.2.4　互联网理财调查模型—形成调查结果

被调查人填写的调查结果需要保存在数据表中以方便进行后续的统计与分析。

1. 设计调查结果汇总表

调查结果汇总表需要如实记录、完整保留被调查人填写的各项信息。因此调查结果汇总表中包括性别、年龄、信息渠道、期望利率等信息。其中信息渠道有多种可能，为完整记录，按信息渠道的来源拆分为互联网、报刊、电视、好友几个选项。因此调查结果汇总表最终的字段为性别、年龄、互联网、报刊、电视、好友、期望利率共 7 个字段。

2. 获取调查信息

(1) 性别

当选择“男”时，链接单元格“H1”中保存的是 1；当选择“女”时，链接单元格“H1”中保存的是 2。那在此应该如何显示男和女呢？只要利用 IF 函数就可以达到目的。

【跟我练 7-6】根据调研结果填写“性别”信息。

在“A14”单元格调用 IF 函数，各项参数如图 7-11 所示。

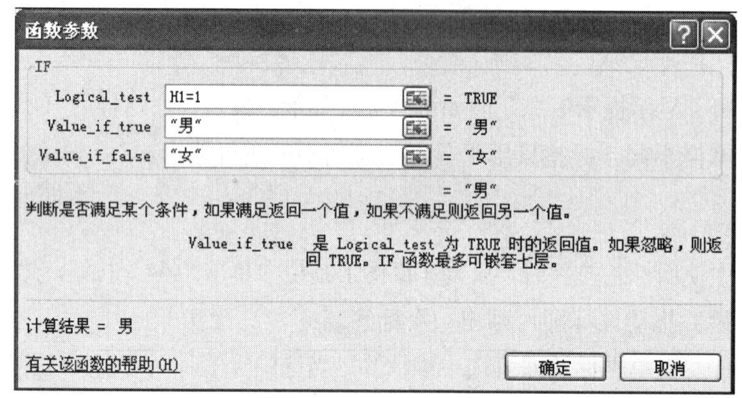

图 7-11　调用 IF 函数获取性别信息

A14 中的公式为“＝IF(H1＝1,"男","女")”，即如果“H1”的值为 1 就取“男”，否则就取“女”。

**知识点：**IF((Logical-test,Value_if_true,Value_if_false))条件函数

作用：判断是否满足第一参数指定的条件，满足时返回第二个参数的值，不满足时返回第三个参数的值。

参数说明：

- Logical-test：任何可能被计算为 true 或 false 的数值或表达式。
- Value_if_true：Logical-test 为 true 时的返回值。
- Value_if_false：Logical-test 为 false 时的返回值。

(2) 年龄

【跟我练 7-7】根据调研结果填写“年龄”信息。

在“B14”单元格调用 INDEX 函数，各项参数如图 7-12 所示。

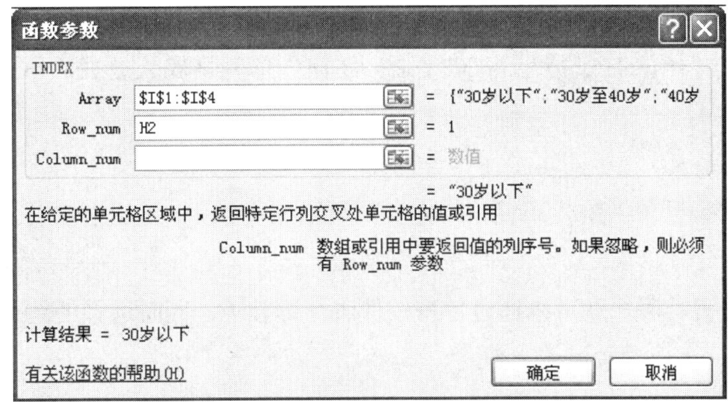

图 7-12　利用 INDEX 函数获取年龄信息

B14 中的公式为“=INDEX($I$1:$I$4,H2)”，即从区域“I1：I4”中取出第 H2 个值。例如 H2 等于 1，则函数返回 I1 的值“30 岁以下”，这样就将 H2 中存储的选项序号又转化为了对应的文本。

**知识点：**INDEX(array,row_num,column_num)函数

作用：在给定的单元格区域中，返回特定行列交叉处单元格的值或引用。

参数说明：

- array：单元格区域或数组常量。
- row_num：数组或引用中要返回值的行序号。如果省略，则必须有 column_num 参数。
- column_num：数组或引用中要返回值的列序号。如果省略，则必须有 row_num 参数。

设置好“年龄”组合框时，默认未做选择，或者被调研人没有选择年龄信息，此时会有什么状况发生呢？B14 中将显示错误值“#VALUE!”。

为了应对以上所述情况，可以将 B14 单元格中的公式修订为“=IF(ISBLANK(H2),"",INDEX(G1:G4,H2))”。其中函数 ISBLANK(H2)用于判断单元格“H2”

的值是否为空(什么也没输入)，若是则返回 TRUE，否则返回 FALSE；而整个 IF 函数的作用是先判断函数 ISBLANK 的返回值，如果其返回值为 TRUE(意味着用户未做出选择) “B14” 的值将为空，如果其返回值为 FALSE(意味着用户选择了年龄) “B14” 的值将利用 INDEX 函数而得到。

(3) 信息渠道

不同信息渠道的设置可根据各复选框的状态来进行。因为只要选择了某个复选框，其链接单元格的值就为 TRUE，否则便为 FALSE，所以可在“C14”单元格输入公式“＝IF(H3＝TRUE,"是","否")”；在“D14”单元格输入公式“＝IF(H4,"是","否")”；在“E14”单元格输入公式“＝IF(H5,"是","否")”，在“F14”单元格输入公式“＝IF(H6,"是", "否")”。

(4) 期望利率

因为期望利率已在“B8”单元格中定义，所以在“G14”单元格输入公式“＝B8”即可。

通过以上设置，用户就可以通过各种控件进行选择了，同时选择的结果会自动显示在调查结果中。

一试身手

设计一个调研问卷，对学习过“会计信息系统”课程的学生进行调研。调研者信息包括性别、专业；调研内容包括对课时设置、授课内容、课程考核的评价及期望。具体要求如下。

(1) 性别：只能从“男”、“女”中选择一个选项；默认为男。利用分组框和选项按钮进行设计。

(2) 专业：可从“财务会计、国际会计、财务管理、信息管理”中选择；默认未选择。利用组合框进行设计。

(3) 课时设置：设置周课时为 2、3、4、5、6 五种选择；默认周课时 4。利用数值调节钮进行设计。

(4) 授课内容：设置“理论、案例、实验、实习”几个选项；默认未选择。利用复选框进行设计。

(5) 课程考核：平时成绩占总成绩多大比例合适，默认30%。利用滚动条控件进行设计。

被调查者填写的调查结果在另外区域显示。

第 8 章

Excel 账务处理

本章概要：

- 了解 Excel 账务处理的基本思路
- 掌握在 Excel 中进行账务处理的基本方法

8.1 账务处理概述

账务处理是指从审核原始凭证、编制记账凭证开始，通过记账、对账、结账等一系列会计处理，到编制出会计报表的过程。

传统手工方式的账务处理，不仅工作量大而且容易出错，大大影响了会计人员的工作效率。财务软件的问世在一定程度上缓解了这个问题，但其购置成本和专业软件维护对人员的素质要求都比较高，因而在小微企业普及率较低，而我国小微企业占企业总数的七成以上。通用表处理软件 Excel 因其易得、易用性，成为最适宜在会计工作中应用的一款应用软件。

8.1.1 背景案例

1. 基本信息

易联公司是一家小型家电产品经销商，年营业额1000万上下。目前公司主要销售家用吸尘器和智能机器人两种产品。公司设办公室、销售部、采购部、服务部和财务部几个部门。本章以这家公司为例，选取典型的业务详解如何用 Excel 进行账务处理。

2. 管理需求

公司财务核算正在由粗放向精细转型，与管理水平相适应，企业要求：

(1) 关注每个管理部门费用发生的详细情况，为做好今后的费用控制提供依据。

(2) 往来业务按客户/供应商详细核算，以解决应收长期挂账，收款不力的情况。

(3) 按照产品核算收入和成本支出，掌握现有产品的盈利情况。

3. 期初数据

易联公司 2016 年 1 月 1 日，各科目余额如表 8-1 所示。

表 8-1　易联公司 2016 年 1 月 1 日各科目的余额

科目代码	科目名称	借	贷	备　注
1001	库存现金	24 000		
100201	工商银行	300 000		
100202	兴业银行	50 000		
1122	应收账款	6 000		应收顺达公司 6 000 元
1405	库存商品	195 000		家用吸尘器 200 台，每台进价 300 元 智能机器人 100 台，每台进价 1 350 元
2001	短期借款		100 000	
2202	应付账款		40 000	应付凯越公司 17 000 元 应付海天公司 23 000 元
2211	应付职工薪酬			
2501	长期借款		80 000	
4001	实收资本		300 000	
4101	盈余公积		55 000	
4103	本年利润			
4104	利润分配			
6001	主营业务收入			
6401	主营业务成本			
6601	销售费用			
6602	管理费用			

4. 本期业务

2016 年 1 月 1 日发生经济业务如下：

(1) 1 月 3 日，从工商银行提取现金 3 000 元。

借：库存现金3 000

　　贷：银行存款/工商银行　　　　3 000

(2) 1 月 6 日，采购 100 台家用吸尘器，无税单价 300 元，已入库，用工行存款支付。

借：库存商品　　　　　　　　　30 000

　　应交税费/应交增值税/进项税额　5 100

　　贷：银行存款/工商银行　　　　35 100

(3) 1 月 8 日，发放本月工资 38 000 元，用工行存款支付。

借：应付职工薪酬　　　38 000

　　贷：银行存款/工行存款　　38 000

(4) 1 月 10 日，用现金购买办公用品 410 元。其中，办公室 260 元，财务部 150 元。

借：管理费用/办公室　260

　　管理费用/财务部　150

　　贷：库存现金　　　　410

(5) 1 月 12 日，用工行支票偿还前欠凯越公司货款 17 000 元。

借：应付账款—凯越公司　17 000

　　贷：银行存款/工商银行　17 000

(6) 1 月 15 日，向顺达公司销售家用吸尘器 260 台，无税单价 400 元/台，对方用工行转账支票支付货款。

借：银行存款/工商银行　　　　　　121 680

　　贷：主营业务收入/家用吸尘器　　　　104 000

　　　　应交税费/应交增值税/销项税额　　17 680

(7) 1 月 18 日，向百货大楼销售智能机器人 82 台，无税单价 1 800 元/台，货款未付。

借：应收账款/百货大楼　　　　　　172 692

　　贷：主营业务收入/智能机器人　　　　147 600

　　　　应交税费/应交增值税/销项税额　　25 092

(8) 1 月 20 日，报销交通费 800 元，用现金支付。其中销售部 500 元，办公室 300 元。

借：销售费用　　　　500

　　管理费用/办公室　300

　　贷：库存现金　　　800

(9) 1 月 25 日，计提本月工资费用。其中办公室 8 000 元；销售部 20 000 元、采购部 6 000 元、服务部 3 000 元和财务部 7 000 元。

借：销售费用　　　　20 000

　　管理费用/办公室　8 000

　　管理费用/财务部　7 000

管理费用/采购部　6 000

管理费用/服务部　3 000

贷：应付职工薪酬　44 000

(10) 1 月 28 日，结转本月销售成本。其中家用吸尘器 260 台，每台进价为 300 元；智能机器人 82 台，每台进价 1 350 元。

借：主营业务成本/家用吸尘器　78 000

主营业务成本/智能机器人　110 700

贷：库存商品/家用吸尘器　78 000

库存商品/智能机器人　110 700

(11) 结转收入

借：主营业务收入/家用吸尘器　104 000

主营业务收入/智能机器人　147 600

贷：本年利润　251 600

(12) 结转成本

借：本年利润　233 910

贷：管理费用　24 710

销售费用　20 500

主营业务成本/家用吸尘器　78 000

主营业务成本/智能机器人　110 700

8.1.2 账务处理初始化

在 Excel 建模中，账务处理初始化工作等同于建立基本数据区的工作。已知的基本数据包括企业常用会计科目、账户期初余额及即将用于账务处理的空白凭证及各类账簿。

1. 建立账务处理文件

考虑到 Excel 在数据管理方面的特点及优势，经过分析，拟在账务处理文件中建立“会计凭证”工作表，该表中存放以下几项内容。

(1) 存放各账户期初余额、本期发生额、本年累计发生额和期末余额。

(2) 存放科目代码、部门、客户/供应商等基础档案。

(3) 记录日常经济业务分录。

2. 录入初始数据

初始数据包括企业常用会计科目及名称、辅助核算信息，如部门、客户/供应商档案及账户期初余额。

(1) 输入会计科目信息

在采用手工方式处理会计业务时，直接使用的是会计科目名称。如果采用计算机处理会计业务，需要为会计科目进行编码，科目编码将成为会计科目的唯一标识。为了规范会计核算，财政部对一级会计科目的编码和名称进行了统一规定。各单位根据实际情况可以增设明细科目。预留“会计凭证”表中 A1：J20 区域，用于存放科目编码、科目名称、总账科目、期初余额、本期借方、本期贷方、期末余额及本年累计借方发生额和本年累计贷方发生额。为简化业务处理，仅保留了与背景案例相关的会计科目。如图 8-1 所示。

易联公司会计科目及余额表

科目编码	科目名称	总账科目	期初余额	本期借方	本期贷方	期末余额	本年累计借	本年累计贷
1001	库存现金	1001	24000					
100201	工商银行	1002	300000					
100202	兴业银行	1002	50000					
1122	应收账款	1122	6000					
1405	库存商品	1405	195000					
2001	短期借款	2001	-100000					
2202	应付账款	2202	-40000					
2211	应付职工薪酬	2211						
22210101	进项税额	2221						
22210102	销项税额	2221						
2501	长期借款	2501	-80000					
4001	实收资本	4001	-300000					
4101	盈余公积	4101	-55000					
4103	本年利润	4103						
6001	主营业务收入	6001						
6401	主营业务成本	6401						
6601	销售费用	6601						
6602	管理费用	6602						

部门	项目	客户/供应商
办公室	家用吸尘器	顺达公司
销售部	智能机器人	凯越公司
采购部		海天公司
服务部		百货大楼
财务部		

图 8-1　账务初始化信息

从图 8-1 中可以看出，国家规定的一级会计科目编码为 4 位，其中 4 位中的首位数字表示科目的类别。为“1”表示该科目为资产类；为“2” 表示该科目为负债类；为“3”表示该科目为共同类；为“4”表示该科目为权益类；为“5”表示该科目为成本类；为“6”表示该科目为损益类。

提示：

- 科目代码是字符型数据，输入科目代码前需要先输入“'”号。
- 总账科目代码可以利用文本函数 LEFT 从“科目编码”列中获取。

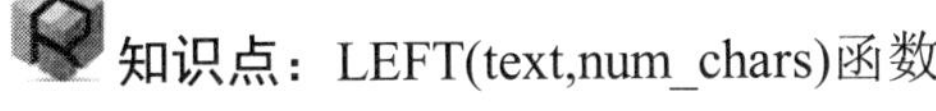

知识点：LEFT(text,num_chars)函数

作用：从一个文本字符串的第 1 个字符开始，返回指定个数的字符。

参数说明：

- text：要提取字符的字符串。
- num_chars：要提取的字符个数，省略为 1。

(2) 输入各项辅助核算档案信息

参照会计核算软件中设置辅助核算的管理思想，Excel 账务处理系统中也可以增设辅助核算信息，例如，对于应收或预收账款、应付或预付账款，可以不再像手工管理方式下按照客户或供应商设置明细科目，而是设置“客户/供应商”辅助核算项目加以反映；同样对于需要按部门核算的收入或费用，可以专门设置“部门”辅助核算项目加以反映。这样，需要预先建立“客户/供应商”、“部门”的具体值，以备调用。在“会计凭证”表的 K2∶K6、L2∶L4 和 M2∶M5 中输入相关辅助核算信息，如图 8-1 所示。

(3) 输入期初余额

会计科目及余额表中，仅设计了一列用于存放各科目的期初余额。为了区别余额方向，可以设定：借方余额用正数表示，贷方余额用负数表示。

8.2　凭证输入及查询

会计凭证是记录经济业务，明确经济责任的书面证明，是登记账簿的依据。账务处理文件中设置了专门用于记录会计凭证的工作表。会计凭证工作表的首行设置了用于存放会计凭证各项信息的字段，分别为：凭证号、日期、摘要、总账科目、科目代码、科目名称、借方、贷方、数量、单价、客户/供应商、部门、项目共 13 列。

8.2.1　输入凭证

会计凭证是登记账簿的依据，是账务处理的唯一数据来源，因此为了保证凭证各项信息输入正确，需要尽可能利用 Excel 中提供的功能进行数据输入的正确性控制。

从“会计凭证”表中的第25行起始，用于存放会计凭证记录。以下分项说明各项目输入过程中可以借助 Excel 中的哪些功能。

(1) 科目代码

【跟我练 8-1】对科目代码设置“数据有效性”控制，并在输入凭证中的会计科目编码时由系统自动出现提示，以防止无效科目代码的输入。

① 选择 E26 单元，选择“数据”|“数据有效性”|“数据有效性”命令，打开“数据有效性”对话框。

② 在“设置”选项卡的“允许”下拉列表中选择“序列”，在“来源”文本框中选择科目代码所在区域 A3∶A20，系统自动以绝对地址形式显示，如图 8-2 所示。

图 8-2　设置科目代码数据有效性

③ 在“出错警告”选项卡中，设置输入无效数据时系统提示的出错警告，如图 8-3 所示。

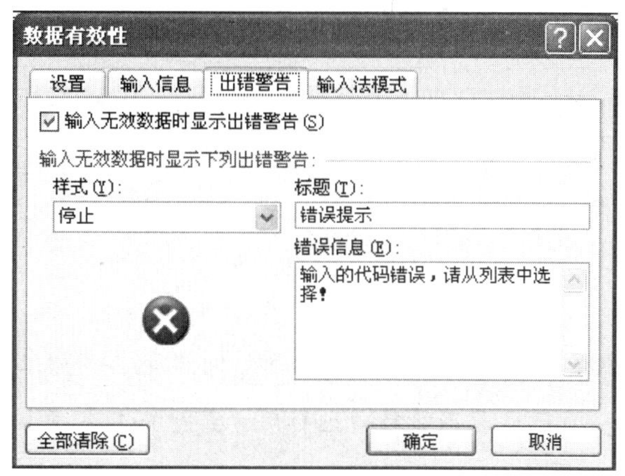

图 8-3　设置出错警告

④ 单击“确定”按钮，E26 单元格旁边出现下拉箭头，列表框中列示所有科目代码，只能从中选择或输入列表中已有的代码，否则系统将提示出错警告信息。

⑤ 拖动 E26 单元右下角的填充柄将该单元设置的数据有效性控制复制到 E27：E70 单元。

同理，为“客户/供应商”、“部门”、“项目”3 列添加数据有效性控制。设置时，也可以先选定要设置的区域，再设置数据有效性控制，这样设置好之后就不用复制了。

同理，总账科目仍然用 LEFT 函数从科目代码中获取。

(2) 科目名称

会计核算软件在凭证录入时，输入科目代码可以自动带出科日名称。在 Excel 中也可以设计成这种模式。

【跟我练 8-2】输入科目代码可以自动带出科目名称以验证正确性。

① 选择 F26 单元，选择“公式”|“插入函数”命令，在“查找与引用”函数分类型中选择“VLOOKUP”函数，打开“函数参数”对话框。

② 设置各项参数如图 8-4 所示。其中 Lookup_value 是需要在 Table_array 首列中进行搜索的值；Col_index_num 标明了满足条件的单元格在 Table_array 中的列序号。

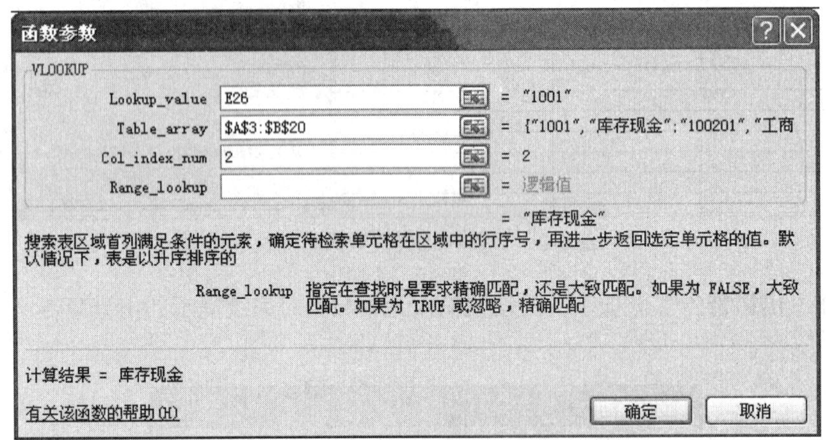

图 8-4　用 VLOOKUP 函数根据科目代码获得科目名称

③ 单击“确定”按钮，F26中返回值为“#N/A”，表示在函数或公式中没有可用数值，如本例中因 E26单元为空造成。

- 为什么 A3：B20 区域要用绝对地址引用方式？而 E26 用相对地址引用方式？

知识点：VLOOKUP(lookup-value,table-array,col-index-num,range-lookup)查找函数

作用：搜索表区域首列满足条件的元素，确定待检索单元格在区域中的列序号，再进一步返回选定单元格的值。默认情况下，表是以升序排列的。

参数说明：

- lookup-value：需要在数据表首列搜索的值。
- table-array：需要在其中搜索数据的表。
- col-index-num：满足条件的单元格在数据表中的列序号。
- range-lookup：指定查找时是精确匹配还是大致匹配。False 为大致匹配；true 为

精确匹配。

④ 将 F26 中的公式复制到 F27：F70。

设置完成后，按照企业背景资料输入所有凭证，如图 8-5 所示。

	A	B	C	D	E	F	G	H	I	J	K	L	M
25	凭证号	日期	摘要	总账科目	科目代码	科目名称	借方	贷方	数量	单价	客户/供应商	部门	项目
26	1	2016-1-3	从工行提现金	1001	1001	库存现金	3000.00						
27	1	2016-1-3	从工行提现金	1002	100201	工商银行		3000.00					
28	2	2016-1-6	采购家用吸尘器	1405	1405	库存商品	30000.00		100	300			家用吸尘器
29	2	2016-1-6	采购家用吸尘器	2221	22210101	进项税额	5100.00						
30	2	2016-1-6	采购家用吸尘器	1002	100201	工商银行		35100.00					
31	3	2016-1-8	发放职工工资	2211	2211	应付职工薪酬	38000.00						
32	3	2016-1-8	发放职工工资	1002	100201	工商银行		38000.00					
33	4	2016-1-10	购买办公用品	6602	6602	管理费用	260.00					办公室	
34	4	2016-1-10	购买办公用品	6602	6602	管理费用	150.00					财务部	
35	4	2016-1-10	购买办公用品	1001	1001	库存现金		410.00					
36	5	2016-1-12	用工行支票偿还欠	2202	2202	应付账款	17000.00				凯越公司		
37	5	2016-1-12	用工行支票偿还欠	1002	100201	工商银行		17000.00					
38	6	2016-1-15	销售产品	1002	100201	工商银行	121680.00						
39	6	2016-1-15	销售产品	6001	6001	主营业务收入		104000.00	260.00	400			家用吸尘器
40	6	2016-1-15	销售产品	2221	22210101	进项税额		17680.00					
41	7	2016-1-18	销售产品	1122	1122	应收账款	172692.00				百货大楼		
42	7	2016-1-18	销售产品	6001	6001	主营业务收入		147600.00	82.00	1800			智能机器人
43	7	2016-1-18	销售产品	2221	22210102	销项税额		25092.00					
44	8	2016-1-20	报销交通费	6601	6601	销售费用	500.00						
45	8	2016-1-20	报销交通费	6602	6602	管理费用	300.00					办公室	
46	8	2016-1-20	报销交通费	1001	1001	库存现金		800.00					
47	9	2016-1-25	计提职工工资	6601	6601	销售费用	20000.00						
48	9	2016-1-25	计提职工工资	6602	6602	管理费用	8000.00					办公室	
49	9	2016-1-25	计提职工工资	6602	6602	管理费用	7000.00					财务部	
50	9	2016-1-25	计提职工工资	6602	6602	管理费用	6000.00					采购部	
51	9	2016-1-25	计提职工工资	6602	6602	管理费用	3000.00					服务部	
52	9	2016-1-25	计提职工工资	2211	2211	应付职工薪酬		44000.00					
53	10	2016-1-28	结转销售成本	6401	6401	主营业务成本	110700		82	1350			智能机器人
54	10	2016-1-28	结转销售成本	6401	6401	主营业务成本	78000		260	300			家用吸尘器

图 8-5　会计凭证

8.2.2　查询凭证

利用 Excel 数据管理中的筛选功能，可以实现按多维角度查询凭证。

将光标定位在会计凭证数据表中的任何一个单元。选择“数据”|“筛选”命令，数据表字段名旁出现下拉箭头，表示进入自动筛选状态。

1. 按凭证号查询

【跟我练 8-3】查询凭证号为“7”的凭证。

① 单击“凭证号”列按钮，在筛选值中只选择“7”，如图 8-6 所示。

② 单击“确定”按钮，屏幕上只显示凭证号为“7”的三行记录。同时“凭证号”旁边的按钮变为过滤器形状，表示设置了筛选条件。

③ 单击凭证号过滤器按钮，选择“全选”选项，恢复显示全部凭证记录。

2. 按凭证日期查询

【跟我练 8-4】查询 2016 年 1 月上旬的凭证。

① 单击“凭证日期”列按钮，从“日期筛选”项中选择“自定义筛选”选项，打开“自定义自动筛选方式”对话框。

② 设置显示“日期在 2016-1-1 之后或相同”并且“日期在 2016-1-16 之前”的记录，如图 8-7 所示。

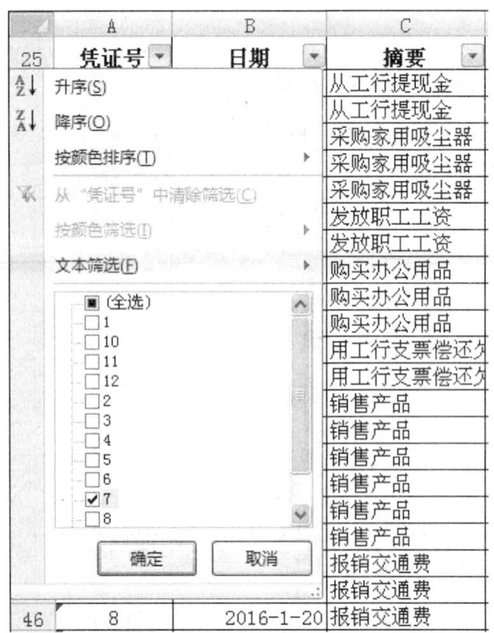

图 8-6　设置查询凭证号为"7"的凭证

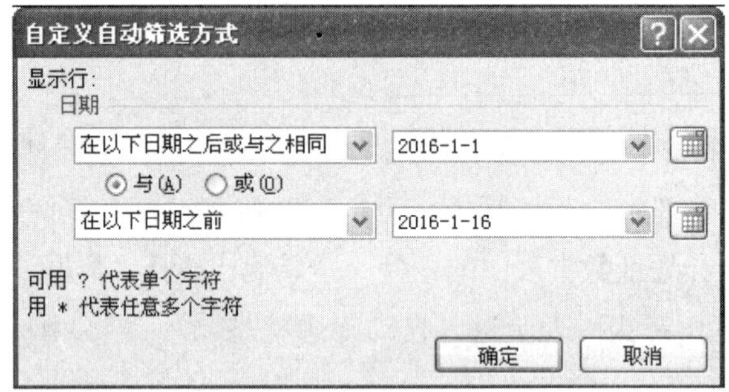

图 8-7　设置自定义筛选条件

③ 单击"确定"按钮，屏幕上只显示 2016 年 1 月上旬的凭证。

④ 恢复显示所有记录。

3. 按指定条件查询

【跟我练 8-5】查询用库存现金支付的金额在 500 元以上的凭证。

① 单击"科目代码"列按钮，从中选择科目"1001"，屏幕上显示符合条件的 3 条记录。

② 单击"贷"按钮，选择"数字筛选"中的"大于或等于"选项，设置自定义筛选值为"500"，屏幕上只保留一条符合条件的记录，即凭证 8。

8.3　会计账簿

会计账簿是由具有一定格式、相互联结的账页所组成，用来序时、连续、系统、全面地记录和反映一个企业、机关和事业单位等经济活动全部过程的簿籍。设置和登记会计账簿，是重要的会计核算基础工作，是连结会计凭证和会计报表的中间环节。按用途分为序时账、分类账和备查账。

8.3.1　科目余额表

总分类账是根据总分类科目开设账户，用来登记全部经济业务，进行总分类核算，提供总括核算资料的分类账簿。在企业实现信息化之后，可以用科目余额表代替总账。

1. 计算各明细账户本期发生额

【跟我练 8-6】利用 SUMIF 函数计算各账户本期发生额。

① 单击“E3”单元，单击“fx”按钮，打开“插入函数”对话框。选择“数学与三角函数”分类中的“SUMIF”函数，单击“确定”按钮，打开“函数参数”对话框。

② 输入 SUMIF 各项参数，如图 8-8 所示。注意其中对单元格相对地址和绝对地址的灵活运用。

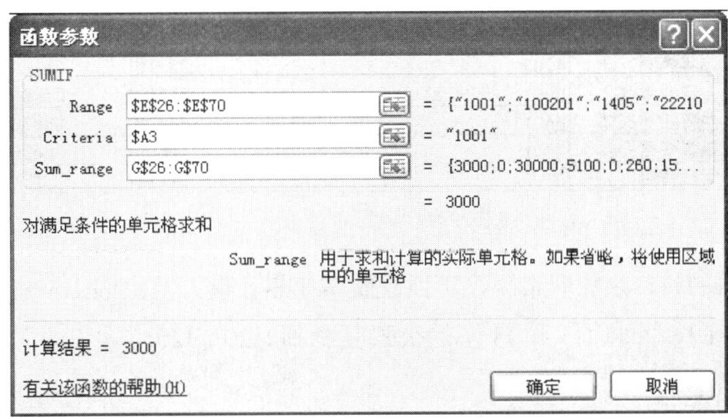

图 8-8　用条件求和函数计算各账户本期发生额

③ 首先将 D3 单元公式复制到 D4：D19。然后将 D3 单元公式复制到 E3，最后复制 E3 单元公式到 E4：E19。

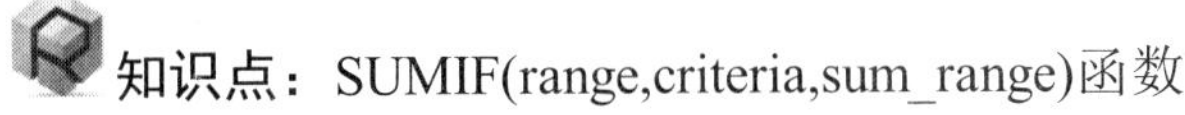
知识点：SUMIF(range,criteria,sum_range)函数

作用：对满足条件的单元格求和。在range区找到与criteria匹配的单元，然后对sum_range区域中与此单元对应的单元进行求和。

参数说明：

- range：要进行计算的单元格区域。
- criteria：以数字、表达式或文本形式定义的条件。
- sum_range：求和计算的实际单元格。

2. 计算各明细账户的期末余额

按照科目性质，资产类、成本类余额为借方；负债类、权益类余额在贷方，期间损益结转后损益类科目无余额，计算期末余额时要注意这个规律。

将 G3 单元公式设置为“＝D3＋E3-F3”，并将 G3 中的公式复制到 G4∶G20。

计算完成后的科目余额表如图 8-9 所示。

	A	B	C	D	E	F	G
1	易联公司会计科目及余额表						
2	科目编码	科目名称	总账科目	期初余额	本期借方	本期贷方	期末余额
3	1001	库存现金	1001	24000	3000	1210	25790
4	100201	工商银行	1002	300000	121680	93100	328580
5	100202	兴业银行	1002	50000	0	0	50000
6	1122	应收账款	1122	6000	172692	0	178692
7	1405	库存商品	1405	195000	30000	188700	36300
8	2001	短期借款	2001	-100000	0	0	-100000
9	2202	应付账款	2202	-40000	17000	0	-23000
10	2211	应付职工薪酬	2211		38000	44000	-6000
11	22210101	进项税额	2221		5100	17680	-12580
12	22210102	销项税额	2221		0	25092	-25092
13	2501	长期借款	2501	-80000	0	0	-80000
14	4001	实收资本	4001	-300000	0	0	-300000
15	4101	盈余公积	4101	-55000	0	0	-55000
16	4103	本年利润	4103		233910	251600	-17690
17	6001	主营业务收入	6001		251600	251600	0
18	6401	主营业务成本	6401		188700	188700	0
19	6601	销售费用	6601		20500	20500	0
20	6602	管理费用	6602		24710	24710	0

图 8-9　科目余额表

对于 1 月份的科目余额表来说，可以设置本年累计借方发生额 H3＝E3；本年累计贷方发生额 I3＝F3，并将 H3 和 I3 中的公式复制到 H20∶I20。

3. 生成总分类账

【跟我练 8-7】利用 Excel 中的数据透视表功能可以轻松生成总分类账文件。

① 首先，选择 A2∶G20 区域。

② 选择“插入”|“数据透视表”|“数据透视表”命令，打开“创建数据透视表”对话框。如图 8-10 所示。

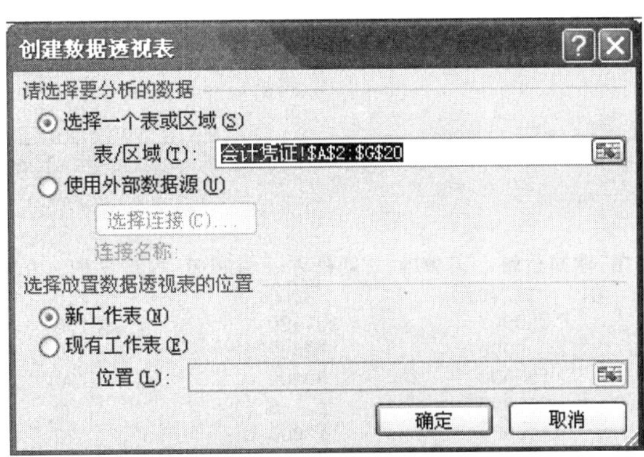

图 8-10　创建数据透视表

③ 选择"新工作表"选项，单击"确定"按钮，打开"数据透视表字段列表"列表框。

④ 将"总账科目"拖动到"行标签"，将"期初余额"、"本期借方"、"本期贷方"、"期末余额"拖动到"数值区"，并确保这几项的运算均为"求和"(如有不符，可单击该字段三角按钮，从菜单中选择"值字段设置"，再选择"计算类型"为"求和")，如图 8-11 所示。

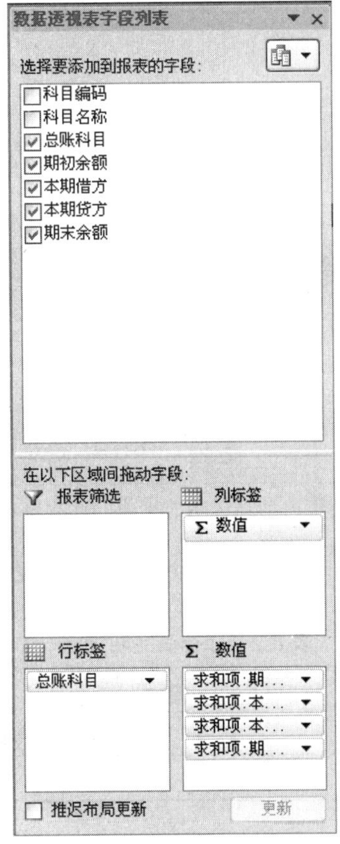

图 8-11　数据透视表布局

⑤ 随着数据透视表布局的完成，屏幕上就生成如图 8-12 所示的总分类账。修改表名为“总分类账”。

	A	B	C	D	E
1					
2					
3		值			
4	行标签	求和项:期初余额	求和项:本期借方	求和项:本期贷方	求和项:期末余额
5	1001	24000	3000	1210	25790
6	1002	350000	121680	93100	378580
7	1122	6000	172692	0	178692
8	1405	195000	30000	188700	36300
9	2001	-100000	0	0	-100000
10	2202	-40000	17000	0	-23000
11	2211		38000	44000	-6000
12	2221		5100	42772	-37672
13	2501	-80000	0	0	-80000
14	4001	-300000	0	0	-300000
15	4101	-55000	0	0	-55000
16	4103		233910	251600	-17690
17	6001		251600	251600	0
18	6401		188700	188700	0
19	6601		20500	20500	0
20	6602		24710	24710	0
21	总计	0	1106892	1106892	0

图 8-12　总分类账

8.3.2　明细分类账

按明细分类账户登记的账簿叫作明细分类账，简称“明细账”，明细账用于分类登记某一类经济业务，提供有关明细核算资料。明细分类账按账页格式不同可分为三栏式、数量金额式和多栏式。下面以生成数量金额式库存商品明细账为例进行介绍。

1. 利用高级筛选功能生成库存商品明细账

前面在查询凭证时我们学习了自动筛选功能，用自动筛选也可以生成库存商品明细账，如图 8-13 所示。

	A	B	C	D	E	F	G	H	I	J	K	L	M
25	凭证号	日期	摘要	总账科目	科目代码	科目名称	借方	贷方	数量	单价	客户/供应	部门	项目
28	2	2016-1-6	采购家用吸尘器	1405	1405	库存商品	30000.00		100	300			家用吸尘器
55	10	2016-1-28	结转销售成本	1405	1405	库存商品		110700	82	1350			智能机器人
56	10	2016-1-28	结转销售成本	1405	1405	库存商品		78000	260	300			家用吸尘器

图 8-13　利用自动筛选功能生成的库存商品明细账

如果我们想生成表 8-2 所示的库存商品明细账，那我们要用到高级筛选功能。

表 8-2　库存商品明细账

日期	凭证号	摘要	单价	借方		贷方		余额	
				数量	金额	数量	金额	数量	金额

【跟我练 8-8】利用高级筛选功能生成库存商品明细账。

① 首先构建高级筛选的条件。复制会计凭证数据清单中的“科目代码”字段名到 A72 单元。在 A73 单元中输入库存商品的科目代码 1405。这样在 A72∶A73 中就建好了高级筛选的条件。

② 指定筛选哪些内容及排列次序。按照表 8-2 的格式，将会计凭证数据清单中的日期、凭证号、摘要、单价、数量、借方、贷方几个字段名复制到 A75∶G75 区域。

③ 将光标定位在会计凭证表中任一单元，选择“数据”|“高级”命令，打开“高级筛选”对话框。输入各项参数如图 8-14 所示。

	A	B	C	D	E	F	G	H
47	9	2016-1-25	计提职工工资	6601	6601	销售费用	20000.00	
48	9	2016-1-25	计提职工工资	6602	6602	管理费用	8000.00	
49	9	2016-1-25	计提职工工资	6602	6602	管理费用	7000.00	
50	9	2016-1-25	计提职工工资	6602	6602	管理费用	6000.00	
51	9	2016-1-25	计提职工工资	6602	6602	管理费用	3000.00	
52	9	2016-1-25	计提职工工资	2211	2211	应付职工薪酬		44000.00
53	10	2016-1-28	结转销售成本	6401	6401	主营业务成本	110700	
54	10	2016-1-28	结转销售成本	6401	6401	主营业务成本	78000	
55	10	2016-1-28	结转销售成本	1405	1405	库存商品		110700
56	10	2016-1-28	结转销售成本	1405	1405	库存商品		78000
57	11	2016-1-31	结转收入	60		务收入	147600	
58	11	2016-1-31	结转收入	60		务收入	104000	
59	11	2016-1-31	结转收入	41				251600
60	12	2016-1-31	结转成本	41			233910	
61	12	2016-1-31	结转成本	64		务成本		110700
62	12	2016-1-31	结转成本	64		务成本		78000
63	12	2016-1-31	结转成本	66				24710
64	12	2016-1-31	结转成本	66				20500
65								
66								
67								
68								
69								
70								
71								
72	科目代码							
73	1405							
74								
75	日期	凭证号	摘要	单价	数量	借方	贷方	
76								
77								

高级筛选

方式

○ 在原有区域显示筛选结果(F)

⊙ 将筛选结果复制到其他位置(O)

列表区域(L): $A$25:$M$64

条件区域(C): 正!$A$72:$A$73

复制到(T): 正!$A$75:$G$75

☐ 选择不重复的记录(R)

确定　取消

图 8-14　利用高级筛选生成库存商品明细账

④ 单击“确定”按钮，即可生成库存商品明细账。

2. 利用数据透视表生成库存商品明细账

【跟我练 8-9】利用数据透视表生成带数量、单价的库存商品明细账。

① 数据透视表布局如图 8-15 所示。

② 在页标签处选择科目代码“1405”，生成的库存商品明细分类账如图 8-16 所示。

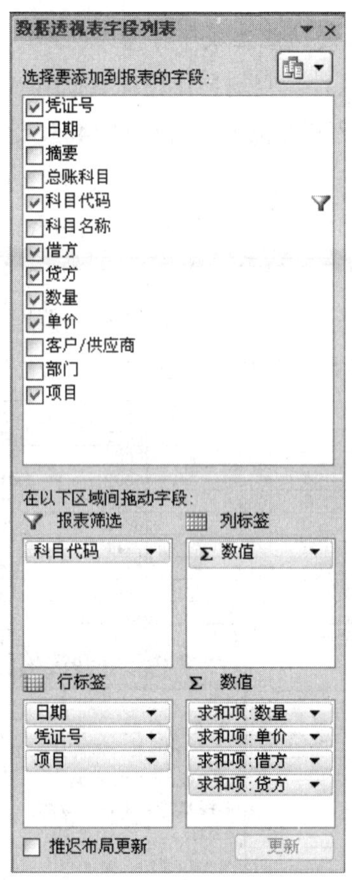

图 8-15　用数据透视表生成库存商品明细账布局

	A	B	C	D	E
1	科目代码	1405			
2					
3		值			
4	行标签	求和项:数量	求和项:单价	求和项:借方	求和项:贷方
5	⊟2016-1-6	100	300	30000	
6	⊟2	100	300	30000	
7	家用吸尘器	100	300	30000	
8	⊟2016-1-28	342	1650		188700
9	⊟10	342	1650		188700
10	家用吸尘器	260	300		78000
11	智能机器人	82	1350		110700
12	总计	442	1950	30000	188700

图 8-16　生成的库存商品明细账

8.3.3　下月账簿的建立

本月账务处理完成后，可以在本工作簿中建立下月账簿文件。

【跟我练 8-10】建立“2 月会计凭证与科目余额”表。

① 插入一张新的工作表，命名为“2月会计凭证与科目余额”(假定各月都按此命名

规则)。

② 将“1 月会计凭证与科目余额”中有关会计科目及余额表内容复制到“2 月会计凭证与科目余额”，如图 8-17 所示。

易联公司会计科目及余额表

科目编码	科目名称	总账科目	期初余额	本期借方	本期贷方	期末余额	本年累计借	本年累计贷
1001	库存现金	1001						
100201	工商银行	1002						
100202	兴业银行	1002						
1122	应收账款	1122						
1405	库存商品	1405						
2001	短期借款	2001						
2202	应付账款	2202						
2211	应付职工薪酬	2211						
22210101	进项税额	2221						
22210102	销项税额	2221						
2501	长期借款	2501						
4001	实收资本	4001						
4101	盈余公积	4101						
4103	本年利润	4103						
6001	主营业务收入	6001						
6401	主营业务成本	6401						
6601	销售费用	6601						
6602	管理费用	6602						

部门	项目	客户/供应商
办公室	家用吸尘器	顺达公司
销售部	智能机器人	凯越公司
采购部		海天公司
服务部		百货大楼
财务部		

凭证号	日期	摘要	总账科目	科目代码	科目名称	借方	贷方	数量	单价	客户/供应商	部门	项目

图 8-17　2 月会计凭证与科目余额基础文件

③ 获取 2 月期初余额。利用“选择性粘贴”命令将“1 月会计凭证与科目余额”中“期末余额”一列“数值”复制到当前文件“期初余额”一列中。

● 为什么要用“选择性粘贴”？直接“粘贴”行不行？

④ 计算本年累计借方发生额和本年累计贷方发生额。将 H3 单元公式设置为“=E3+'1 月会计凭证及科目余额'!H3”；将 I3 单元公式设置为“=F3+'1 月会计凭证及科目余额'!I3”；并将公式复制到 H 和 I 列的其他单元。

8.4　会计报表

财务报表包括对外报表和企业内部报表。无论哪种形式的报表，报表的数据来源都是已经生成的会计凭证和账簿记录。

一试身手

1. 在【跟我练 8-2】中，可以使用 Lookup 函数完成根据科目代码获取科目名称吗？如何使用？可以用 Hlookup 函数吗？

2. 想一想，如何制作现金流量表？

3. 如何利用数据透视表制作部门管理费明细表？

第 9 章

筹资决策模型

本章概要：

- 货币时间价值及其函数
- 债券融资
- 长期借款模型
- 融资租赁模型

9.1 筹资决策概述

筹资决策是指为满足企业融资的需要，对筹资的途径、筹资的数量、筹资的时间、筹资的成本、筹资风险和筹资方案进行评价和选择，从而确定一个最优资金结构的分析判断过程。筹资决策的核心，就是在多种渠道、多种方式的筹资条件下，如何利用不同的筹资方式力求筹集到最经济、资金成本最低的资金来源，其基本思想是实现资金来源的最佳结构，即使公司平均资金成本率达到最低限度时的资金来源结构。筹资决策是企业财务管理相对于投资决策的另一重要决策。

9.1.1 企业筹资渠道

从筹集资金来源的角度看，筹资渠道可以分为企业的内部渠道和外部渠道，内部渠道是指从企业内部开辟资金来源，包括企业自有资金、企业应付税利和利息、企业未使用或未分配的专项基金。一般在企业并购中，企业都尽可能选择这一渠道，因为这种方式保密性好，企业不必向外支付借款成本，因而风险很小，但资金来源数额与企业利润密切相关。而外部渠道即融资，是指企业从外部所开辟的资金来源。它可以分为两类：

债务性融资和权益性融资。债务性融资构成负债，企业要按期偿还约定的本息，债权人一般不参与企业的经营决策，对资金的运用也没有决策权。权益性融资构成企业的自有资金，投资者有权参与企业的经营决策，有权获得企业的红利，但无权撤退资金。从企业外部筹资具有速度快、弹性大、资金量大的优点，因此，在购并过程中一般是筹集资金的主要来源。但其缺点是保密性差，企业需要负担高额成本，因此产生较高的风险。筹资与融资在实际中往往被混用，本书中，如无特殊说明，两者不作区分。目前常见的筹资渠道有以下几种。

1. 银行贷款

银行是企业最主要的融资渠道。按资金性质，分为流动资金贷款、固定资产贷款和专项贷款三类。专项贷款通常有特定的用途，其贷款利率一般比较优惠，贷款分为信用贷款、担保贷款和票据贴现。其主要用于企业购建固定资产和满足流动资金周转的需要。

在银行贷款筹资方式中，企业要考虑到国家的贷款政策、经济环境等宏观氛围，还要考虑贷款利率、期限这些直接影响每期还款额的因素，以便根据自己的还款能力，做出筹资决策。

2. 股权融资

股权融资是指企业的股东愿意让出部分企业所有权，通过企业增资的方式引进新的股东的融资方式。股权融资所获得的资金，企业无须还本付息，但新股东将与老股东同样分享企业的赢利与增长。股票筹资包括优先股筹资和普通股筹资等形式。不同类型股票其发行价格不同、筹资的资金成本也不同。股票没有固定的到期日，是企业的永久性资本，除非企业清算时才有可能予以偿还。股权融资的特点决定了其用途的广泛性，既可以充实企业的营运资金，也可以用于企业的投资活动，并且财务风险较小，对促进企业长期持续稳定经营具有重要意义。但利用股权筹资，资本成本负担较重，且容易分散企业的控制权。

3. 债券融资

企业债券，也称公司债券，是企业依照法定程序发行，约定在一定期限内还本付息的有价证券，表示发债企业和投资人之间是一种债权债务关系。债券持有人不参与企业的经营管理，但有权按期收回约定的本息。在企业破产清算时，债权人优先于股东享有对企业剩余财产的索取权。企业债券与股票一样，同属有价证券，可以自由转让。

债券融资和股票融资是企业直接融资的两种方式，在国际成熟的资本市场上，债券融资往往更受企业的青睐，企业的债券融资额通常是股权融资的 3～10 倍。这主要是因为债券融资在财务上有避税、杠杆等众多优势。

4. 融资租赁

融资租赁是一种集信贷、贸易、租赁于一体，以租赁物件的所有权与使用权相分离为特征的新型融资方式。出租人根据承租人选定的租赁设备和供应厂商，以对承租人提供资金融通为目的而购买该设备，承租人通过与出租人签订金融租赁合同，以支付租金为代价，而获得该设备的长期使用权。承租人在租赁期内必须连续支付租金，中途不能退租。租期一般在租赁资产寿命的一半以上。租赁期满，可以选择多种方法处置资产。通常由承租人留用。

融资租赁的租金包括设备价款和租息。企业选择融资租赁筹资时，要考虑支付租金的方法、付款期数、利率等对每期应付租金的影响。融资租赁业务为企业技术改造开辟了一条新的融资渠道，采取融资融物相结合的新形式，提高了生产设备和技术的引进速度，还可以节约资金使用，提高资金利用率。

9.1.2　筹资决策的一般方法

企业需要在分析寻找各种筹资渠道的前提下，计算各筹资渠道的筹资费用成本。在还债风险可承担的限度内，尽可能选择筹资成本低的筹资渠道以取得资金。

9.2　货币时间价值及其函数

9.2.1　货币时间价值及其计算

货币的时间价值，是指货币经过一段时间的投资和再投资所增加的价值。由于货币时间价值的存在，使得不同时点上相同数量货币的价值并不相等。所以，不同时间的货币不宜直接进行比较，而需要将它们换算到相同时点上，然后才能进行比较。下面介绍一下与货币时间价值有关的几个概念。

1. 复利终值

复利终值是指在复利计息方式下，现在的一笔资金，经过若干期后的本利和。复利终值的计算公式如下：

$$\mathrm{FV}=\mathrm{PV}\times(1+i)^n$$

其中，FV 是资金的终值；PV 是资金的现值；i 是利率；n 是计息期数。

在 Excel 中，可以直接利用公式计算复利终值。例如，现将 100 万元存入银行，存款期限为 3 年，复利利率为 3.5%，则到期后本利和＝100×(1＋3.5%)^3＝110.87 万元。

2. 复利现值

复利现值是指在复利计息方式下，未来若干期的一笔资金折算到现在时点的价值。复利现值的计算公式如下：

$$PV = \frac{FV}{(1+i)^n}$$

其中，各参数的含义同复利终值。

在 Excel 中，可以直接利用公式计算复利现值。例如，银行复利利率为 3.5%，如果希望 3 年后得到本利和 100 万元，则现在应该存入银行 100/(1＋3.5%)^3＝90.19 万元。

3. 年金终值

年金是指定期、等额的系列收支，即指在某一期限内，每隔一定相同的时期，收入或支出相等金额的款项。生活中常见的分期偿还贷款、保险费支付、零存整取储蓄等，通常表现为年金的形式。年金分为普通年金、先付年金(预付年金)和永续年金。普通年金是指每期的资金收支发生在期末的年金，其中递延年金是普通年金的一种特殊形式，是指在最初若干期没有收付款项的情况下，后面若干期等额的系列收付款项。先付年金是指每期的资金收支发生在期初的年金；永续年金是指年金的收支一直持续到永远，没有终止期限。

年金终值是指年金按复利计算，在若干期后的期末可得到的本利和。永续年金只有现值，没有终值。

(1) 普通年金终值

普通年金终值的计算公式如下：

$$\begin{aligned} FV &= A + A\times(1+i) + A\times(1+i)^2 + \cdots + A\times(1+i)^{n-1} \\ &= A\times\frac{(1+i)^n-1}{i} \end{aligned}$$

其中，A 是年金；i 是利率；n 是期数；FV 是年金的终值；$\frac{(1+i)^n-1}{i}$ 是年金终值系数，简记为(FV/A,i,n)。

(2) 预付年金终值

$$\begin{aligned}FV &= A\times(1+i)+A\times(1+i)^2+\cdots+A\times(1+i)^n\\ &= A\times\frac{(1+i)^{n+1}-1}{i}-1\end{aligned}$$

各参数的含义同普通年金终值。

4. 年金现值

年金现值是指为了在每期取得相等金额，现在需要投入的金额。

(1) 普通年金现值

普通年金现值的计算公式如下：

$$\begin{aligned}PV &= A\times(1+i)^{-1}+A\times(1+i)^{-2}+\cdots+A\times(1+i)^{-n}\\ &= A\times\frac{1-(1+i)^{-n}}{i}\end{aligned}$$

其中，$\frac{1-(1+i)^{-n}}{i}$称为年金现值系数，简记为(PV/A,i,n)。

(2) 预付年金现值

$$\begin{aligned}PV &= A+A\times(1+i)^{-1}+A\times(1+i)^{-2}+\cdots+A\times(1+i)^{-(n-1)}\\ &= A\times\left[\frac{1-(1+i)^{-(n-1)}}{i}+1\right]\end{aligned}$$

5. 永续年金

如果年金定期等额支付一直持续到永远，称为永续年金。

永续年金现值的计算公式如下：

$$PV=\frac{A}{i}$$

例如，A 企业为某大学提供永久性奖学金，每年颁发的奖学金金额为 10 000 元，假若银行存款利率为 5%，如果 A 企业想现在一次性将奖学金基金存入银行，则应该存入的款项为 10 000/5%＝200 000 元。

6. 年金、期数、利率的计算

根据年金现值公式或年金终值公式进行推导，便可计算出年金。

根据年金现值公式或年金终值公式进行推导，可计算出现值系数或终值系数，然后查询现值系数或终值系数表，便可求出期数和利率。

例如，某人贷款 400 000 元，贷款 15 年，每年还本付息 58 729 元，计算其贷款的年利率是多少？

根据年金现值公式：PV＝A*(PV/A,i,n)，带入已知数值 400 000＝58 729*(PV/A,i,n)，得到(PV/A,i,n)＝6.8109，查询年金现值系数表，得知 i＝12%。

9.2.2　货币时间价值函数简介

Excel 为我们提供了有关年金现值、年金终值、年金、利率及期数的时间价值函数，列示于表 9-1 中。

表 9-1　货币时间价值函数

函　数　名	作　　用	示例【跟我练 9-1】
FV(rate,nper,pmt,pv,type) 年金终值函数	基于固定利率和等额分期付款方式，返回某项投资的未来值	FV(10%,3,-100,-1000)＝1662
PV(rate,nper,pmt,fv,type) 年金现值函数	返回某项投资的一系列等额分期偿还额的当前值之和，即年金的现值	PV(10%,3,-100,-1000,1)＝1024.87
PMT(rate,nper,pv,fv,type) 年金函数	该函数返回固定利率下投资或贷款的等额分期偿还额(包括本金和利息)	PMT(10%,3,-273.55,,1)＝100
PPMT(rate,per,nper,pv,fv,type) 年金本金函数	该函数返回在固定利率、期数下某项投资回报或贷款偿还的本金部分	PPMT(10%,1,3,-248.69)＝75.13 PPMT(10%,2,3,-248.69)＝82.65 PPMT(10%,3,3,-248.69)＝90.91
IPMT(rate,per,nper,pv,fv,type) 年金利息函数	该函数返回在固定利率、期数下某项投资回报或贷款偿还的利息部分	IPMT(10%,1,3,-248.69)＝24.87 IPMT(10%,2,3,-248.69)＝17.36 IPMT(10%,3,3,-248.69)＝9.09
NPER(rate,pmt,pv,fv,type) 期数函数	该函数返回每期付款金额及利率固定的某项投资或贷款的期数	NPER(10%,-100,248.69)＝3
RATE(nper,pmt,pv,fv,type,guess) 利率函数	该函数在已知期数、每期付款及现值或终值的条件下，返回年金的每期利率	RATE(3,-100,248.69)＝10%

参数说明：

这些函数的参数类型比较接近，在这里统一进行介绍。

- rate：复利利率。
- nper：年金期数。

- Pmt：每期固定支付或收入的金额，即年金。当 pmt 为负数时，函数结果为正，当 pmt 为正数时，函数结果为负。
- pv：指投资开始计算时已经入账的价值，默认值为 0。
- fv：是在最后一次付款期后获得的一次性偿还额，默认值为 0。
- type：年金类型，当取 1 时表示预付年金，当取 0 或默认时表示普通年金。

注意事项：

(1) 各参数取值相同时，年金函数、年金本金函数和年金利息函数存在以下对应关系：PMT()＝PPMT()＋IPMT()。

(2) RATE 函数中的 guess 是对利率的猜测数，如果默认，将假定为 10%。如果 RATE 函数无法收敛，应该给出不同的 guess 重新计算。

图9-1可以帮助大家很好地理解年金终值和年金现值的意义及财务计算公式和Excel函数计算的对比。

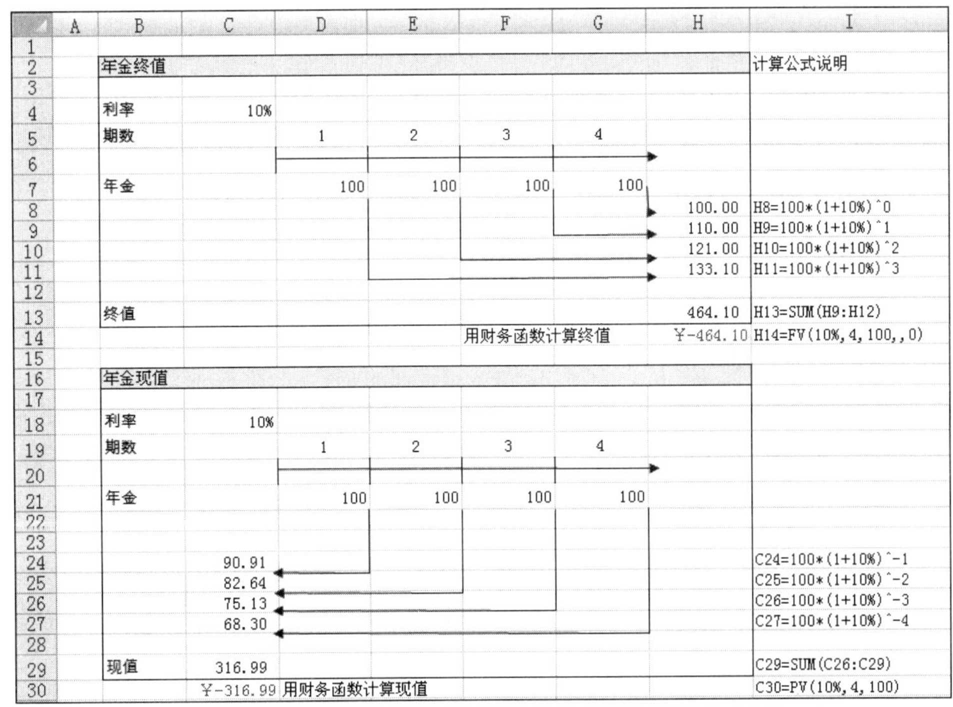

图 9-1　年金终值与年金现值计算示例

- FV(10%, 3, -100, -1000, 1)的含义是什么？
- PV(10%, 3, -100, -1000, 1)的含义是什么？
- 从表 9-1 中 PMT、PPMT、IPMT 的计算示例中可以得出什么结论？

**知识点**：FVSCHEDULE(principal,schedule)函数

作用：基于一系列复利，返回某项投资的未来值。用于计算某项投资在变动或可调利率下的未来值。

参数说明：

- principal：现值。
- Schedule：利率数组。

例如，某公司存入银行 10 000 元按复利计算，银行存款第 1、2、3 年的利率分别为 3.5%、4%、5%，计算 3 年后能得多少？

9.2.3　货币时间价值函数综合应用实例

利用以上介绍的各时间价值函数可以解决很多实际问题，下面举例说明。

【跟我练 9-2】小李今年 30 岁，购买了某种养老保险，从今年起每年年初交纳 1 800 元，交费期为 20 年。从 60 岁开始，保险公司每年年初向小李支付养老金 6 000 元，一直到去世为止，去世时还能获得抚恤金 5 000 元。假定保险公司的投资收益率为 5%，请问：如果仅就投资收益分析而言，小李至少要活到多大年纪投保才合适？

1. 问题解析

该问题是求年龄问题，实际上是求年金期间的问题。

我们先画一张图来理清思路。

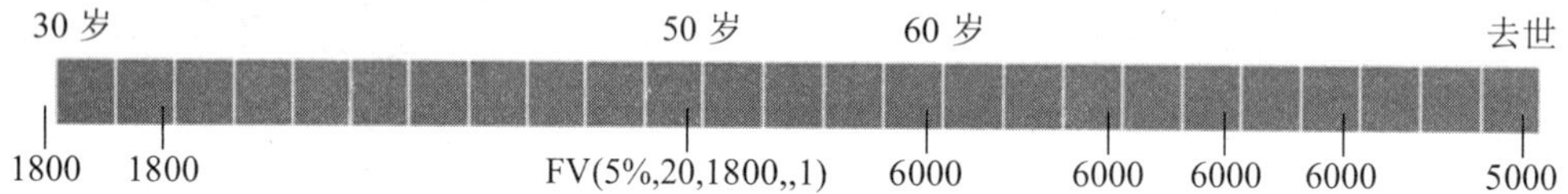

这个问题分了几段：小李 30 岁～50 岁，每年年初交 1 800 元；从 60 岁起至去世，保险公司每年年初支付 6 000 元。我们选择小李 60 岁作为解题出发点，计算 60 岁到去世年金期间。

2. 利用 NPER 函数评估保险产品

期数函数 NPER(rate,pmt,pv,fv,type)共 5 个参数。

第1个参数是利率为5%；第2个参数年金就是小李每年年初领取的养老保险6 000元；第3个参数是现值PV，实际上是小李30岁～50岁期间每年年初缴纳的保费计算到60岁时的价值。FV(5%,20,1800,,1)计算的是小李30岁～50岁期间每年年初缴纳的保费到50岁时的价值；FV(5%,20,1800,,1)×(1＋5%)^10是从50岁到60岁时的价值，也即第3个参数的值。

第4个参数可以将抚恤金看作终值；第5个参数由于是年初付，因此为1。

因此，所求年龄＝NPER(5%,6000,FV(5%,20,1800,,1)×(1＋5%)^10,5000,1)＋60＝92.98。

9.3　债券融资

9.3.1　债券的发行价格

按照债券的实际发行价格和票面价格的异同，债券的发行包括平价发行、溢价发行和折价发行 3 种。债券的发行价格与其面值不一致，主要是由于资金市场上的利率经常变化，而企业债券上标明的利率，一经制作完成就无法更改，从债券印刷完成到正式发行，市场上的利率可能发生变化。为此，需要根据不同的市场利率测算债券的发行价格。

债券的发行价格取决于四项因素：债券面值、债券利率、市场利率和债券期限。

企业债券一般是每年按票面利率付息，到期归还本金。债券的估价模型如下：

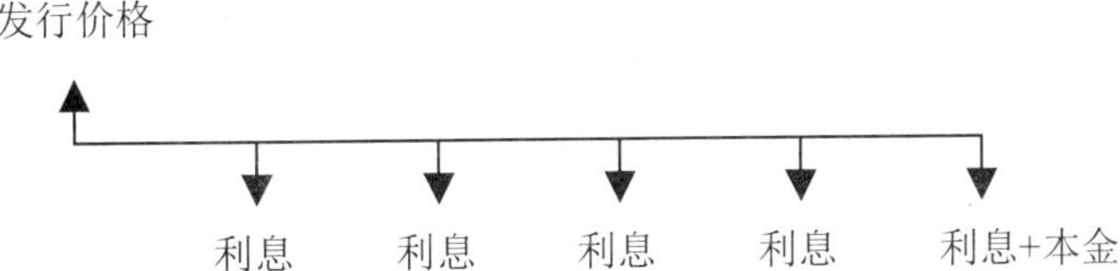

9.3.2　债券融资实例分析

【跟我练 9-3】某公司欲发行面值为 100 元的债券若干，债券期限为 3 年，票面利率为 5%，每年年末支付利息，到期偿还本金，若市场实际利率为 3%，请问该债券的发行价格是多少？

1. 问题解析

债券的发行价格，是指债券投资者购入债券时应支付的市场价格，它与债券的面值可能一致也可能不一致。理论上，债券发行价格是债券的面值和支付的年利息按发行当时的市场利率折现所得到的现值。因此选用现值函数 PV 来解决这个问题。

2. 利用现值函数求债券的发行价格

现值函数 PV(rate,nper,pmt,fv,type)共 5 个参数。其中第 1 个参数利率应取问题描述中的实际利率；第 2 个参数期限 3 年；第 3 个参数年金是企业每年发放的利息；第 4 个参数未来值是投资者 3 年后收到的本金 100；因为是年末支付利息，因此第 5 个参数可以省略。

因此，债券的发行价格＝PV(3%,3,－100*5%,－100)＝106 元。

9.4　长期借款模型设计

9.4.1　利用双变量模拟运算表设计长期借款模型

长期借款是指企业向银行或其他金融机构借入的，期限在一年以上(不含一年)或超过一年的一个营业周期以上的各项借款。企业长期借款主要用于固定资产投资或更新改造、科技开发和新产品试制等。

本节设计一个长期借款分析模型，用于分析当贷款金额一定时，在不同贷款利率和贷款年限组合下，自动计算每期需要偿还的金额。假设企业贷款 100 万元，贷款利率可能在 6%～12%之间变动，每次变动 0.25%；贷款年限在 3～10 年。

【跟我练 9-4】利用双变量模拟运算表设计模型。

在第 1 章青年购房贷款试算中，已经用双变量模拟运算表帮小刘计算不同贷款额(50 万、60 万、65 万或 70 万)和偿还期(15 年、20 年、22 年、25 年、30 年)情况下每月的还款金额。此处再以此题复习双变量模拟运算表的用法。

① 建立基本数据区。在 Excel 的 B3∶B27 单元中利用序列填充输入不同的贷款利率；在 C2∶J2 中输入不同的贷款期限。

② 输入年金函数。将光标定位在 B2 单元。输入计算每期还款额函数 PMT，如图 9-2 所示。本例中贷款期限和利率均为不确定的数据，因此 PMT 公式中使用了两个变量 A2 和 A3，分别代表期限和利率。单击“确定”按钮返回。B2 单元中出现“#NUM!”错误提示，可不予理会。

③ 调用模拟运算表。选中 B2∶J27 区域，选择“数据”|“假设分析”|“数据表”命令，打开“数据表”对话框。

④ 输入数据表参数。将光标定位在“输入引用行的单元格”文本框中，单击 A2 单元，文本框中出现“$A$2”，同样在“输入引用列的单元格”文本框中，选择 A3 单元。

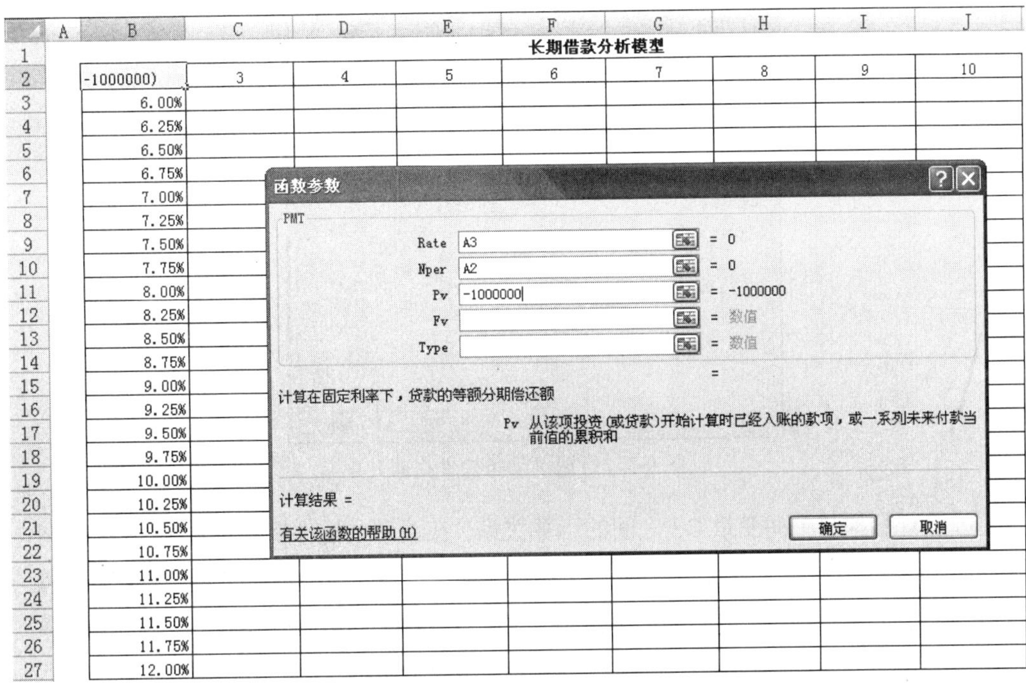

图 9-2　构建模拟运算表

⑤ 单击“确定”按钮，数据表中显示计算结果。

9.4.2　利用窗体控件设计长期借款模型

在双变量模拟运算表长期借款模型中，需要将变化的利率及还款期限预先输入数据表，当模拟变化的范围比较大时，数据表也随之变大。利用窗体控件设计的长期借款模型则有效地避免了这个问题。

【跟我练 9-5】利用窗体控件设计模型。

1. 利用滚动条控件模拟变化的利率

设置利率在 6%～12%之间变化，单击滚动条箭头每次变化 0.25%，单击滚动块每次变化 1%。

① 绘制控件。选择“开发工具”(如果菜单栏里没有可以从文件菜单下的“选项-自定义功能区”选取“开发工具”) |“插入”|“表单控件”|“滚动条控件”选项，在 D3 单元中画出一个滚动条控件“ ”。

② 设置控件格式。右击该控件，从快捷菜单中选择“设置控件格式”选项，打开“设置控件格式”对话框。设置当前值、最小值、最大值、步长-即单击滚动条箭头每次变化值、页步长-即每次单击滚动块每次变化值及单元格链接。如图 9-3 所示。

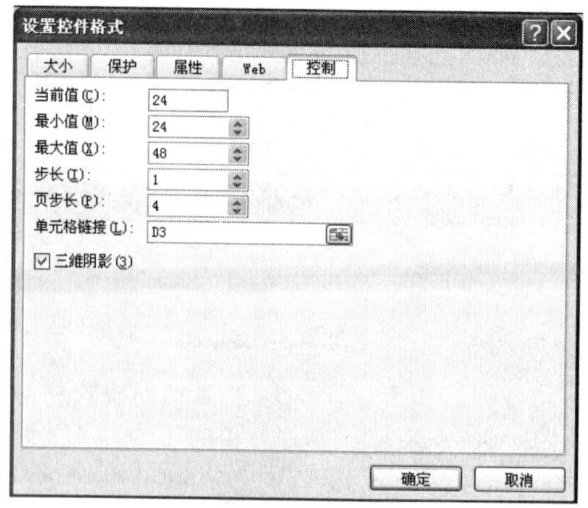

图 9-3　设置滚动条控件格式

③ 设置利率与中间变量 D3 之间的运算关系。在滚动条控件格式设置中，步长最小只能设为 1。因本题要求步长为 0.25，只能通过设置中间变量的方法解决。本题中间变量即为链接单元格 D3。存放利率的单元格为 C3，C3＝D3/400，百分号格式。这样，当 D3 在 24～48 之间变动时，C3 就在 6%～12%之间变化。

④ 检验设计。单击滚动条箭头，观察对利率的影响。

2. 利用数值调节钮控件模拟期数

设置期数在 3～10 之间变化。

① 绘制控件。选择“开发工具”|“插入”|“表单控件”|“数值调节钮控件”选项，在 D4 单元中画出一个数值调节钮控件“”。

② 设置控件格式。右击该控件，从快捷菜单中选择“设置控件格式”选项，打开“设置控件格式”对话框。设置当前值、最小值、最大值、步长-即单击箭头时的变化值及单元格链接，如图 9-4 所示。

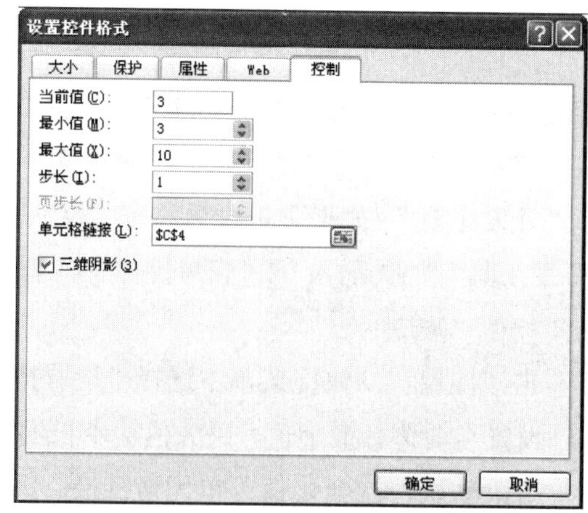

图 9-4　设置数值调节钮控件格式

③ 检验设计。单击数值调节钮的箭头，观察是否达到预期设计目标。

3. 利用年金函数计算每期还款额

在 C5 单元中利用 PMT 函数计算每期还款额，如图 9-5 所示。

单击滚动条箭头或滚动块观察利率的变化对每期还款额的影响。

单击数值调节钮箭头观察还款期数的变化对每期还款额的影响。

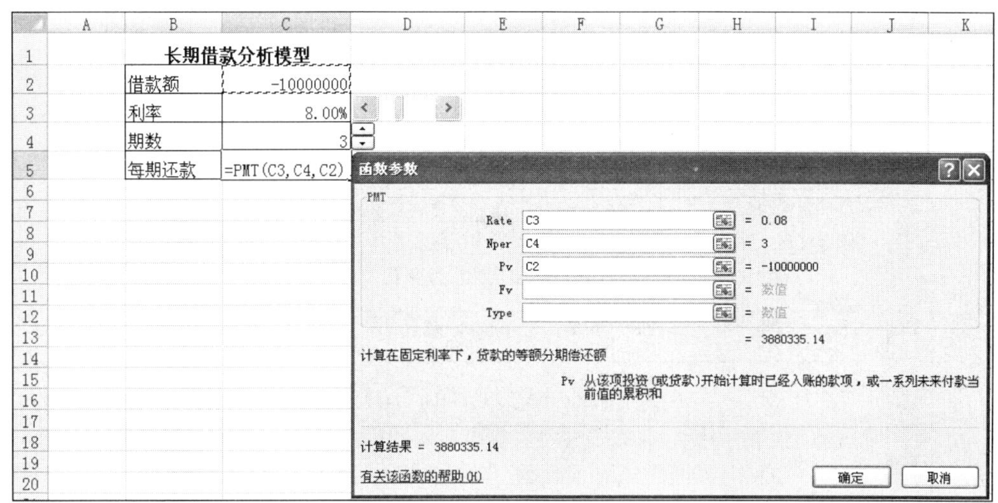

图 9-5　利用年金函数计算每期还款额

9.5 融资租赁模型设计

9.5.1 融资租赁基本模型

《企业会计准则第 21 号—租赁》规定：在租赁开始日，承租人应当将租赁开始日租赁资产公允价值与最低租赁付款额现值两者中较低者作为租赁资产的入账价值，将最低租赁付款额作为长期应付款的入账价值，并将两者的差额记录为未确认融资费用；未确认融资费用应当采用实际利率法在租赁期内各个期间进行分摊。本节，我们设计一个融资租赁模型，用于完成融资租赁资产入账价值和未确认融资费用的确定以及按照实际利率法在租赁期内对未确认融资费用的分摊。

【跟我练 9-6】假定甲公司从天海租赁公司融资租入一固定资产——机床，该固定资产的账面价值为 700 000 元；甲公司在每期期末向租赁公司支付租金 150 000 元，共需支付 6 期；租赁期满，甲公司享有该设备的优惠购买选择权，价格为 2 000 元；租赁合同规定的利率为 7%。

本题我们分 3 个部分：首先在 Excel 中建立基本数据区，如图 9-6 中的 B2∶E6 区域；然后，计算未确认融资费用，如图 9-6 中的 B7∶E9 区域；最后，计算分摊率，制作未确认融资费用分摊表，结果如图 9-6 所示。

	A	B	C	D	E
1			融资租赁模型		
2			基本数据		
3		固定资产	汽车	公允价值	700000.00
4		租赁期	6	每期租金	150000.00
5		租金支付方式	后付	期满优先购买价格	2000.00
6		贴现率	7.00%		
7			计算结果		
8		最低租赁付款额	902000.00	最低租赁付款额现值	716313.63
9		固定资产入账价值	700000.00	未确认融资费用	202000.00
10			未确认融资费用分摊表		
11		分摊率：	7.75%		
12		期间	租金	融资费用	本金减少额
13		合计	902000.00	202000.00	700000.00
14		1	150000.00	54250.19	95749.81
15		2	150000.00	46829.55	103170.45
16		3	150000.00	38833.81	111166.19
17		4	150000.00	30218.40	119781.60
18		5	150000.00	20935.30	129064.70
19		6	150000.00	10932.75	139067.25

图 9-6　融资租赁基本模型

1. 未确认融资费用的确认

(1) 计算最低租赁付款额

＝各期租金之和＋行使优惠购买选择权支付的金额

＝150 000×6＋2 000

＝902 000

在模型中，最低租赁付款额 C8＝C4×E4＋E5＝902 000。

(2) 计算最低租赁付款额的现值

最低租赁付款额的现值 E8＝ABS(PV(C6,C4,E4))＋E5/(1＋C6)^C4＝716 313.63

(3) 计算确认未确认融资费用

由于最低租赁付款额现值 716 313.6 大于该固定资产账面价值 700 000，所以该固定资产以 700 000 入账；长期应付款为 902 000；两项的差额 202 000 确认为未确认融资费用。

2. 未确认融资费用的分摊

(1) 确定未确认融资费用分摊率

在实际利率法下，未确认融资费用分摊率是指，在租赁开始日，使最低租赁付款额的现值等于租赁资产原账面价值的折现率。

在模型中，未确认融资费用分摊率 C11 中利用 RATE 函数计算如图 9-7 所示。

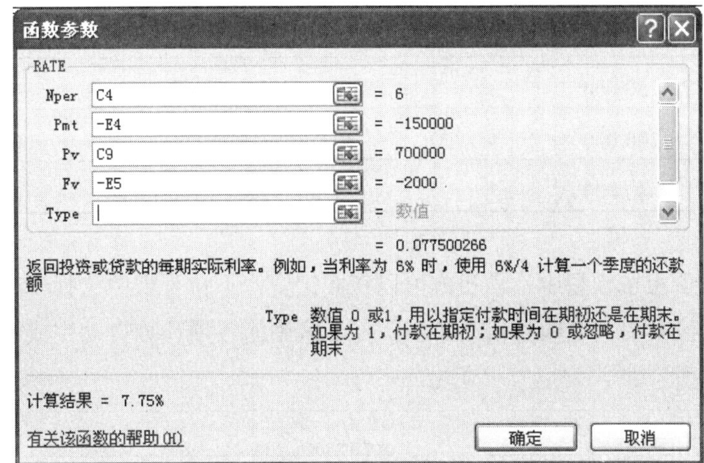

图 9-7　利用 RATE 函数计算分摊率

解得未确认融资费用分摊率 r＝7.75%。

(2) 未确认融资费用的分摊

在融资租赁中，每期租金实际上包含本金和利息(融资费用)两部分。

在 B14：E19 区域中，融资费用列用 IPMT 函数求得，如

D14＝ABS(IPMT($C$11,B14,$C$4,$C$9,-$E$5))

而本金减少额 E14＝C14－D14，即每期租金中的本金部分。

注意：

该例中，租金是在每期期末支付(后付年金)，所以要按上表的计算方法对未确认融资费用进行分摊。如果租金是在每期期初支付(先付年金)，要注意在第一期支付的租金中只包含本金而不包含利息，因而第一期也就不必确认融资费用。

在 Excel 中，我们不必要进行如此繁琐的计算，只需利用时间价值函数就可以轻松地完成这一任务，下面我们就来看一下该模型的具体设计方法。

9.5.2　改进的融资租赁模型

对于租赁公司来说，有若干可以对外租赁的资产，如表 9-2 所示。各资产的名称、公允价值、租赁期、每期租金、租金支付方式—先付还是后付、期满优先购买价格、贴现率等都会不同。这些基本数据会影响固定资产入账价值、未确认融资费用及其分摊。

表 9-2　租赁公司租赁资产列表

固定资产名称	公允价值	租赁期	每期租金	支付方式	优先购买价	贴现率
机床	700 000	6	150 000	后付	2 000	7.00%
车床	50 000	3	20 000	后付	500	8.00%
挖掘机	300 000	5	80 000	先付	5 000	7.00%
冲床	40 000	2	25 000	先付	200	8.00%

在改进的融资租赁模型中，承租方可以在固定资产下拉列表中选择一项预租赁的资产，则基本数据区中的其他项目自动带出；计算区中的各项计算自动完成。完成后的改进模型如图 9-8 所示。

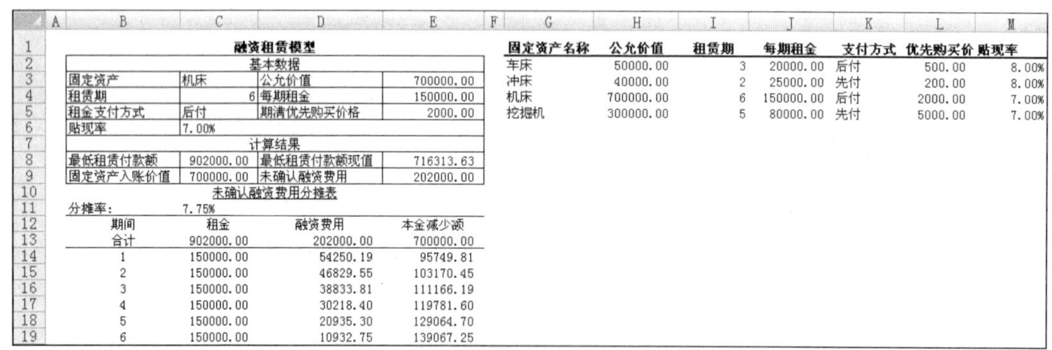

融资租赁模型

基本数据			
固定资产	机床	公允价值	700000.00
租赁期	6	每期租金	150000.00
租金支付方式	后付	期满优先购买价格	2000.00
贴现率	7.00%		
计算结果			
最低租赁付款额	902000.00	最低租赁付款额现值	716313.63
固定资产入账价值	700000.00	未确认融资费用	202000.00

未确认融资费用分摊表

分摊率：　7.75%

期间	租金	融资费用	本金减少额
合计	902000.00	202000.00	700000.00
1	150000.00	54250.19	95749.81
2	150000.00	46829.55	103170.45
3	150000.00	38833.81	111166.19
4	150000.00	30218.40	119781.60
5	150000.00	20935.30	129064.70
6	150000.00	10932.75	139067.25

固定资产名称	公允价值	租赁期	每期租金	支付方式	优先购买价	贴现率
车床	50000.00	3	20000.00	后付	500.00	8.00%
冲床	40000.00	2	25000.00	先付	200.00	8.00%
机床	700000.00	6	150000.00	后付	2000.00	7.00%
挖掘机	300000.00	5	80000.00	先付	5000.00	7.00%

图 9-8　改进的融资租赁模型

1. 建立融资租赁固定资产记录，为各列定义名称

如果租赁业务较多，可以考虑单独在某工作表中建立融资租赁固定资产记录，如图 9-8 中的 G1∶M5 区域，以便模型引用相关数据。

Excel中有一个定义名称功能。为单元格或区域定义名称的好处主要有二。其一，易于阅读和理解，名称“利率”显然比单元格C9的经济含义更加明确；其二，名称在整个工作簿中是唯一的，在同一个工作簿的不同的工作表中应用同一个名称，比起用鼠标在不同的工作表和不同的区域之间来回切换不仅更加方便，而且不容易出错。

【跟我练 9-7】将模型中的 G2∶G5 区域定义为“MC”。

① 选中 G2∶G5 区域，执行“公式”|“定义名称”|“定义名称”命令，打开“新建名称”对话框。

② 引用位置中已经显示刚才选择的区域。在“名称”文本框中输入“MC”，如图 9-9 所示，单击“确定”按钮。

③ 单击编辑栏的名称框下拉箭头，在名称框中可以看到已定义的名称。从中选择“MC”，就自动选择了 G2∶G5 区域。

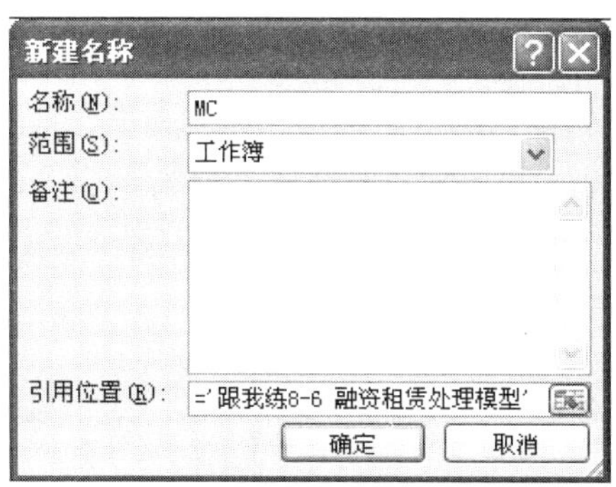

图 9-9　定义名称

同理，定义 G2：M5 区域为“JL”。

2. 设置基本数据

(1) 设置资产名称从下拉列表中选择

单击“C3”单元格，选择“数据”|“数据有效性”|“数据有效性”命令，打开“数据有效性”对话框。在“设置”选项卡中，将“允许”设置为“序列”，将“来源”设置为“=MC”，如图 9-10 所示，然后单击“确定”按钮。

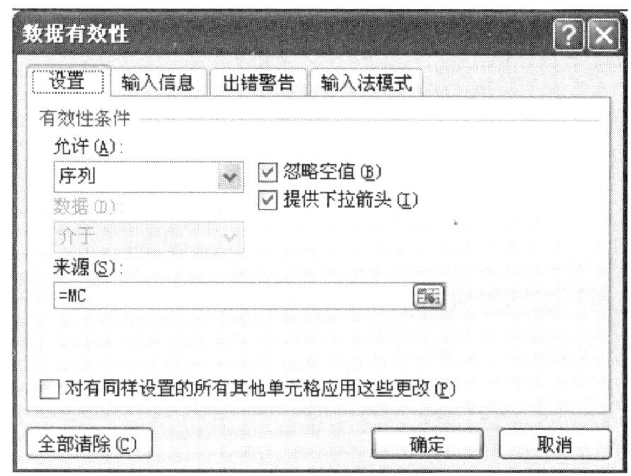

图 9-10　设置固定资产名称数据有效性

- 是否可以使用组合框表单控件来显示资产？

(2) 利用 VLOOKUP 函数根据固定资产名称返回其他相关的基本数据

【跟我练 9-8】根据 C3 中的固定资产名称从资产记录中读取资产的公允价值放置在 E3。

① 选择 E3 单元。

② 调用 VLOOKUP 函数，各项函数参数设置如图 9-11 所示。含义为：在“JL”区域第一列查找“$C$3”的值，找到后返回该资产对应的第 2 列的值即公允价值(公允价值在区域“JL”中位于第 2 列，因此第 3 个参数设置为 2)。

③ 单击“确定”按钮，返回资产记录表中机床的公允价值。

依此类推，设置租赁期、每期租金、租金支付方式、期满优先购买价格、贴现率。

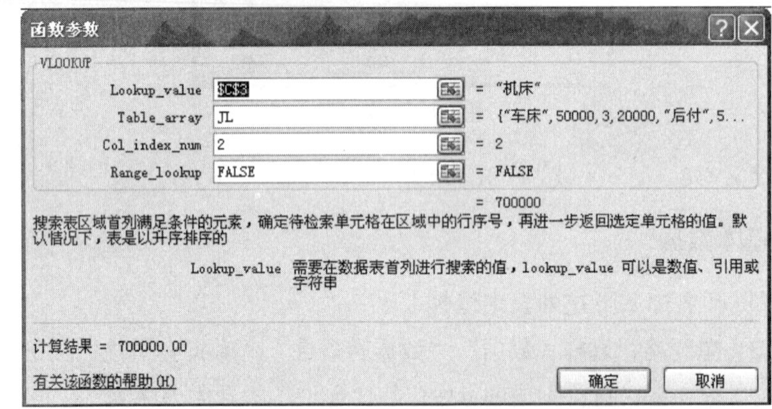

图 9-11　利用 VLOOKUP 函数返回与名称匹配的信息

3. 设置计算结果

我们再来看看以上设计对计算结果有何影响。首先，租金支付方式影响现值的计算；其次，固定资产的入账价值需要取资产公允价值与最低租赁付款额现值中较小者。

(1) 设置最低租赁付款额的现值

E8＝IF(C5＝"先付",ABS(PV(C6,C4,E4,,1))＋E5/(1＋C6)^C4,ABS(PV(C6,C4,E4))＋E5/ (1＋C6)^C4)

即判断租金支付方式是先付还是后付，再计算先付和后付情况下租金年金现值与期满优先购买价现值之和，即可得最低租赁付款额现值。

(2) 设置固定资产入账价值

C9＝IF(E3>E8,E8,E3)

先比较固定资产的公允价值与最低租赁付款额现值，将固定资产入账价值设置为资产公允价值与最低租赁付款额现值两者中的较小者。

4. 设置未确认融资费用分摊表

(1) 设置分摊率

C11＝IF(C5＝"先付",RATE(C4,-E4,C9,-E5,1),RATE(C4,-E4,C9,-E5))

根据租金支付方式利用 RATE 函数计算分摊率，注意年金参数为租金(负数)，现值参数为固定资产入账价值“C9”(正数)，终值参数为到期优先购买价(负数)。

(2) 设置期间数

B14＝IF(C4＝"","",1)

即先判断 C4 中是否选择了资产，尚未选择资产时设置为空值，否则设置为 1。

B15＝IF(B14＝"","",IF(B14＋1>$C$4,"",B14＋1))

即先判断“B14”是否为空，如果为空也将“B15”设置为空，否则再判断上期间数加 1 是否大于租赁期，如果大于则设置为空，否则设置为 B14＋1。

拖动“B15”单元格的填充句柄，将公式复制到“B15”以后的各单元格。这样设置后，当选择某资产时，各期间数便能自动逐行显示出来。

(3) 设置各期租金

C14＝IF(B14＝"","",$E$4)

即先判断期间数“B14”是否为空，如果为空则将“C14”设置为空，否则设置为“$E$4”，即租金。

拖动“C14”单元格的填充句柄，将公式复制到“C14”以后的各单元格。这样设置后，当选择某资产时，各期间的租金便能自动逐行显示出来。

(4) 设置各期融资费用

D14＝IF(B14＝"","",IF($C$5＝"先付",IF(B14＝$C$4,$E$9,ABS(IPMT($C$11,B14,$C$4,$C$9,-$E$5,1))),ABS(IPMT($C$11,B14,$C$4,$C$9,-$E$5))))

即先判断期间数“B14”是否为空，如果为空则将本期融资费用设置为空，否则再按支付方式利用 IPMT 函数计算本期融资费用金额，当支付方式为“先付”时，还要区分当前期间是否为租赁期最后 1 年，是的话直接令本期融资费用等于未确认融资费用(因为第 14 行是第 1 期记录)：

D15＝IF(B15＝"","",IF($C$5＝"先付",IF(B15＝$C$4,$E$9－SUM($D$14:D14),ABS(IPMT($C$11,B15,$C$4,$C$9,－$E$5,1))),ABS(IPMT($C$11,B15,$C$4,$C$9,－$E$5))))

即先判断期间数“B15”是否为空，如果为空则将本期融资费用设置为空，否则再按支付方式利用 IPMT 函数计算本期融资费用金额，当支付方式为“先付”时，还要区分当前期间是否为租赁期最后 1 年，是的话倒挤本期融资费用(等于未确认融资费用减去以前各期融资费用之和)。

拖动“D15”单元格的填充句柄，将公式复制到“D15”以后的各单元格。这样设置后，当选择某资产时，各期间的融资费用便能自动计算并逐行显示出来。

(5) 设置本金减少额

E14＝IF(B14＝"","",C14－D14)

然后将该公式复制到 E 列以后各单元格中。这样设置后，将会根据各期租金及融资费用自动计算本金减少额并逐行显示出来。

(6) 设置合计行

为了简化模型的设计，将合计行放在了最前边。

C13＝IF(C3＝"","",SUM(C14:C65536)＋E5)

即先判断是否选择了资产，尚未选择资产时设置为空值，否则设置为各期租金之和再加上最后支付的优先购买价。计算后，该值应该等于最低租赁付款额；在“D13”单元格输入公式“＝IF(C3＝"","",SUM(D14:D65536))”，即先判断是否选择了资产，尚未选择资产时设置为空值，否则设置为各期融资费用之和。计算后，该值应该等于未确认融资费用；在“E13”单元格输入公式“＝IF(C3＝"","",SUM(E14:E65536)＋E5)”，即先判断是否选择了资产，尚未选择资产时设置为空值，否则设置为各期本金减少额之和再加上到期支付的优先购买价。计算后，该值应该等于固定资产入账价值。

至此，该模型设置完毕。使用该模型时，只需先建立融资租赁固定资产记录，然后在模型中选择某项固定资产，则最低租赁付款额、固定资产入账价值、未确认融资费用分摊表等数据便会全部自动计算出来。

一试身手

1. 货币时间价值函数应用。

(1) 假定年利率为 5%，第 1 年初存入 1 000 元，以后每月月初存入 500 元，5 年后的本利和是多少？

(2) 购买一项基金，购买成本为 80 000 元，该基金可以在以后 20 年内于每月月末回报 600 元。若要求的最低年回报率为 8%，问投资该项基金是否合算？

(3) 某公司出售一套设备，协议约定采用分期收款方式，从销售当年年末开始分5年收款，每年收20万元，合计100万元(不考虑增值税)。假定购货方在销售成立日支付货款，付80万元即可。计算分期收款的折现率。

2. 众诚公司拟于 2016 年 1 月 1 日发行面值为 1 000 元的债券，票面利率为 8%，期限为 5 年，每年 1 月 1 日付息，到期时归还本金，假定市场利率为 5%，债券的发行价格为多少？

3. 请用双变量模拟运算表制作年金现值系数表、1元复利终值系数表。

4. 小张现在面临两种选择：一是参加工作，每月工资2 200元(假定月末发放)；一是继续深造两年，每年年初交纳学费6 000元，两年后毕业参加工作，每月工资2 800元(假定月末发放)。小张义无反顾地选择了后者。假定利率为3%，请利用时间价值函数计算：小张将来参加工作后大致需要多长时间才能收回深造成本？

5. 在改进的融资租赁模型中，固定资产名称也可以利用窗体控件中的组合框进行选择，然后利用 INDEX(数据区域，下拉框链接单元格)来显示资产的其他数据，动手试一试。

第 10 章

投资决策模型

本章概要：

- 掌握各种投资决策指标计算
- 项目投资决策分析
- 固定资产更新模型设计

10.1 投资决策概述

投资是指投放财力于某个对象以期在未来获取收益的经济行为。投资决策是指投资者为了实现其预期的投资目标，运用一定的科学理论、方法和手段，通过一定的程序对投资的必要性、投资目标、投资规模、投资方向、投资结构、投资成本与收益等经济活动中重大问题所进行的分析、判断和方案选择。投资决策是企业所有决策中最为关键、最为重要的决策。

10.1.1 投资决策的一般程序

企业投资决策的一般程序如图 10-1 所示。

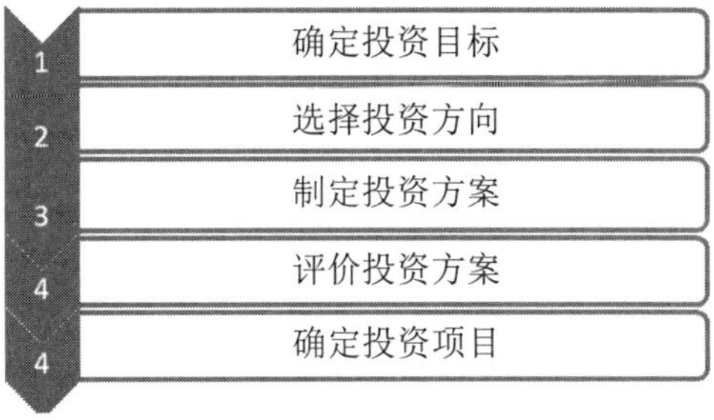

1 确定投资目标
2 选择投资方向
3 制定投资方案
4 评价投资方案
4 确定投资项目

图 10-1 投资决策的一般程序

10.1.2　投资决策的一般方法

投资决策的关键是对可供选择的投资项目和投资方案进行比较，从中选出经济效益最佳的，因此，正确计算和评价投资项目的经济效益是投资决策的核心问题。

投资方案评价时使用的指标有两种：一类是非贴现指标，它没有考虑资金的时间价值，主要有回收期、会计收益率等；另一类是贴现指标，它考虑了资金的时间价值，主要包括净现值、现值指数和内含报酬率。根据这两类指标，投资项目评价方法也相应地分为非贴现的评价方法和贴现的评价方法。

10.2　投资决策指标函数

10.2.1　投资决策指标及函数简介

本节主要介绍几种贴现指标函数。

1. 净现值法

所谓净现值法是指以项目的净现值作为评价方案优劣的指标。净现值是指项目未来的现金流入按照预定贴现率折算的现值与项目未来的现金流出按照预定的贴现率折算的现值之差。这里的贴现率既可以是企业的资金成本率，也可以是企业要求的最低报酬率。项目的净现值大于零，说明该项目的报酬率大于预定的贴现率；项目的净现值等于零，说明该项目的报酬率等于预定的贴现率；项目的净现值小于零，说明该项目的报酬率小于预定的贴现率。净现值是绝对数，反映项目的投资效益，更适用于互斥项目的比较和评价。

**知识点**：NPV(rate,value1,value2……)净现值函数

作用：返回未来各期现金流量 value1、value2……以 rate 为贴现率折算的现值。

参数说明：

- rate：贴现率。
- value1、value2……：未来各期的现金流量。

注意事项：

(1) 参数value1、value2……分别代表未来第 1 期、第 2 期……的期末现金流量，初

始投资不应出现在参数中。计算项目的净现值时，只要计算未来各期的NPV与初始投资之差即可。

(2) 参数 value1、value2……的个数应在 1～29 之间。每个参数可以是数组或地址区域形式，但数组的元素个数不受此个数限制。

2. 现值指数法

所谓现值指数法是指以项目的现值指数作为评价方案优劣的指标。现值指数是项目未来的现金流入按照预定贴现率折算的现值与项目未来的现金流出按照预定的贴现率折算的现值之商。现值指数大于1，说明该项目的报酬率大于预定的贴现率；现值指数等于1，说明该项目的报酬率等于预定的贴现率；现值指数小于1，说明该项目的报酬率小于预定的贴现率。现值指数是相对数，反映项目的投资效率，更适用于独立项目的比较和评价。计算项目的净现值时，只要计算未来各期的 NPV 与初始投资的商即可。

即：

$$PVI=\frac{\text{NPV()}}{\text{初始投资现值}}$$

3. 内含报酬率法

所谓内含报酬率法是指以方案本身内含报酬率作为评价方案优劣的指标。内含报酬率是使项目未来现金流入现值恰好等于项目未来现金流出现值的贴现率。内含报酬率是项目本身的投资报酬率，它同现值指数一样，也是一个相对指标，可以用于独立投资项目的评价。内含报酬率法在用于项目评价时不必事先选择贴现率，只要最后将资金成本率或最低报酬率与此内含报酬率进行比较，来确定方案是否可行即可。而现值指数法要求事先必须确定一个贴现率，才能确定每个项目的现值指数大小，然而贴现率的大小势必会影响方案的现值指数，进而影响对项目的评价。

Excel 提供了内含报酬率函数和修正内部报酬率函数，下面分别加以介绍。

**知识点：**IRR(values,guess)内含报酬率函数

作用：返回连续期间现金流量 values 的内含报酬率。

参数说明：

- values：是连续期间的现金流量。
- guess：是用户所猜想的接近 IRR 结果的数值，一般可以省略。

注意事项：

(1) 参数 values 必须是数组或地址区域，并且必须包含至少一个正数(现金流入)和负

数(现金流出)。

(2) values 中的数据的先后顺序代表了现金流量的期间顺序，并且初始投资应作为现金流出出现在 values 中第一个数据位置。

内涵报酬率虽然考虑了时间价值，但是未考虑现金流入的再投资机会。根据再投资的假设，提出了修正内涵报酬率。

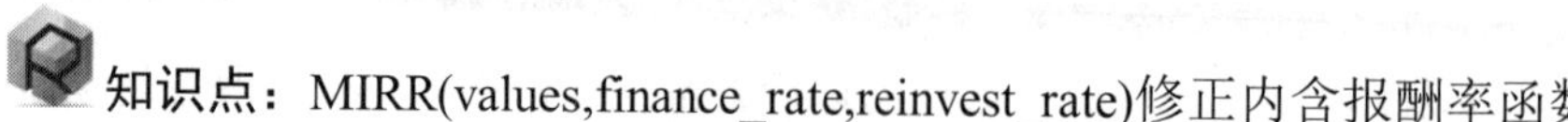

知识点：MIRR(values,finance_rate,reinvest_rate)修正内含报酬率函数

作用：返回在考虑投资成本以及现金再投资利率下一系列分期现金流的内部报酬率。

参数说明：

- values：是连续期间的现金流量。
- finance_rate：为现金流中使用的资金支付的利率。
- reinvest_rate：为将现金流再投资的收益率。

10.2.2　无风险项目投资决策模型

在讨论投资决策时，如果假设现金流量及其发生时间是确定的，或者不确定性很小可以忽略其影响，称为无风险项目投资决策。

【跟我练 10-1】某企业有 3 种投资方案，简称 A 项目、B 项目和 C 项目。3 种方案的初始投资及未来现金流量标识于图 10-2 的 A1∶E11 区域。假设资金成本为 10%，请用净现值法、现值指数法、内涵报酬率法和修正内涵报酬率法进行项目投资决策(假设再投资的资金成本仍为 10%)。

	A	B	C	D	E
1			无风险项目投资决策		
2		期间	A项目	B项目	C项目
3		0	-100000	-200000	-300000
4		1	50000	20000	100000
5		2	40000	40000	80000
6		3	30000	60000	60000
7		4		80000	50000
8		5		90000	40000
9		6			30000
10		7			20000
11		8			10000
12			无风险投资决策模型		
13				贴现率：	10.0%
14		评价指标	A项目	B项目	C项目
15		净现值	1051.84	6842.55	-7046.34
16		现值指数	1.01	1.03	0.98
17		内含报酬率	10.65%	11.07%	9.09%
18		修正内含报酬率	10.38%	10.74%	9.67%

图 10-2　无风险投资决策模型

① 在 B14∶E18 区域中构建计算区。在 C15∶C18 中分别输入公式：

C15＝NPV($E$13,C4:C11)＋C3

C16＝ABS(NPV($E$13,C4:C11)/C3)

C17＝＝IRR(C3:C11)

C18＝＝MIRR(C3:C11,$E$13,$E$13)

② 选中 C15∶C18 区域，拖动该区域的填充柄，将公式复制到 D15∶E18。

③ 由计算结果可知，在 3 个项目中，最优选择为 B 项目。

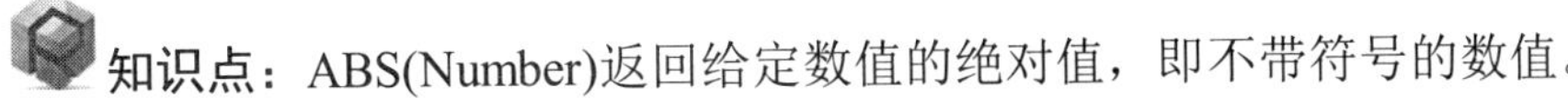
知识点：ABS(Number)返回给定数值的绝对值，即不带符号的数值。

参数说明：

Number：要对其求绝对值的实数。

内含报酬率、修正内含报酬率均要求用于计算的现金流量是固定周期的。而实际工作中非周期性现金流量很常见。

【跟我练 10-2】假设一项投资要求在 2015 年 1 月 1 日支付现金 10 000 元，2015 年 3 月 1 日回收 2 750 元，2015 年 10 月 30 日回收 4 250 元，2016 年 2 月 15 日回收 3 250 元，2016 年 4 月 1 日回收 1 750 元。计算该项投资的内含报酬率。

① 在 A1∶B6 构建数据区。

② 在 B7 单元中调用 XIRR 函数，如图 10-3 所示。

③ 计算结果为25%，大于市场利率10%，可以投资。

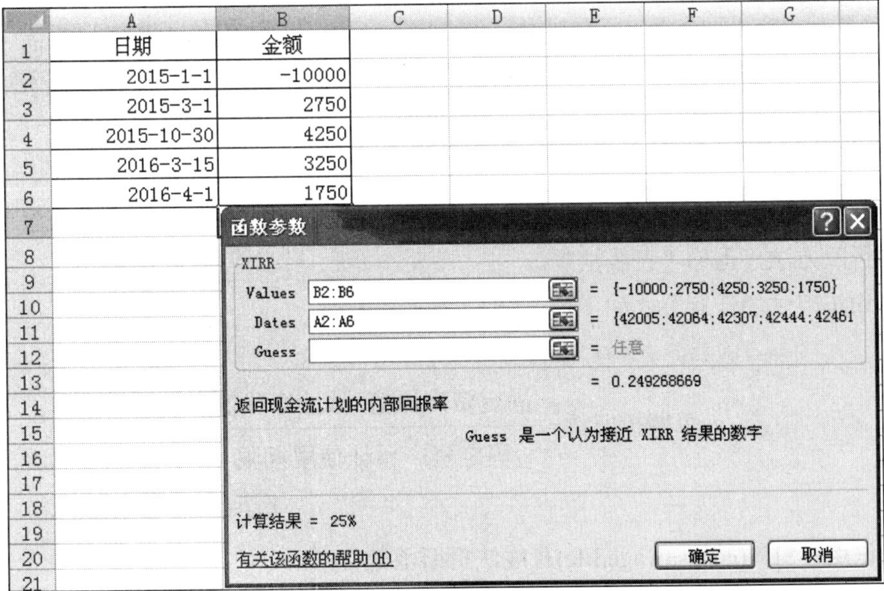

图 10-3　XIRR 函数

**知识点**：XIRR(values,dates,guess)返回一组非定期发生的现金流的内含报酬率。

参数说明：

- values：一系列现金流。
- dates：对应以上现金流的付款日期。
- guess：一个接近 XIRR 结果的数字，可省略。

同样，Excel 中也提供了 XNPV(rate,values,dates)，返回一组非定期发生的现金流的净现值。

10.3　固定资产折旧函数

10.3.1　固定资产折旧方法及其函数简介

固定资产折旧费是企业成本费用的重要组成部分。折旧虽然不是现金流，但会影响企业的净利润，从而间接产生抵税效应。因此在进行固定资产更新决策时，选择什么样的折旧方法也是要考虑的重要因素。

计提固定资产折旧的方法可分为直线折旧法和加速折旧法两大类，其中直线折旧法有平均年限法、工作量法，加速折旧法有年数总和法、双倍余额递减法等，下面主要介绍平均年限法、年数总和法和双倍余额递减法。

1. 平均年限法

平均年限法是指按固定资产的使用年限平均计提折旧的一种方法。它是最简单、最普遍的折旧方法，也称“直线法”。

平均年限法的计算公式如下：

$$每期折旧额=\frac{固定资产原值-预计净残值}{固定资产预计使用期限}$$

**知识点**：SLN(cost,salvage,life)直线法折旧函数

作用：返回固定资产的每期线性折旧额。

参数说明：

- cost：固定资产原值。
- salvage：预计净残值。
- life：预计使用期限。

2. 年数总和法

年数总和法是将固定资产的原值减去残值后的净额乘以一个逐年递减的分数计算确定固定资产折旧额的一种方法，是固定资产加速折旧法的一种。

年数总和法的计算公式如下：

$$每期折旧额=(固定资产原值-预计净残值)\times\frac{尚可使用期限}{使用期限各期期数之和}$$

**知识点：**SYD(cost,salvage,life,per)年数总和法折旧函数

作用：返回某项固定资产按年限总额折旧法计算的每期折旧金额。

参数说明：

- cost：固定资产原值。
- salvage：预计净残值。
- life：预计使用期限。
- per：指定要计提第几期的折旧。

3. 双倍余额递减法

双倍余额递减法，是在固定资产使用年限的最后两年前的各年，用年限平均法折旧率的两倍作为固定的折旧率乘以逐年递减的固定资产期初净值，得出各年应提折旧额的方法；在固定资产使用年限的最后两年改用年限平均法，将倒数第 2 年初的固定资产账面净值扣除预计净残值后的余额在这两年平均分摊。

双倍余额递减法的计算公式如下：

$$每期折旧额=期初固定资产账面余额\times\frac{2}{预计使用期限}$$

Excel 为我们提供了两种按照余额递减法计算折旧的函数。

**知识点：**DDB(cost,salvage,life,per)双倍余额递减法折旧函数

作用：用双倍余额递减法计算，返回指定期间内某项固定资产的折旧额。

参数说明：

- cost：固定资产原值。
- salvage：预计净残值。
- life：预计使用期限。
- per：指定要计提第几期的折旧。

注意事项：

需要注意的是，当年采用双倍余额递减法所计提的折旧如果已经小于按直线法所计提的折旧，那么从该期起，应该采用平均年限法将此时的固定资产账面余额减去预计净残值后的余额在剩余使用期限内平均分摊。用 DDB 计算折旧时在整个使用年限内均按双倍余额计提，没有进行时最后两年按照平均年限法计提处理。

知识点：VDB(cost,salvage,life,start_period,end_period,factor,no_switch)倍率递减法折旧函数

作用：返回某项固定资产用余额递减法或其他指定方法计算的特定或指定时期的折旧额。

参数说明：

- cost、salvage、life 的参数说明同前。
- start_period、end_period 分别为要计算折旧的起始期间，如果要计算第 n 期的折旧，应该将这两个参数分别设置为 n-1 和 n，如果要计算截至第 n 期的累计折旧，应该将这两个参数分别设置为 0 和 n。
- factor：为倍率，如果默认将取 2，即双倍余额递减法。
- no_switch：为 FALSE 或默认时，当使用倍率余额递减法计算的折旧小于平均年限法计算的折旧时，函数会转换为平均年限法计算剩余期间的折旧额。no_switch 为 TRUE 时，即使倍率余额递减法计算的折旧已小于直线法计算的折旧，函数仍按倍率余额递减法计算折旧。

10.3.2　固定资产折旧函数应用

【跟我练 10-3】已知固定资产原值为 50 000，预计净残值为 2 000，预计使用年限为 5 年，分别用直线法、年数总和法和双倍余额递减法计算每一年的折旧额。

① 在 Excel 中建立基本数据区，如图 10-4 所示。为了比较 VDB 和 DDB 函数，我们将 DDB 函数也列示于其中。

	A	B	C	D	E
1	固定资产原值	50000			
2	残值	2000			
3	使用年限	直线折旧SLN	年数总和SYD	双倍余额递减VDB	DDB
4	1				
5	2				
6	3				
7	4				
8	5				
9	累计折旧				

图 10-4　折旧计算基本数据区

② 在 B4∶E4 区域中分别输入函数：

B4＝SLN($B$1,$B$2,$A$8)

C4＝SYD($B$1,$B$2,$A$8,A4)

D4＝VDB($B$1,$B$2,$A$8,A4-1,A4)

E4＝DDB($B$1,$B$2,$A$8,A4)

③ 选中 B4∶E4 区域，拖动区域填充柄将公式复制到 B5∶E8，得到计算结果。

④ 选中 B4∶E9 区域，单击自动求和，得到累计折旧。如图 10-5 所示。

	A	B	C	D	E
1	固定资产原值	50000			
2	预计净残值	2000			
3	使用年限	直线折旧SLN	年数总和SYD	双倍余额递减VDB	DDB
4	1	￥9,600.00	￥16,000.00	￥20,000.00	￥20,000.00
5	2	￥9,600.00	￥12,800.00	￥12,000.00	￥12,000.00
6	3	￥9,600.00	￥9,600.00	￥7,200.00	￥7,200.00
7	4	￥9,600.00	￥6,400.00	￥4,400.00	￥4,320.00
8	5	￥9,600.00	￥3,200.00	￥4,400.00	￥2,592.00
9	累计折旧	￥48,000.00	￥48,000.00	￥48,000.00	￥46,112.00

图 10-5　折旧计算结果

10.3.3　改进的固定资产折旧计算模型

利用表单控件和函数对固定资产折旧计算模型进行改进，将使用年限、折旧方法设为可选项，计算固定资产寿命期间本期折旧和累计折旧的模型如图 10-6 所示。

【跟我练 10-4】设计一个固定资产折旧计算模型。假设固定资产原值和预计净残值已知，要求：

(1) 设置使用年限范围在 2～10 年之间可选。

(2) 设置折旧方法提供平均年限法、年数总和法和双倍余额递减法 3 种选择。

(3) 请按图 10-6 所示计算使用年限期间内各期的本期折旧和累计折旧，其中 A 列的使用年限随 D1 中选择的年限作为上限，B 列中本年折旧采用的折旧方法为 D2 中选择的折旧方法。

	A	B	C	D
1	固定资产原值	20000	使用年限	8
2	预计净残值	1000	折旧方法	双倍余额递减法
3	**年限**	**本年折旧**	**累计折旧**	
4	1	5000.00	5000.00	
5	2	3750.00	8750.00	
6	3	2812.50	11562.50	
7	4	2109.38	13671.88	
8	5	1582.03	15253.91	
9	6	1248.70	16502.60	
10	7	1248.70	17751.30	
11	8	1248.70	19000.00	
12				
13				

图 10-6　改进的固定资产折旧计算模型

虽然看上去有些复杂，但一步一步来，问题总能解决。

(1) 设置使用年限滚动条

选择“开发工具”|“插入”|“表单控件-滚动条”命令，在“D1”单元格画出一个大小适合的滚动条。然后右击该滚动条，在快捷菜单中选择“设置控件格式”选项，出现对话框。在该对话框的“控制”页选项中，将最小值、最大值、步长和页步长分别设置为 2、10、1、2，然后将单元格链接设置为“D1”。

(2) 定义使用年限公式

为了自动显示年限，可作如下设置：

在“A4”单元格中定义公式“＝IF($D$1＝"","",1)”，即如果 D1 单元格已选择了年限，则令“A4”单元格等于 1，否则为空。

在“A5”单元格中输入公式“＝IF(A4＝"","",IF(A4＋1>$D$1,"",A4＋1))”，即先看“A4”单元格是否为空，如果为空将“A5”单元格也设置为空，否则再看“A4＋1”是否已经大于使用年限，如果大于的话设置为空，否则设置为“A4＋1”。

最后，将“A5”单元格的公式复制到 A5 以后的各单元格中(可复制到“A13”单元格为止，因为使用年限最大值为 10 年)。

经过以上设置，当输入了使用年限后，便会自动显示各年份了。

(3) 设置本年折旧公式

为了自动显示各年的折旧额，可作如下设置：在“B4”单元格中定义公式“＝IF(A4＝"","",IF($D$2＝1,SLN($B$1,$B$2,$D$1),IF($D$2＝2,SYD($B$1,$B$2,$D$1,A4),VDB($B$1,$B$2,$D$1,A4-1,A4))))”，即首先判断当前年份(“A4”单元格的值)是否为空，A4 为空的话就不再显示折旧，否则按照 D2ZHONG 所选择的折旧方法计算该年份折旧。然后将该公式复制到 B 列以后的各单元格中(可复制到“B13”单元格为止，因为使用年限最大值为 50 年)。经过以上设置，就可以自动显示各年份的折旧额了。

(4) 设置累计折旧公式

为了自动显示截至各年份的累计折旧额，可作如下设置：在“C4”单元格中定义公式“＝IF(A4＝"","",IF(A4＝1,B4,B4＋C3))”，即首先判断当前年份(“A4”单元格的值)是否为空，是的话不显示累计折旧，否则再判断当前是否为第 1 年，是的话将截至该年份的累计折旧设置为本年折旧额，否则将截至该年份的累计折旧设置为本年折旧与上年累计折旧之和。然后将该公式复制到 C 列以后的各单元格中(可复制到“C53”单元格为止，因为使用年限最大值为 50 年)。经过以上设置，就可以自动显示截至各年份的累计折旧额了。

至此，该模型设计完毕。使用该模型时，可以任意更改固定资产原值、残值和使用年限，并选择任一种折旧计提方法，此时各年折旧及累计折旧便会自动计算出来。

10.4　固定资产更新决策模型设计

10.4.1　固定资产更新决策概述

当旧资产在技术上或经济上不宜再继续使用的时候，企业可能用新技术对其进行局部改造或者是干脆购建新的资产进行替换，我们将其统称为固定资产更新。但究竟是应该继续使用旧设备还是重新购建新设备有利？通过固定资产更新决策可以给出答案。

固定资产更新决策与一般投资决策不同，它通常不会改变企业的生产能力，也就不能增加现金流入，因此，只有现金流出，在进行决策时便不能计算其净值、现值指数和内含报酬率，也就不能通过这些方法来进行更新决策。我们只能通过比较选择新、旧设备两种方案的成本来进行决策，这又区分为以下两种情况。

1. 新旧设备的使用年限相同

因为新旧设备的使用年限相同，我们可以通过直接比较新旧两种设备的未来现金流出的总现值来进行决策，哪个方案的现金流出总现值少，我们就选择哪个方案。

2. 新旧设备的使用年限不同

新旧设备使用年限相同的情况是极少的，更普遍的情况是新旧设备的使用年限不同。因为使用年限不同，我们便不能通过直接比较其现金流出现值来进行优劣的判断，而应该通过比较继续使用旧设备和更换新旧设备两种方案的平均年成本，平均年成本较少的作为最优方案。平均年成本是指购置新设备或继续使用旧设备所引起的现金流出的年平均值，在不考虑货币时间价值的情况下，平均年成本是指未来使用年限内现金流出总额与可使用年限的比值；在考虑货币时间价值的情况下，平均年成本是指未来使用年限内现金流出现值总额与年金现值系数的比值。

10.4.2　所得税与折旧对投资的影响

所得税是企业的一种现金流出，它的大小与利润和所得税税率有关，而作为计入成本、费用的折旧会影响利润的大小进而影响所得税的大小。虽然折旧不是现金流出，但它却能够影响所得税这一现金流出的大小，因而谈论所得税必然要涉及折旧问题。

1. 税后成本与税后收入

(1) 税后成本是指扣除所得税影响后的费用净额，税后成本＝支付金额×(1－税率)。

(2) 税后收入是指扣除所得税影响后的收入净额，税后收入＝收入金额×(1－税率)。

2. 折旧抵税

折旧可以减少利润进而减少所得税，我们把折旧的这种作用称之为折旧抵税或税收挡板。所得减少额等于折旧额与所得税税率的乘积。

3. 税后现金流量的计算

通常，税后现金流量的计算可以采用以下 3 种方法。

(1) 营业现金流量＝营业收入－付现成本－所得税

(2) 营业现金流量＝税后利润＋折旧

(3) 营业现金流量＝收入×(1－税率)－付现成本×(1－税率)＋折旧×税率

10.4.3　寿命相等的固定资产更新决策模型设计

【跟我练 10-5】某企业有一台设备，预计使用 10 年，目前已经使用 5 年；市面上出现一种新设备，新旧设备的有关资料如表 10-1 所示。请问，该企业是应该购买新设备淘汰旧设备还是继续使用旧设备呢？

表 10-1　新旧设备资料

项目	旧设备	新设备
原值	80 000	140 000
预计使用年限	10	5
已使用年限	5	
年销售收入	100 000	1560000

(续表)

每年付现成本	60 000	80 000
残值		20 000
变现收入	10 000	
折旧方法	直线法	直线法(年数总和法、双倍余额递减法)
其他相关	资金成本 10%、所得税率 25%	

① 在 Excel 中建立基本数据区。如图 10-7 中灰色底纹部分。

② 计算固定资产折旧。假设新旧设备都采用直线法折旧，运用 SLN 函数计算各年折旧额。见第 13 行和 24 行。

③ 有关新旧设备现金流量的计算原理如下：

第 14 行和第 25 行：税前净利＝销售收入－付现成本－折旧；

第 15 行和第 26 行：所得税＝税前净利×所得税率；

第 16 行和第 27 行：税后净利＝税前净利－所得税；

第 17 行和第 28 行：营业净现金流量＝税后净利＋折旧；

第 29 行：终结现金流量这里指到期能收回的设备残值；

第 19 行和第 30 行：现金流量＝营业净现金流量＋终结现金流量。

④ 计算净现值。在 C5 中计算旧设备的净现值；在 F5 中计算新设备的净现值。

⑤ 决策。因为“新设备净现值＋旧设备的变现收入>旧设备的净现值”，可以得出应该“继续使用旧设备”的投资决策。也可以利用 IF 函数根据计算结果判断是否需要更新。

**知识点：**IF(Logical_test,Value_if_true,Value_if_false)条件判断函数

作用：根据是否满足第一个参数设定的条件，如果满足就取第二项参数的值，如果不满足就取第三个参数的值。

参数说明：

- Logical_test：逻辑表达式，其结果只能为 true 或 false。
- Value_if_true：Logical_test 为 true 时的返回值。
- Value_if_false：Logical_test 为 false 时的返回值。

注意：

IF 函数可以嵌套，但最多嵌套 7 层。

	A	B	C	D	E	F
1	固定资产更新决策模型					
2	资金成本 10%			所得税率 25%		
3	旧设备:			新设备:		
4	初始投资	80000	净现值	初始投资	140000	净现值
5	预计使用年限	10	￥121,305.18	预计使用年限	5	￥111,237.99
6	已使用年限	5		已使用年限	0	
7	残值	0	变现收入	残值	20000	是否更新
8	折旧方法	直线法	10000	折旧方法	直线法	不更新
9						
10	旧设备剩余使用年限	1	2	3	4	5
11	销售收入	100000	100000	100000	100000	100000
12	付现成本	60000	60000	60000	60000	60000
13	折旧额	8000	8000	8000	8000	8000
14	税前净利	32000	32000	32000	32000	32000
15	所得税	8000	8000	8000	8000	8000
16	税后净利	24000	24000	24000	24000	24000
17	营业净现金流量	32000	32000	32000	32000	32000
18	终结现金流量					
19	现金流量	32000	32000	32000	32000	32000
20						
21	新设备剩余使用年限	1	2	3	4	5
22	销售收入	156000	156000	156000	156000	156000
23	付现成本	80000	80000	80000	80000	80000
24	折旧额	24000	24000	24000	24000	24000
25	税前净利	52000	52000	52000	52000	52000
26	所得税	13000	13000	13000	13000	13000
27	税后净利	39000	39000	39000	39000	39000
28	营业净现金流量	63000	63000	63000	63000	63000
29	终结现金流量					20000
30	现金流量	63000	63000	63000	63000	83000

图 10-7　固定资产更新决策模型

- IF(1>2,"1 小于 2","1 大于 2")的结果是？
- 在 F8 单元中设置 IF 函数，自动得出是否更新的决策。

10.4.4　改进的固定资产更新决策模型

在【跟我练 10-4】中，新设备采用直线法计提折旧，最终得到“不更新”的结论。前面讨论过，企业采用的折旧方法对投资决策产生直接影响，试想一下，按照现行规定，如果新设备采用加速折旧法结果会有什么不同吗？

1. 设置控件

在图 10-7 中，E8 单元中新设备的折旧方法“直线法”是一个常量。可以设置新设备的折旧方法下拉框，以便用户随时选择不同的折旧方法。

【跟我练 10-6】在 E8 单元中设计一个下拉列表控件，其中包括 3 个选项：直线法、年数总和法和双倍余额递减法。选择不同的选项，将其返回值返回到 E8 单元中。

① 设置下拉框控件显示的数据源。先在某列输入各种折旧方法，如在“I4”单元格、“I5”单元格、“I6”单元格中分别输入“直线法”、“年数总和法”、“双倍余额递减法”。

② 绘制控件。删除 E8 单元中的内容。选择“开发工具”|“插入”|“表单控件”|“组合框”选项，在 E8 单元中画出一个组合框控件“ ”。

③ 设置控件格式。右击该控件，从快捷菜单中选择“设置控件格式”选项，打开“设置控件格式”对话框。在“控制”选项卡中设置该控件的数据源区域为“I4∶I6”；单元格链接指定为“I7”，本题中下拉显示项数设置为“3”即可。如图 10-8 所示。

④ 观察选择不同的折旧方法时 I7 中的返回值。从下拉列表中选择第 1 项“直线法”，I7 中的返回值为“1”，选择第 2 项“年数总和法”，I7 中的返回值为“2”，选择第 3 项“双倍余额递减法”，I7 中的返回值为“3”。

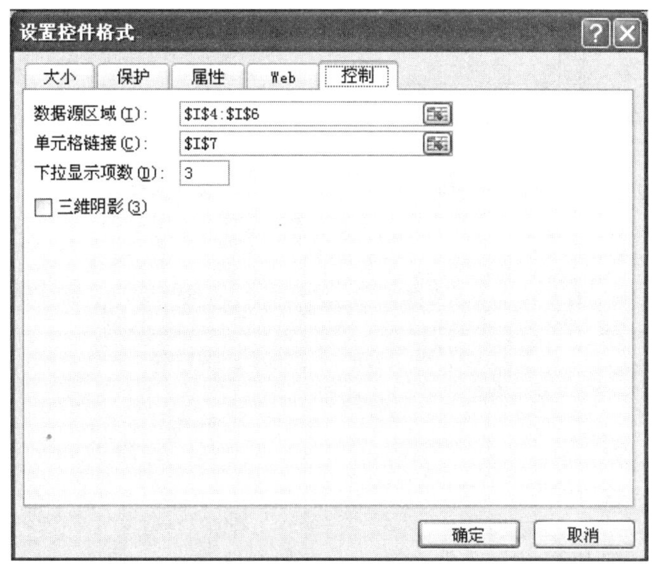

图 10-8　设置组合框控件用于选择不同的折旧方法

2. 验证选择不同折旧方法对决策的影响

【跟我练 10-7】在【跟我练 10-4】模型中，新设备如果采用年数总和法或者双倍余额递减法是否会对目前结论产生影响？

① 利用 IF 函数修改新设备的折旧额，让其随着折旧方法的不同而改变。3 个选项需要两个 IF 函数嵌套才能解决。设置 B24=IF($I$7=1,SLN($E$4,$E$7,$E$5),IF($I$7=2,SYD($E$4,$E$7,$E$5,B21),VDB($E$4,$E$7,$E$5,B21-1,B21)))即判断 I7 中的返回值若为 1，按照平均年限法计算折旧；I7 中的返回值若为 2，按照年数总和法计算折旧，否

则就按照双倍余额递减法计算折旧。

② 将 B24 中的公式复制到 C24：F24，得到按选定的折旧方法计算的不同时期的折旧额。

③ 新旧设备的净现值和是否更新决策也随着折旧方法的选择发生变化。可以看出，当新设备的折旧方法为“直线法”时，结论是“不更新”；当折旧方法是年数总和法和双倍余额递减法时，结论为“更新”。

修订后的固定资产更新决策模型如图 10-9 所示。

	A	B	C	D	E	F	G	H	I
1			固定资产更新决策模型						
2	资金成本 10%			所得税率 25%					
3	旧设备:			新设备:					
4	初始投资	80000	净现值	初始投资	140000	净现值			直线法
5	预计使用年限	10	￥121,305.18	预计使用年限	5	￥113,697.83			年数总和法
6	已使用年限	5		已使用年限	0				双倍余额递减法
7	残值	0	变现收入	残值	20000	是否更新			3
8	折旧方法	直线法	10000	折旧方法	双倍余额递减法	更新			
9									
10	旧设备剩余使用年限	1	2	3	4	5			
11	销售收入	100000	100000	100000	100000	100000			
12	付现成本	60000	60000	60000	60000	60000			
13	折旧额	8000	8000	8000	8000	8000			
14	税前净利	32000	32000	32000	32000	32000			
15	所得税	8000	8000	8000	8000	8000			
16	税后净利	24000	24000	24000	24000	24000			
17	营业净现金流量	32000	32000	32000	32000	32000			
18	终结现金流量								
19	现金流量	32000	32000	32000	32000	32000			
20									
21	新设备剩余使用年限	1	2	3	4	5			
22	销售收入	156000	156000	156000	156000	156000			
23	付现成本	80000	80000	80000	80000	80000			
24	折旧额	56000	33600	20160	10240	0			
25	税前净利	20000	42400	55840	65760	76000			
26	所得税	5000	10600	13960	16440	19000			
27	税后净利	15000	31800	41880	49320	57000			
28	营业净现金流量	71000	65400	62040	59560	57000			
29	终结现金流量					20000			
30	现金流量	71000	65400	62040	59560	77000			

图 10-9　更新后的固定资产决策模型

1. 某企业有 3 种投资方案可供选择，相关数据如表 10-2 所示，请用净现值法、现值指数法和内涵报酬率法做出投资决策选择。(假设资金成本为 10%)

表 10-2　相关数据

期　间	A 方案	B 方案	C 方案
0	-20 000	-90 000	-120 000
1	12 000	50 000	45 000
2	12 000	30 000	45 000
3		20 000	45 000

2. 天机公司一台机床原始成本为 60 000 元，预计净残值为 5 000 元，预计使用年限 10 年，分别用直线法、年数总和法、双倍余额递减法计算各年的折旧额，并绘制 3 种折旧方法的对比分析图。

3. 天机公司目前在用一台4年前购入的机床，原始成本为200 000元，剩余使用年限6年，假定期满无残值，采用直线折旧法已提折旧80 000元，账面折余价值120 000元，使用该设备每年可获得销售收入298 000元，每年支付的直接材料和直接人工为226 000元。目前市面上有一种新型机床，可以提高产品的产量和质量，价款300 000元，预计使用年限6年，预计净残值15 000元。旧机床可以作价70 000元，使用新设备每年可增加销售收入50 000元，同时每年节约直接材料和直接人工20 000元。

建立固定资产更新决策模型，假设资金成本为 10%，所得税率为 25%，根据净现值对该设备是否更新做出决策。

第 11 章

流动资金管理

本章概要：

- 最佳现金持有量模型设计
- 经济批量决策模型设计

流动资金是指投放在流动资产上的资金，其主要项目包括现金、应收账款和存货。流动资金存在于不断投入和收回的循环过程之中，没有终止日期，因而与投资决策不同，我们很难直接评价流动资金的投资报酬率，一般常用的评价方法是以最低的流动资金成本来满足生产经营周转的需要。

11.1 最佳现金持有量模型设计

11.1.1 现金管理的目标

广义的现金包括企业的库存现金、银行存款以及银行本票、银行汇票等其他货币资金。企业持有现金的目的在于满足企业的交易性需要、预防性需要和投机性需要。交易性需要是指企业日常业务的现金支付需要。预防性需要是指企业意外的现金支付需要。投机性需要是指企业用于不寻常购买的现金支付需要。既然为了满足这些需求，企业手中要持有一些现金，那么是否企业持有的现金越多越好呢？当然不是。我们知道，一般来说，资产的流动性越强，其收益性越差，现金是流动性最强的资产，因而其收益也最差，这意味着持有现金是有机会成本的。所以，企业现金管理的目标，就是在资产的流动性和盈利性之间做出抉择，保持最佳的现金持有量，以获取最大的长期利益。

11.1.2　最佳现金持有量的确定

1. 最佳现金持有量

最佳现金持有量又称为最佳现金余额，是指现金既满足生产经营的需要，又使现金使用的效率和效益最高时的现金持有量最低。

2. 最佳现金持有量的确定

确定最佳现金持有量的方法有成本分析模式、存货模式和随机模式。

(1) 成本分析模式

成本分析模式是根据现金有关成本，分析预测其总成本最低时现金持有量的一种方法。运用成本分析模式确定最佳现金持有量时，只考虑因持有一定量的现金而产生的机会成本及短缺成本，而不予考虑管理费用和转换成本。

成本分析模式下最佳现金持有量是使机会成本和短缺成本之和最小的现金持有量。

(2) 存货模式(巴摩尔模型)

存货模式，是将存货经济订货批量模型原理用于确定目标现金持有量，其着眼点也是现金相关成本之和最低。

巴摩尔模型的出发点在于把持有的有价证券同现金联系起来，比较现金的机会成本与买卖有价证券的固定成本，当两者之和最小时所对应的现金持有量便是最佳现金持有量。

巴摩尔模型有以下两个假设条件：

(1) 企业一定时期内现金支出和收入的变化是周期性均匀发生的，现金余额会定期地由最小值零逐步地变为最大值 C，平均现金余额为 C/2。

(2) 当现金余额趋于零时，企业要出售有价证券来补充库存现金。

按照巴摩尔模型，现金持有总成本等于持有现金的机会成本与买卖有价证券的交易成本之和。公式如下：

$$\mathrm{TC}=\frac{C}{2}\times r+\frac{T}{C}\times b$$

其中，TC 为持有现金的总成本；C 为现金持有量；T 为每个转换周期中的现金总需要量；r 为持有现金的机会成本，等于该时期有价证券的报酬率；b 为每次周期买卖有价证券的固定成本。

令 TC(C)一阶导数等于 0，便可以求得最佳现金持有量：

$$\mathrm{C}^{*}=\sqrt{\frac{2bT}{r}}$$

11.1.3 模型设计与求解

假定某公司现金支出和收入呈周期性均匀变化，当现金闲置时用于购买有价证券，当需要现金时出售有价证券。每年的现金总需求量为 500 000 元，有价证券的报酬率为 10%，每次的交易成本为 1 000 元。请根据巴摩尔模型设计最佳现金持有量模型。

1. 利用函数求最佳现金持有量

Excel 中的 SQRT( )函数可以完成最佳现金持有量的计算。

**知识点**：SQRT(number)函数

作用：返回数值的平方根。

参数说明：

- number：要对其求平方根的数值。

【跟我练 11-1】利用函数求最佳现金持有量。

① 在 Excel 中根据已知条件建立分析模型，如图 11-1 所示。

	A	B	C	D	E	F	G	H	I
1		最佳现金持有量模型							
2		基本数据							
3		现金总量	500,000	每次交易成本	1,000	有价证券报酬率	10%		
4		方法一：函数求解							
5		最佳现金持有量	100,000	机会成本	5,000	交易成本	5000	总成本	10,000

图 11-1 用函数求最佳现金持有量

② 单击 C5 单元，执行“插入”|“函数”命令，选择 SQRT 函数，按照各项参数的意义及已知条件输入各项参数的值，得到最佳现金持有量。

③ 单击 E5 单元，输入机会成本公式“＝C5/2*G3”。

④ 单击 G5 单元，输入交易成本公式“＝C3/C5*E3”。

⑤ 单击 I5 单元，输入总成本公式“＝E5＋G5”。

2. 利用规划求解求最佳现金持有量

Excel 中的规划求解功能可以用来求解最佳现金持有量的问题。

**知识点**：规划求解

当需要同时改变多个单元格中的数值，并且要求同时满足某些给定的约束条件，以获得目标单元格中的最大值、最小值或一个确定的目标值时，可以使用 Excel 中的规划求解功能为目标单元格中的公式找到可用的最优值。

以下面的例子来说明采用 Excel 进行规划求解的方法。

【跟我练 11-2】规划求解。

已知某公司甲、乙、丙 3 种产品的单位利润分别为 16、10 和 9；每种产品需要分别经过 3 个车间加工，甲产品在一车间需要加工 2 个工时，在二车间和三车间分别需要加工 1 个工时；乙产品在二车间需要加工 2 个工时，在一车间和三车间分别需要加工 1 个工时；丙产品在三车间需要加工 2 个工时，在一车间和二车间分别需要加工 1 个工时；3 个车间能提供的加工工时限额分别为 240、360 和 300 工时，以上陈述归纳为如表 11-1 所示，求生产甲、乙、丙各多少可使企业的利润最大？

表 11-1　规划求解案例数据

项　　目	甲　产　品	乙　产　品	丙　产　品	最 高 工 时
第一车间	2	1	1	240
第二车间	1	2	1	360
第三车间	1	1	2	300
单位利润	16	10	9	

用规划求解该题的步骤指引：

① 建立基本数据区，如图 11-2 所示。

	A	B	C	D	E	F
1	项目	甲产品	乙产品	丙产品	实际工时	最高工时
2	第一车间	2	1	1		240
3	第二车间	1	2	1		360
4	第三车间	1	1	2		300
5						
6	单位利润	16	10	9		
7	最佳产量					
8	利润小计					
9	总利润					

图 11-2　利润规划基本数据

图 11-2 中，B7∶D7 中为用于存放求解的结果，即生产甲、乙、丙 3 种产品的数量。

② 输入计算公式

计算利润小计，因为销售利润＝单位利润×产量，所以在单元格B8中输入公式“＝B6*B7”，并将公式复制到C7和D7。

计算实际工时，因为实际工时＝单位工时×产量，所以在单元格E2中输入公式“＝$B$7*B2＋$C$7*C2＋$D$7*D2”，并将公式复制到E3和E4。

计算总利润，因为总利润等于利润小计之和，所以在单元格B9中输入公式“＝B8＋C8＋D8”。

公式输入后得出计算结果，所有计算结果都为“0”，这是因为所有的计算结果都与“产量”有关，而本例中的产量目前是未知数，所以计算出的结果都为“0”。

③ 加载规划求解功能。单击“Office 按钮”，单击其中的“Excel 选项”，选择“加载项”|“规划求解加载项”选项，单击“确定”按钮，在“数据”菜单中出现“分析”功能组，其中包括了“规划求解”功能。一旦加载完成，下次无须重复加载。

④ 确定各项参数。执行“数据”|“规划求解”命令，打开“规划求解参数”对话框，如图 11-3 所示。在该对话框中首先需要设置目标值所在的单元格，即目标单元格；然后设置可变量所在单元格，即可变单元格。在“设置目标单元格”文本框中输入“B9”，即总利润，选择“最大值”单选按钮。在“可变单元格”文本框中输入“B7∶D7”。

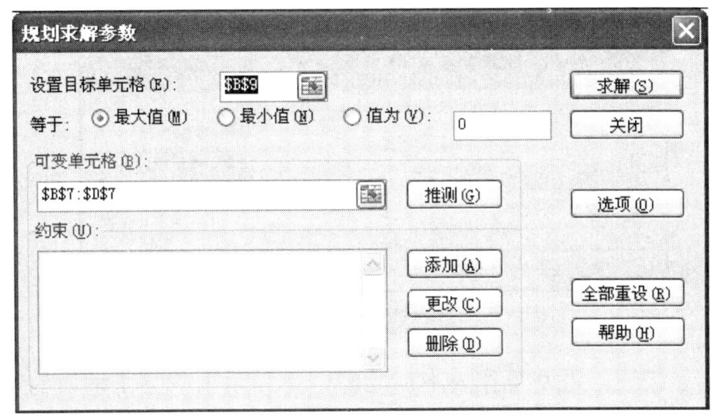

图 11-3　“规划求解参数”对话框

单击“添加”按钮，打开“添加约束”对话框，如图 11-4 所示。从中添加“实际工时”的约束，即“实际工时”小于等于“最高工时”。在“单元格引用位置”文本框中输入“$E$2”，在符号下拉列表选择“＜＝”选项，在“约束值”文本框中输入“$F$2”。同理，添加其他约束条件。

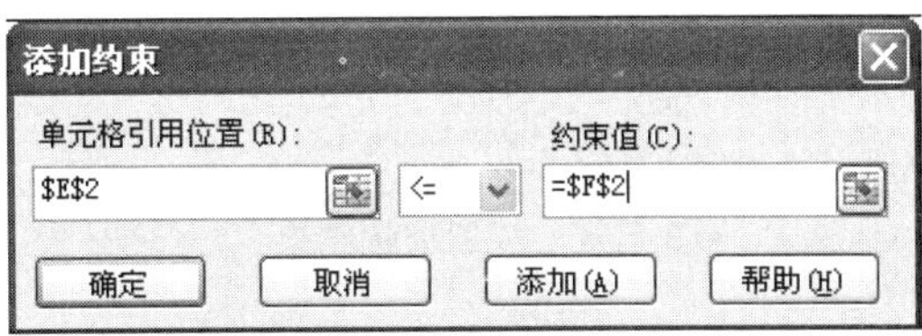

图 11-4　“添加约束”对话框

单击“确定”按钮，返回“规划求解参数”对话框中。此时在“约束”列表中则会显示出已添加的约束条件，如图 11-5 所示。

⑤ 规划求解。单击“求解”按钮，打开“规划求解结果”对话框，如图 11-6 所示。然后选中“保存规划求解结果”单选按钮。

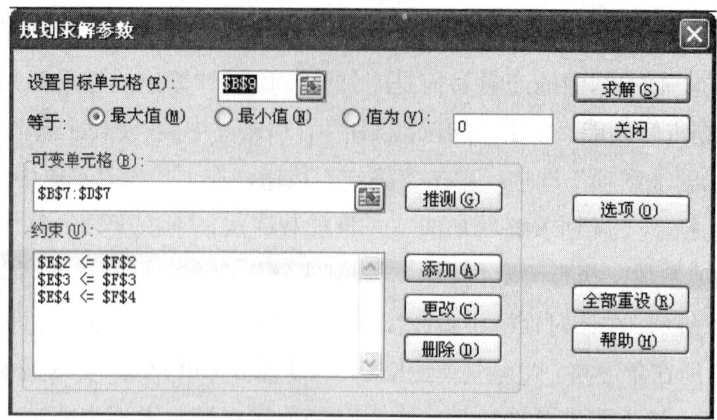

图 11-5　输入约束条件后的“规划求解参数”对话框

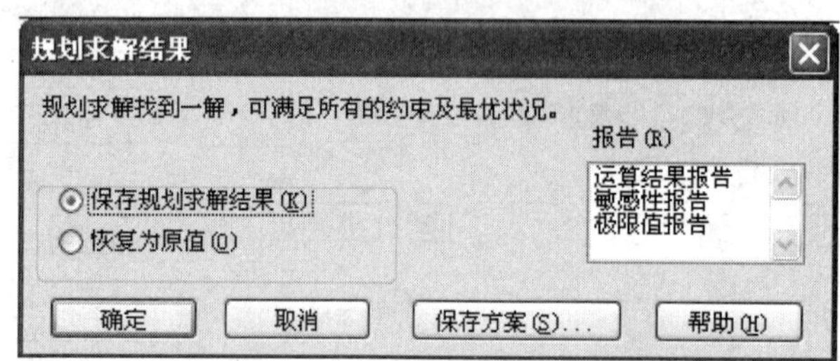

图 11-6　“规划求解结果”对话框

单击“确定”按钮，返回工作表中。此时即可显示出规划求解后的结果。结果如图 11-7 所示。

	A	B	C	D	E	F
1	项目	甲产品	乙产品	丙产品	实际工时	最高工时
2	第一车间	2	1	1	240	240
3	第二车间	1	2	1	360	360
4	第三车间	1	1	2	300	300
5						
6	单位利润	16	10	9		
7	最佳产量	15	135	75		
8	利润小计	240	1350	675		
9	总利润	2265				

图 11-7　规划求解结果

应用 Excel 中的“规划求解”功能不仅能够在工作表中显示求解结果，而且能够产生分析报告以供用户作为参考。在“规划求解”中可以产生 3 种分析报告，分别为“运算结果报告”、“敏感性报告”和“极限值报告”。

如在图11-6中选择“运算结果报告”，单击“确定”按钮，返回工作表中。此时系统会自动地在当前工作簿中插入一个工作表“运算结果报告1”，切换到此工作表中，即可显示出目标单元格的初值和终值、可变单元格的初值和终值以及约束值的公式和内容等，如图11-8所示。

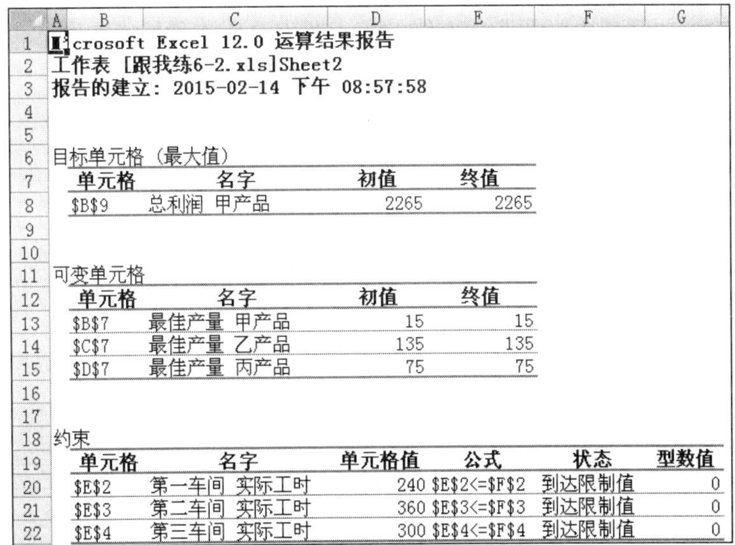

Microsoft Excel 12.0 运算结果报告
工作表 [跟我练6-2.xls]Sheet2
报告的建立：2015-02-14 下午 08:57:58

目标单元格（最大值）

单元格	名字	初值	终值
$B$9	总利润 甲产品	2265	2265

可变单元格

单元格	名字	初值	终值
$B$7	最佳产量 甲产品	15	15
$C$7	最佳产量 乙产品	135	135
$D$7	最佳产量 丙产品	75	75

约束

单元格	名字	单元格值	公式	状态	型数值
$E$2	第一车间 实际工时	240	$E$2<=$F$2	到达限制值	0
$E$3	第二车间 实际工时	360	$E$3<=$F$3	到达限制值	0
$E$4	第三车间 实际工时	300	$E$4<=$F$4	到达限制值	0

图 11-8　“运算结果报告 1”工作表

采用相同的方法还可以产生“敏感性报告”和“极限值报告”。在此不再详述。

【跟我练 11-3】利用规划求解求最佳现金持有量。

① 在 Excel 中，设置机会成本“E7=C7/2*G3”；设置交易成本“G7=C3/C5*E3”；设置总成本“I7=E7+G7”。

② 执行“数据”|“规划求解”命令，打开“规划求解参数”对话框，设置各项参数如图 11-9 所示。

图 11-9　规划求解参数设置

③ 单击“求解”按钮，得到计算结果。

提示：

- 本题设置的约束条件是假定企业的现金持有量最小不低于 100 元。

3. 利用图形法求最佳现金持有量

由于总成本=机会成本+交易成本。持有成本随现金持有量增加而增加，交易成本随现金持有量的增加而减少；两条成本线的交点即为总成本最低点，因此也可以用图形法求最佳现金持有量。

【跟我练 11-4】利用图形法求最佳现金持有量。

① 设置成本分析区域中各现金持有量对应的持有成本计算公式。单击“C10”单元格，输入公式“=C9/2*$G$3”，然后将该公式复制到“D10：I10”中；单击“C11”单元格，输入公式“=$C$3/C9*$E$3”，然后将该公式复制到“D11：I11”中；单击“C12”单元格，输入公式“=C10+C11”，然后将该公式复制到“D12：I12”中。

② 选中区域“B9：I12”，然后选择菜单“插入”|“折线图”|“带数据标记的折线图”选项，生成的图形如图 11-10 所示。

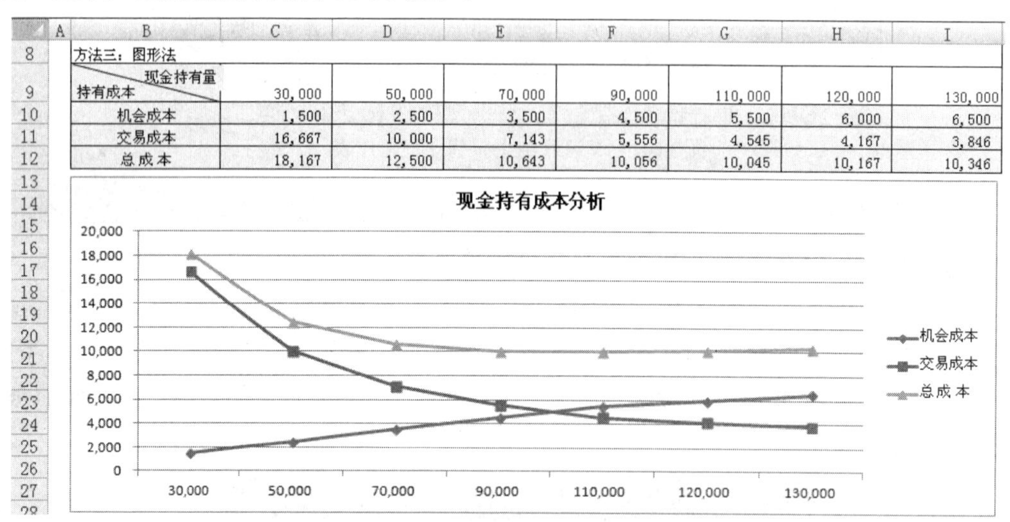

	B	C	D	E	F	G	H	I
8	方法三：图形法							
9	现金持有量 / 持有成本	30,000	50,000	70,000	90,000	110,000	120,000	130,000
10	机会成本	1,500	2,500	3,500	4,500	5,500	6,000	6,500
11	交易成本	16,667	10,000	7,143	5,556	4,545	4,167	3,846
12	总成本	18,167	12,500	10,643	10,056	10,045	10,167	10,346

图 11-10　现金持有量成本分析图

从图中可以看出，现金持有 100 000 时总成本最低。

③ 选中图表，选择“布局”|“图表标题”选项，为图表增加标题“现金持有成本分析”。

提示：

- “B9”中的文字是通过文本框输入的。选择“插入”|“文本框”选项即可在文本框中编辑文字。文本框是独立于单元格的对象，可以随意放置在工作表中的任何地方。

- 将最佳现金持有量模型进行改进，添加滚动条控件模拟有价证券报酬率在5%～20%之间(步长0.1%，页步长0.5%)变动时对最佳现金持有量有什么影响？

11.2　经济订货批量决策模型设计

11.2.1　存货管理的目标

存货是指企业在生产经营过程中为销售或者耗用而储备的物资，包括材料、燃料、低值易耗品、在产品、半成品、产成品等。为了保证企业生产、销售的正常进行，一般企业都会保持一定数量的存货，否则一旦生产、销售所需物资发生短缺，将给企业带来巨大损失。但是，如果存货过多，又会占用企业过多的资金，并造成仓储费、保险费、维护费、管理人员工资等各项开支的增加。因而企业进行存货管理的目标，就是要在各种存货成本与存货收益之间做出权衡，达到两者的最佳组合，既不会造成缺货，也不会占用多余的资金。

1. 经济订货批量基本模型

所谓订货批量是指每次订货的数量。而经济批量是指使得存货总成本最低的订货批量。

经济批量基本模型假设条件如下：

- 存货的年需要量和日消耗量是均衡的。
- 不会发生缺货，即当企业需要订货时可以立即取得存货。
- 每批货物均一次到达，而不是陆续到货。
- 不考虑数量折扣，存货单价不变。

假设：

- D：某存货的全年需要量
- Q：订货批量
- D/Q：订货次数
- K：每次订货费用
- C：单位存货年储存成本
- T：年总成本

则经济订货批量的基本公式：

年总成本＝订货成本＋储存成本

即：

$$T = \frac{D}{Q} \times K + \frac{Q}{2} \times C$$

推导出关于经济批量各指标计算公式如下。

经济订货批量：

$$Q^* = \sqrt{\frac{2 \times K \times D}{C}}$$

2. 经济订货批量改进模型—陆续到货模型

经济批量基本模型的假设条件颇为苛刻，如果订购的存货不能一次到达，而是分批陆续入库，那么需要对基本模型进行一下修订。

假设：

- P：每日送货量
- Q/P：每批存货全部送达所需日数
- d：每日消耗量

则陆续到货模型的基本公式：

年总成本＝订货成本＋储存成本

即：

$$T = \frac{D}{Q} \times K + \frac{1}{2} \times (Q - \frac{Q}{p} \times d) \times C$$

其中，$\frac{Q}{p} \times d$ 是送货期内的耗用量；$Q - \frac{Q}{p} \times d$ 是最高库存量；$\frac{1}{2} \times (Q - \frac{Q}{p} \times d)$ 就是平均库存量。

陆续到货模型经济订货批量：

$$Q^* = \sqrt{\frac{2 \times K \times D}{C} \times \frac{P}{P - d}}$$

3. 考虑数量折扣的陆续到货模型

在购销业务中，如果订购数量达到一定标准，有时会获得一定的价格优惠。前面介绍的经济订货批量基本模型和陆续到货模型中，都没有考虑数量折扣的情况，而是假定采购价格不受采购批量的影响，因此总成本中只考虑了订货成本和储存成本。如果供应商制定了数量折扣政策，那么存货的采购成本也成为影响决策的变量。

假设：

- U：采购单价

● di：数量折扣

考虑数量折扣的存货管理模型基本公式修订为：

$$年总成本=订货成本+储存成本+采购成本$$

即：

$$T=\frac{D}{Q}\times K+\frac{1}{2}\times(Q-\frac{Q}{p}\times d)\times C+D\times U\times(1-di)$$

陆续到货模型还可以用于自制与外购的选择决策。自制零件属于边送边用的情况，单位成本较低，但每批零件投产的生产准备成本比一次外购订货的订货成本要高出许多。外购零件的单位成本较高，但订货成本较低。究竟是自制还是外购，可以利用经济批量模型分别计算它们的总成本，然后再对总成本进行比较，选择总成本较小的方式。

11.2.2　经济批量基本模型设计

【跟我练 11-5】已知某材料全年需求量为 3600 公斤，一次订货成本 500 元，单位储存成本 10 元。假定满足经济批量基本模型的假设条件，请建立经济批量基本模型进行最优订货批量决策。

参照上一节内容，同样可以用 3 种方法求解：函数、规划求解和图形法，如图 11-11 所示。

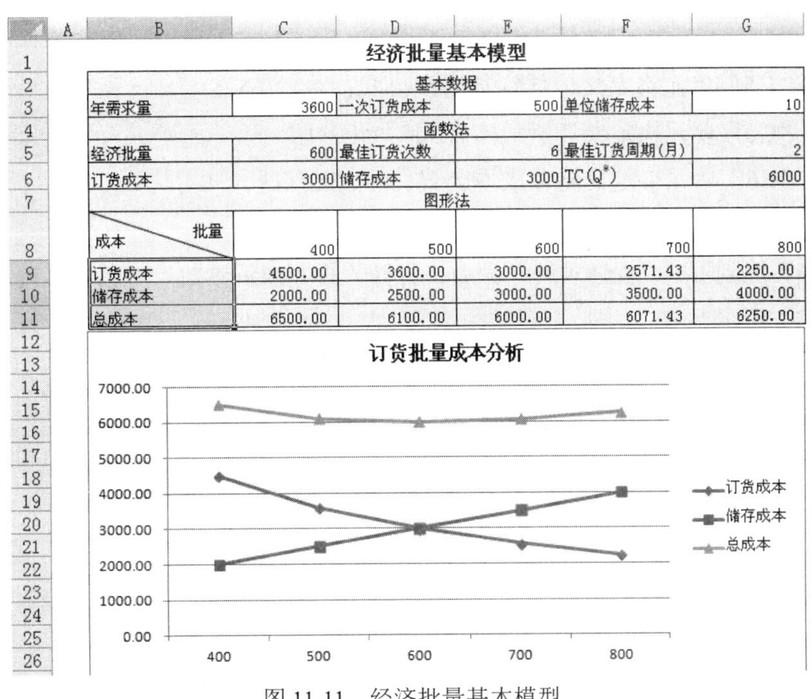

经济批量基本模型

基本数据					
年需求量	3600	一次订货成本	500	单位储存成本	10
函数法					
经济批量	600	最佳订货次数	6	最佳订货周期(月)	2
订货成本	3000	储存成本	3000	TC(Q*)	6000
图形法					
批量 成本	400	500	600	700	800
订货成本	4500.00	3600.00	3000.00	2571.43	2250.00
储存成本	2000.00	2500.00	3000.00	3500.00	4000.00
总成本	6500.00	6100.00	6000.00	6071.43	6250.00

图 11-11　经济批量基本模型

首先建立基本数据区。在 B3：G3 区域输入已知数据年需求量、一次订货成本和单位储存成本。

1. 函数法求解

- 在“C5”单元格定义经济批量公式：=SQRT(2*E3*C3/G3)
- 在“E5”单元格定义最佳订货次数公式：=C3/C5
- 在“G5”单元格定义最佳订货周期公式：=12/E5
- 在“C6”单元格定义订货成本公式：=E3*E5
- 在“E6”单元格定义储存成本公式：=C5/2*G3
- 在“G6”单元格定义 TC(Q^*)公式：=C6+E6

2. 图形法求解

- 在“C9”单元格定义订货成本公式：=$C$3/C8*$E$3，并将该公式复制到“D9:G9”。
- 在“C10”单元格定义储存成本公式：=C8/2*$G$3，并将该公式复制到“D10:G10”。
- 在“C11”单元格定义总成本公式：=C9+C10，并将该公式复制到“D11:G11”。

选中区域“B8：G11”，然后选择菜单“插入”|“折线图”|“带数据标记的折线图”，即可生成图 11-11 所示的图表。

3. 规划求解

① 在 Excel 模型中，设置以下公式：

- 在“E5”单元格定义最佳订货次数公式：=C3/C5
- 在“G5”单元格定义最佳订货周期公式：=12/E5
- 在“C6”单元格定义订货成本公式：=E3*E5
- 在“E6”单元格定义储存成本公式：=C5/2*G3
- 在“G6”单元格定义 TC(Q^*)公式：=C6+E6

② 执行“数据”|“规划求解”命令，打开“规划求解参数”对话框，设置各项参数如图 11-12 所示。

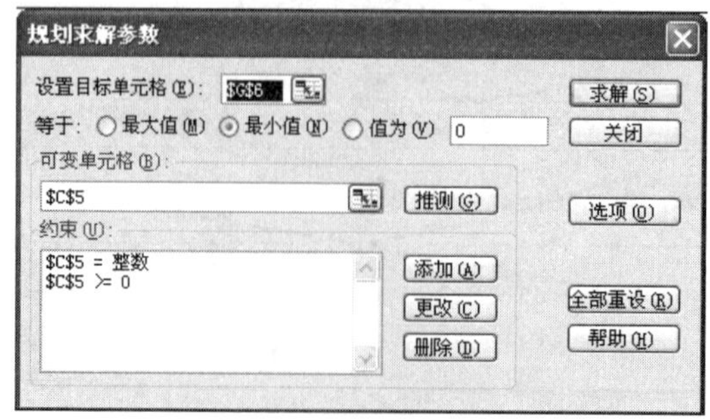

图 11-12　用规划求解求经济订货批量

**知识点**：INT(number)取整函数

作用：将数值向下取整为最接近的整数。

参数说明：

- number：要取整的实数。

- 如果不定义取整约束条件，计算结果如何？

11.2.3　带数量折扣的陆续到货模型设计

【跟我练11-6】已知某企业生产过程需要用到甲、乙、丙、丁4种材料，各种材料需求基本数据如表11-2所示。那么每种材料订购多少才能使企业订购总成本最低呢？

表 11-2　4 种材料基本数据

存货名称	甲材料	乙材料	丙材料	丁材料
年需要量 D	18000	20000	30000	25000
一次订货成本 K	25	25	25	25
单位储存成本 C	2	3	4	3
每日送货量 P	100	200	300	250
每日耗用量 d	20	30	40	25
数量折扣 di	2%	2%	2%	2%
单价 U	10	20	30	25

供应商订货条件为：甲材料订货数量大于等于 400；乙材料订货数量大于等于 450；丙材料和丁材料订货数量大于等于 500。

请参照【跟我练 11-5】用规划求解帮助企业做出订购决策。

1. 德润公司生产两种巧克力：牛奶丝滑巧克力和香浓黑巧克力。每种巧克力可为德润公司提供的单位利润分别为 1 和 2；所耗用的单位机器工时和单位人工工时数据如表 11-3 所示；企业能提供的机器工时数和人工工时数有一定限制。要求：用规划求解求两种巧克力各生产多少才能使德润公司利润最大？

表 11-3　德润公司两种巧克力生产数据

	牛奶丝滑巧克力	香浓黑巧克力	每月能获得的工时数
单位利润	1	2	
单位机器工时	0.02	0.05	700
单位直接人工工时	0.2	0.25	5000

2. 某企业全年需要某种材料 15000 千克，每次订货费用为 800 元，材料单价为 40 元，单位材料的存储费用为 10 元。每次订购多少才能使得企业总成本最低？

第 12 章

财务预测模型

本章概要：

- 销售预测
- 财务预测
- 财务计划

12.1　财务预测概述

12.1.1　财务预测的内容

财务预测(Financial Forecast)是根据财务活动的历史资料，考虑现实的要求和条件，对企业未来的财务活动和财务成果做出科学的预计和测算。狭义的财务预测仅指估计企业未来的融资需求，广义的财务预测包括编制全部的预计财务报表。财务预测是财务决策和财务预算的基础，是提高企业管理水平的重要手段。

12.1.2　财务预测的方法

1. 财务预测的基本方法

财务预测的基本方法有定性预测分析法和定量预测分析法两大类。定性预测是通过判断事物所具有的各种因素、属性进行预测的方法，它是建立在经验判断、逻辑思维和逻辑推理基础之上的，主要特点是利用直观的材料，依靠个人的经验的综合分析，对事物未来状况进行预测。经常采用的定性预测方法有专家会议法、德尔菲法、访问、现场观察、座谈等方法。定量预测是通过分析事物各项因素、属性的数量关系进行预测的方法。它的主要特点是根据历史数据找出其内在规律、运用连贯性原则和类推性原则，通过数学运算对事物未来状况进行数量预测。

定性分析法和定量分析法在实际应用中并非相互排斥，而是相互补充、相辅相成的。定量分析法虽然较精确，但许多非计量因素无法考虑，这就需要通过定性分析法将一些非计量因素考虑进去，但定性分析法要受主观因素的影响，因此在实际工作中常常将两种方法结合应用，相互取长补短，以提高实用性。本节只讨论定量分析方法。

2. 财务预测的定量分析方法

定量分析法是应用现代数学方法(包括运筹学、概率论和微积分等)和各种现代化计算工具对预测对象的数量特征、数量关系与数量变化进行分析，并建立预测分析的数学模型，充分揭示各有关变量之间的规律性联系，最终还要对计算结果做出结论。定量预测的方法很多，应用比较广泛的有时间序列分析法和因果预测分析法。

(1) 时间序列分析法

时间序列分析法是根据预测对象过去的、按时间顺序排列的一系列数据，应用一定的数学方法进行加工、计算，借以预测其未来发展趋势的分析方法，亦称“趋势预测分析法”。它的实质就是遵循事物发展的“延续性原则”，并采用数理统计的方法，来预测事物发展的趋势。例如，算术平均法、移动加权平均法、指数平滑法都属于这种类型。

(2) 因果预测分析法

因果预测分析法是根据预测的对象与其他相关指标之间相互依存、相互制约的规律性联系，来建立相应的因果数学模型所进行的预测分析方法。它的实质就是遵循事物发展的相关性原则，来推测事物发展的趋势。例如，回归分析法、本-量-利分析法、销售百分比法都属于这种类型。

12.1.3　财务预测的步骤

1. 明确预测目标

明确预测目标就是确定对什么进行预测，并达到什么目的。例如，是预测企业的销售量还是预测企业的利润，这是根据企业经营的总体目标来设计和选择的。确定预测目标是制定预测分析计划、确定信息资料来源、选择预测方法及组织预测人员的依据。

2. 制定预测计划

预测计划包括预测工作的组织领导、人事安排、工作进度、经费预算等。

3. 收集、整理和分析资料

资料收集是预测的基础。公司应根据预测的对象和目的，明确收集资料的内容、方式和途径，然后进行收集。对收集到的资料要检查其可靠性、完整性和典型性，分析其可用程度及偶然事件的影响，做到去伪存真、去粗取精，并根据需要对资料进行归类和汇总。

4. 选择预测方法

不同的预测方法能达到不同的目的，所以对于不同的对象以及取得的信息资料的特点，可选择适当的预测方法。对于那些资料齐全、可以建立数学模型的预测对象，应在定量预测方法中选择合适的方法；对于那些缺乏定量资料的预测对象，应当结合以往的经验选择最佳的定性预测方法。

5. 进行实际预测

根据预测模型及掌握的未来信息，进行定性、定量的财务预测，得出初步结果。预测结果可用文字、表格或图等形式表示。

6. 评价与修正预测结果

预测毕竟是对未来财务活动的设想和推断，难免会出现预测误差。经过一段时间的实际操作，对上一阶段的预测结果需要进行验证和分析评价，分析评价的重点是影响未来发展的内外因素的新变化。即以实际数与预测数进行比较，检查预测的结果是否准确，并找出误差原因，以便及时对原选择的预测方法加以修正，以确定最佳预测值。这是个反复进行信息数据处理和选择判断的过程，也是多次进行反馈的过程，目的是保证预测的正确性。

12.2　销售预测模型设计

销售预测是指企业在一定的市场环境和一定的营销规划下，对某种产品在一定地理区域和一定时期内的销售量和销售收入做出预测和估量。销售预测是财务预测的起点，并且对于财务预测的结果有着重要的影响。因此尽管销售预测不属于财务管理的职能，我们觉得还是很有必要先为大家介绍销售预测模型的设计方法。

12.2.1　常用预测函数

在 Excel 的统计函数中，有一类专门用于预测的，将其集中列示于表 12-1 中。

表 12-1　常用预测函数

函 数 名 称	函 数 作 用
FORECAST	通过一条线性回归拟合线返回一个预测值
GROWTH	返回指数回归拟合曲线的一组纵坐标值
INTERCEPT＋SLOPE	求线性回归拟合线方程的截距＋斜率
LOGEST	返回指数回归拟合曲线方程的参数
LINEST	返回线性回归方程的参数
TREND	返回线性回归拟合线的一组纵坐标值

在以上预测函数中，LINEST 函数即可用于趋势预测，也可用于因果预测。

**知识点：**LINEST(known_y's,known_x's,const,stats)

作用：使用最小二乘法对已知数据进行最佳直线拟合，并返回描述此直线的数组。

参数说明：

- known_y's：代表一组因变量 Yi。
- known_x's：代表一组自变量 Xi，省略时视为时间序列处理。
- const：逻辑值。指定是否强制常数项 B 为 0，为 false 时 B 被忽略，为 true 时正常计算 B。
- stats：逻辑值。指定是否返回统计值，为 false 或忽略时返回参数 A 和 B；为 true 时返回二维数组。

12.2.2　销售趋势预测模型设计

1. 利用 LINEST 函数进行销售趋势预测

趋势预测是根据某预测项的若干期间的历史数据，分析其变化趋势从而估计其未来期间的可能值，实际上就是一元线性回归分析。例如，根据企业前 5 年的销量预测今年的销量。趋势分析的线性方程为：Y＝A*X＋B，其中 Y 表示预测项，X 表示年份，A 和 B 为一元线性方程的参数，A 也称为直线方程的斜率，B 称为截距。

应用 LINEST 函数时，当参数 stats 为 TRUE 时，LINEST 求解一元线性方程后返回的结果是一个 2 列 5 行的二维数组①，如表 12-2 所示。

表 12-2　LINEST 函数返回值

行号＼列号	1	2
1	A 参数的值	B 参数的值
2	……	……
3	相关系数的平方值 R^2	……
4	……	……
5	……	……

在上表中只给出了我们进行趋势分析所需要的 3 个主要返回值：A、B 和 $R^2$②。那么我们怎样取得这些返回值呢？此处要用到另一个函数 INDEX。

**知识点：**INDEX(array,row_num,column_num)

作用：在给定的单元格区域中，返回特定行列交叉处单元格的值或引用。

参数说明：

- array：单元格区域或数组常量。
- row_num：数组或引用中要返回值的行序号。如果省略，必须有column_num参数。
- column_num：数组或引用中要返回值的列序号。如果省略，必须有row_num参数。

因此，取得函数 LINEST 函数 5*2 数组中 A、B 和 R^2 这 3 个返回值的相应公式如表 12-3 所示。

表 12-3　利用 Index 函数求解相关值

返　回　值	公　　式
A 参数	=INDEX(LINEST(因变量单元区域，自变量单元区域，TRUE, TRUE), 1, 1)
B 参数	=INDEX(LINEST(因变量单元区域，自变量单元区域，TRUE, TRUE), 1, 2)
相关系数平方值 R^2	=INDEX(LINEST(因变量单元区域，自变量单元区域，TRUE, TRUE), 3, 1)

【跟我练 12-1】昆泰公司 2011～2015 年共 5 年的销售数据如表 12-4 所示。利用趋势预测法预测 2016 年的销售额。

① 一个二维数组可直观地理解为一张二维表格，它由若干行和若干列组成，某行和某列的交叉点便是此二维数组的一个元素。

② R^2 是相关系数的平方值，相关系数反映了因变量和自变量之间的相关程度。此值越接近 1 说明因变量和自变量之间的相关程度越高；而此值越接近 0 说明因变量和自变量之间的相关程度越低。

表 12-4　昆泰公司过去 5 年的销售数据

年份	2011	2012	2013	2014	2015
销售额	1 800 000	2 000 000	2 200 000	2 400 000	2 500 000

① 建立基本数据区。如图 12-1 中的 B2∶G4 区域。

为了建立模型时单元格引用方便，我们在此为时间序列区域和各年度销售额区域分别定义一个名字。

拖动鼠标选中区域“C3∶G3”，然后单击左上角的名称框，输入“LSNF”并按“Enter”键。

拖动鼠标选中区域“C4∶G4”，然后单击左上角的名称框，输入“LSSJ”并按“Enter”键。

② 求解预测方程 Y＝AX＋B。利用上述介绍的 INDEX 与 LINEST 函数求直线方程 A 参数和 B 参数。图 12-1 中：

A 参数 C6＝INDEX(LINEST(LSSJ,LSNF,TRUE,TRUE),1,1)

B 参数 E6＝INDEX(LINEST(LSSJ,LSNF,TRUE,TRUE),1,2)

R^2 参数 G6＝INDEX(LINEST(LSSJ,LSNF,TRUE,TRUE),3,1)

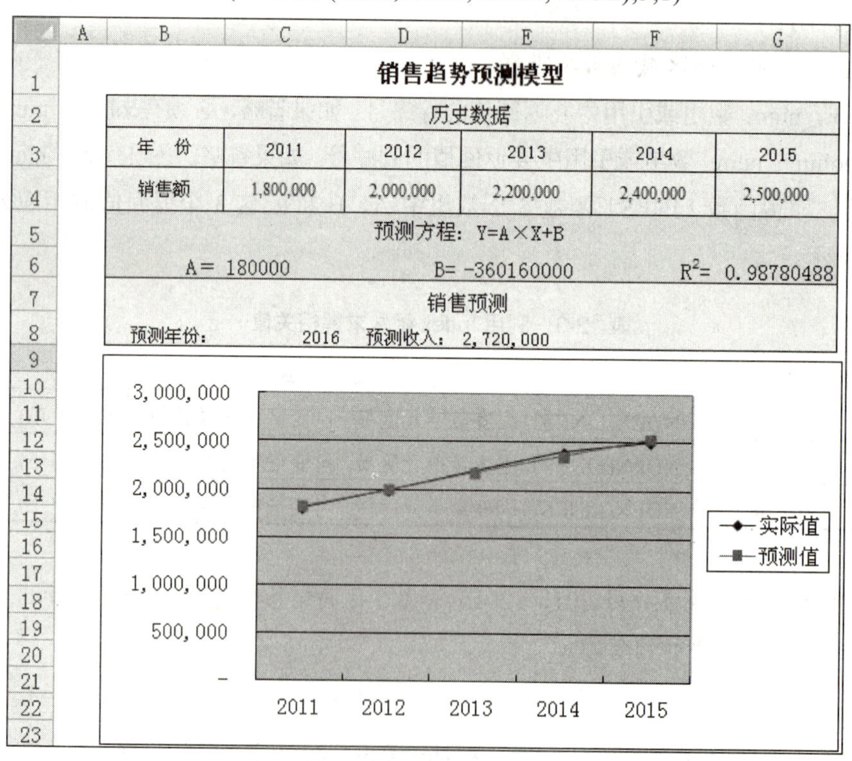

图 12-1　销售趋势预测

③ 进行趋势预测。求得一元回归预测方程后，只要我们给出未来期间值即 X 值，便可以根据方程 Y＝A×X＋B 预测 Y 的未来值了。另外，一定要根据 R^2 对预测结果的可靠性进行判断。

设置 E8＝C6×C8＋E6，即将预测年份、A 参数和 B 参数代入预测方程求解预测销售额。

可以将各历史年份代入预测方程求得预测销售的销售量，然后根据各历史年份预测销售额和实际销售额制作折线图，以便更加直观地观察预测值与实际值的差异程度。其制作方法简介如下。

① 生成数据区域。在某区域生成各历史年份销售额的实际值和预测值，如图12-2所示。其中，各历史年份及各年实际值可以直接通过公式引用图12-1中的历史数据；各年预测值则通过将各历史年份代入预测方程而求得。注意标题“年份”是用文本框输入的，否则在生成图表时年份会被看作是一个序列。

年　份	2011	2012	2013	2014	2015
实际值	1,800,000	2,000,000	2,200,000	2,400,000	2,500,000
预测值	1,820,000	2,000,000	2,180,000	2,360,000	2,540,000

图 12-2　趋势分析图表数据

② 根据数据区域制作折线图。生成以上数据区域后，可以选中该数据区域，然后制作折线图，注意选择系列产生在行。可以看出实际值与预测值非常接近，说明该预测方程是比较准确的。

至此，该模型设计完毕。使用该模型时，预测年份默认为当前系统年度，如果不符合要求可以修改，然后只要输入各历史年份销售额，就可以自动计算出预测方程，求得预测收入，并显示折线图对实际销售收入和预测销售收入进行对比，从而更加直观地反映销售收入与时间序列的相关性。

- 对图 12-1 中的 C8 单元，即预测年份的值用函数替代，以确保每一个新的年度利用该模型进行预测时，预测年份和历史年份都是正确的值。

知识点：YEAR(serial_number)

作用：返回日期的年份值，一个 1900～9999 之间的数字。

参数说明：

serial_number：Excel 进行日期及时间计算的日期-时间代码。

**知识点：**TODAY()

作用：返回日期格式的当前日期。

参数说明：

该函数不需要参数。

2. 利用其他预测函数进行销售趋势预测

除了 LINEST 函数外，FORECAST、TREND、INTERCEPT＋SLOPE 组合也用于直线回归预测，而且更为简单易用。

(1) 利用 FORECAST 预测 2016 年销售额

在 D25 单元，调用 FORECAST 函数，如图 12-3 所示。

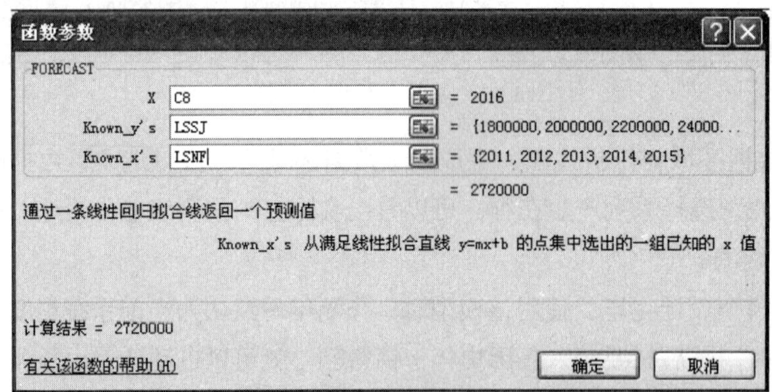

图 12-3　利用 FORECAST 函数预测 2016 年销售额

(2) 利用 TREND 预测 2016 年销售额

在 D26 单元，调用 TREND 函数，如图 12-4 所示。

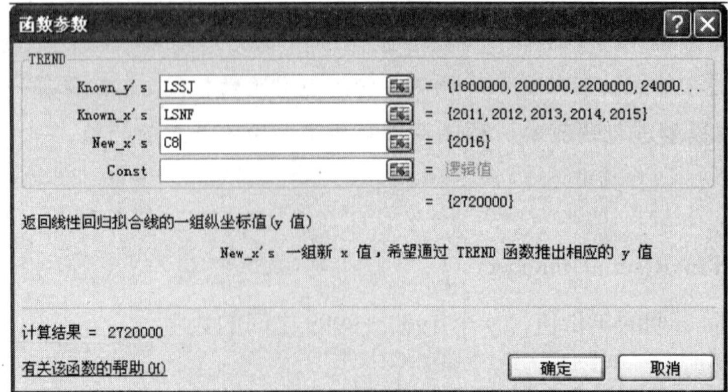

图 12-4　利用 TREND 函数预测 2016 年销售额

(3) 利用 INTERCEPT＋SLOPE 两个函数的组合预测 2016 年销售额

① 求一元线性回归方程的斜率。D28＝SLOPE(LSSJ,LSNF)

② 求一元线性回归方程的截距。D29＝INTERCEPT(LSSJ,LSNF)

③ 求 2016 年销售预测值。D30＝D28*2016＋D29

12.2.3 销售因素预测模型设计

因素预测是根据预测项及其若干影响因素的若干期历史数据，分析该预测项与这些影响因素的关系，从而根据这些分析因素的预期值来预测其未来值，实际上就是多元线性回归分析。因素分析的线性方程为：$Y = A_1*X_1 + A_2*X_2 + \cdots + A_n*X_n + B$，其中 Y 表示预测项，$X_1$、$X_2$、…、$X_n$ 表示影响 Y 的 n 个因素，A_1、A_2、…、A_n 和 B 为多元线性方程的参数。

【跟我练12-2】昆泰公司各年销售收入主要受广告费和单价两个因素的影响。本节我们设计一个销售因素预测模型，根据前5年各年的销售额、广告费、单价等历史数据建立销售收入和广告费、单位售价的关系方程，并据此预测指定年份的销售收入。该模型样式如图12-5所示。

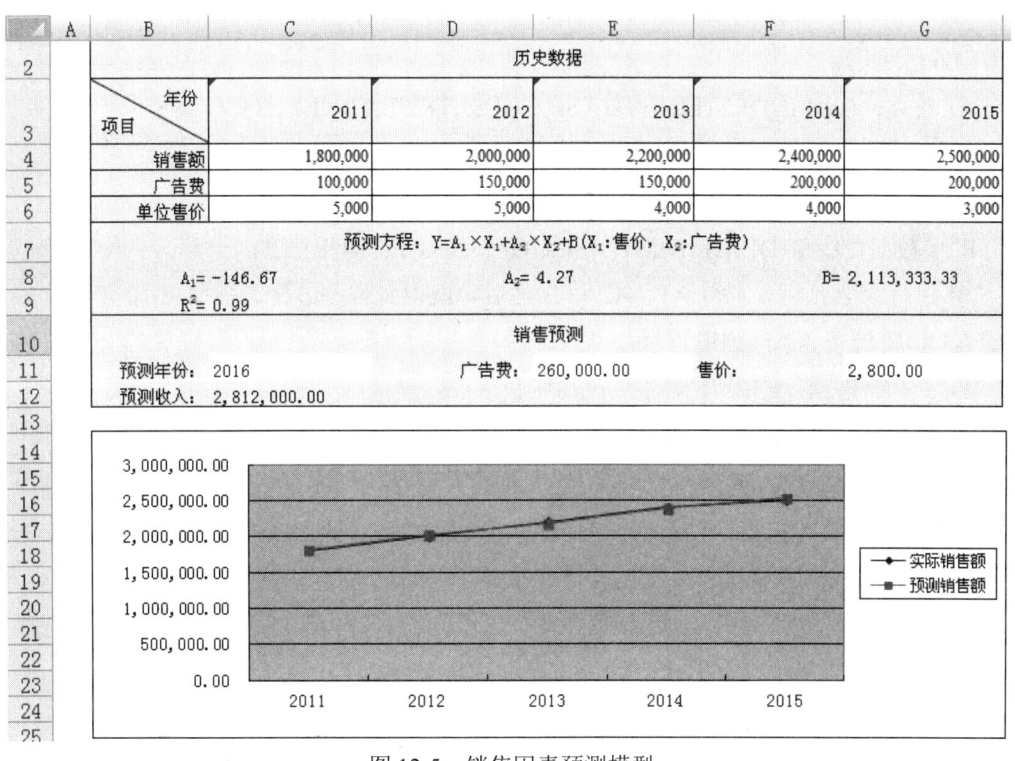

历史数据					
年份 / 项目	2011	2012	2013	2014	2015
销售额	1,800,000	2,000,000	2,200,000	2,400,000	2,500,000
广告费	100,000	150,000	150,000	200,000	200,000
单位售价	5,000	5,000	4,000	4,000	3,000

预测方程：$Y=A_1 \times X_1+A_2 \times X_2+B$ (X_1：售价，X_2：广告费)

A_1= -146.67　　A_2= 4.27　　B= 2,113,333.33

R^2= 0.99

销售预测

预测年份：2016　　广告费：260,000.00　　售价：2,800.00

预测收入：2,812,000.00

图 12-5　销售因素预测模型

① 建立基本区。如图 12-5 中的 B2∶G6 区域和 B11∶G11 区域。命名该区域。

拖动鼠标选中区域“C4：G4”，然后单击左上角的名称框，输入“XSE”并按“Enter”键。

拖动鼠标选中区域“C5：G6”，然后单击左上角的名称框，输入“GGFSJ”并按“Enter”键。

② 应用 LINEST 函数求解相关参数。当 stats 为 TRUE 时，LINEST 求解多元线性方程后返回的结果是一个 n+1 列 5 行的二维数组，如表 12-5 所示。

表 12-5　LINEST 函数的返回值

列号 / 行号	1	2	…	n	n+1
1	A_1	A_2	…	A_n	B
2	…	…	…	…	…
3	R^2	…			
4	…	…			
5	…	…			

同样，利用 INDEX 函数可以取得 LINEST(Y 值区域，X_1、X_2、…、X_n 值区域，TRUE，TRUE)各返回值。

A1 参数：C8＝INDEX(LINEST(XSE,GGFSJ,TRUE,TRUE),1,1)

A2 参数：E8＝INDEX(LINEST(XSE,GGFSJ,TRUE,TRUE),1,2)

B 参数：G8＝INDEX(LINEST(XSE,GGFSJ,TRUE,TRUE),1,3)

R^2 参数：C9＝INDEX(LINEST(XSE,GGFSJ,TRUE,TRUE),3,1)

③ 进行因素预测。求得 A1、A2 和 B 之后，就得到预测方程。根据 2016 年预计的单价 X1 和广告费 X2 预测销售量。

2016 年销售额：C12＝C8*G11＋E8*E11＋G8

④ 制作图表。

可以将各历史年份的广告费和售价代入预测方程求得预测销售收入，然后根据各历史年份预测销售收入和实际收入制作折线图，以便更加直观地观察预测值与实际值的差异程度。制作方法略。

至此，该模型设计完毕。使用该模型时，可以先输入各历史年份的销售额、广告费、售价，然后指定预测年份及预计广告费和售价，其中预测年份默认为当前系统年度，如果不符合要求可以修改。然后，可以自动计算出预测方程，求得预测收入，并显示折线图，对预测值和实际值进行比较，从而可以直观地反映销售收入与广告费和售价的相关性。

12.3　利用因素分析进行财务预测模型设计

12.3.1　财务预测原理及方法

在销售预测基础上进行财务预测的关键在于确定资产、负债与销售收入的关系，这样才能够确定预测销售下的资产、负债需求，进而在此基础上确定外部融资需求。至于如何确定资产、负债与销售收入的关系，其方法很多，在此我们仍然利用回归分析函数 LINEST 来确定各项资产、负债与销售收入的关系。另外，需要说明的是，有的资产、负债与销售收入相关，而有的资产、负债与销售收入无关。因此，一定要注意区分这些资产和负债：对于和销售收入有关的资产、负债，一定要先确定它们与销售收入的关系然后才能确定其数额；对于与销售收入无关的资产、负债，只要直接代入其原值即可。

12.3.2　财务预测模型设计

【跟我练 12-3】设计一个财务预测模型，用于根据指定年份前 5 年各年的流动资产、固定资产、流动负债和销售收入数据分别建立流动资产、固定资产、流动负债和销售收入的关系方程，然后根据这些方程在销售因素预测结果的基础上预测指定年份的外部融资额(假定长期负债与销售收入无关)。

该模型样式如图 12-6 所示。使用该模型时，只需输入各历史年份的流动资产、固定资产、流动负债等信息，并设置销售净利率和股利支付率，便可自动计算出所需的外部融资额。下面简要介绍一下其设计方法。

1. 设置滚动条

在该模型中，可以使用滚动条随时改变销售净利率和股利支付率，并分别设置其控制参数。

(1) 销售净利率滚动条

假定销售净利率的范围是 1%～100%，并保留 1 位小数，可将该滚动条的最小值、最大值、步长、页步长分别设置为 10、1000、1、10，单元格链接为“F26”。此外，还要在单元格“E26”中输入公式“＝F26/1000”。

(2) 股利支付率滚动条

假定股利支付率的范围是 0～100%，并保留 1 位小数，可将该滚动条的最小值、最大值、步长、页步长分别设置为 0、1000、1、10，单元格链接为“F27”。此外，还要在单元格“E27”中输入公式“＝F27/1000”。

	A	B	C	D	E	F	G
1					财务预测模型		
2					历史数据		
3		年份 项目	2011	2012	2013	2014	2015
4		流动资产	1,200,000	1,400,000	1,550,000	1,600,000	1,700,000
5		固定资产	2,400,000	2,600,000	2,850,000	3,200,000	3,300,000
6		流动负债	600,000	700,000	750,000	800,000	850,000
7		销售收入	1,800,000	2,000,000	2,200,000	2,400,000	2,500,000
8					关系模型		
9					流动资产=A_1*销售收入+B_1		
10			A_1= 0.67		B_1= 34451.22	$R1^2$= 0.96	
11					固定资产=A_2*销售收入+B_2		
12			A_2= 1.33		B_2= -34451.22	$R2^2$= 0.99	
13					流动负债=A3*销售收入+B3		
14			A_3= 0.33		B_3= 15548.78	$R3^2$= 0.98	
15					财务预测		
16		一、预测收入					2,769,333.33
17		二、资产需求					5,538,666.67
18		其中：					
19		流动资产					1,883,487.80
20		固定资产					3,655,178.86
21		三、减：负债					935,845.53
22		其中：					
23		流动负债					935,845.53
24		长期负债					100,000.00
25		四、减：保留盈余[销售收入×销售净利率×(1-股利支付率)]					1,103,302.40
26		（销售净利率）			49.8%		
27		（股利支付率）			20.0%		
28		五、外部融资					4,602,821.14

图 12-6　财务预测模型

2. 设置公式

(1) 历史年份公式

假定历史年份取自销售因素预测模型，所以单击“C3”单元格，输入公式“＝销售因素预测模型!C3”，然后将该公式复制到“D3∶G3”区域各单元格中。

(2) 销售收入公式

假定各历史年份销售收入数据取自销售因素预测模型，所以单击“C7”单元格，输入公式“＝销售因素预测模型!C4”，然后将该公式复制到“D7∶G7”区域各单元格中。

(3) 预测收入公式

假定预测收入取自销售因素预测模型，所以单击“E16”单元格，输入公式“＝销售因素预测模型!C12”。

(4) 预测方程参数公式

在利用 INDEX 函数和 LINEST 函数求解预测方程各参数之前，最好先为相关区域定义一个名字。将流动资产数据所在区域“C4∶G4”命名为“LDZC”；将固定资产数据所在区域“C5∶G5”命名为“GDZC”；将流动负债数据所在区域“C6∶G6”命名为“LDFZ”；将销售收入数据所在区域“C7：G7”命名为“XSSR”。

① 流动资产预测

- 系数 A_1：C10＝INDEX(LINEST(LDZC,XSSR,TRUE,TRUE),1,1)
- 常数 B_1：E10＝INDEX(LINEST(LDZC,XSSR,TRUE,TRUE),1,2)
- 系数 R_1^2：G10＝INDEX(LINEST(LDZC,XSSR,TRUE,TRUE),3,1)

② 固定资产预测方程参数

- 系数 A_2：C12＝INDEX(LINEST(GDZC,XSSR,TRUE,TRUE),1,1)
- 常数 B_2：E12＝INDEX(LINEST(GDZC,XSSR,TRUE,TRUE),1,2)
- 系数 R_2^2：G12＝INDEX(LINEST(GDZC,XSSR,TRUE,TRUE),3,1)

③ 流动负债预测方程参数

- 系数 A_3：C14＝INDEX(LINEST(LDZC,XSSR,TRUE,TRUE),1,1)
- 常数 B_3：E14＝INDEX(LINEST(LDZC,XSSR,TRUE,TRUE),1,2)
- 系数 R_3^2：G14＝INDEX(LINEST(LDZC,XSSR,TRUE,TRUE),3,1)

(5) 财务预测公式

- 资产需求：E17＝E19＋E20，即等于流动资产与固定资产合计。
- 流动资产：流动资产可通过将预测收入代入流动资产预测方程而求得，E19＝E16×C10＋E10。
- 固定资产：固定资产可通过将预测收入代入固定资产预测方程而求得，E20＝E16×C12＋E12。
- 负债：负债等于流动负债与长期负债之和，E21＝E23＋G24。
- 流动负债：流动负债可通过将预测收入代入流动负债预测方程而求得，E23＝E16×C14＋E14。
- 保留盈余：保留盈余等于“销售收入×销售净利率×(1－股利支付率)”，E25＝E16×E26×(1－E27)。
- 外部融资：外部融资等于资产需求额减去负债及保留盈余之差，E28＝E17－E21－E25。

至此，财务预测模型设计完毕。将来进行财务预测时，首先利用前面 12.2.3 小节介绍的“销售因素预测模型”进行销售预测，得出预测的销售收入。有了预测销售收入，再在该模型中输入各历史年份的流动资产、固定资产、流动负债等信息，模型便能够自动计算得出流动资产预测方程、固定资产预测方程和流动负债预测方程。然后，指定销售净利率和股利支付率，并输入预计的长期负债(假定长期负债与销售收入无关)，模型便能够自动计算出所需的外部融资额。

12.4　利用销售百分比法进行财务计划模型设计

12.4.1　计算机财务计划编制的流程

虽然不同企业的财务计划模型会有所不同，但总结其一般性，编制财务计划的大致程序如下。

1. 输入基础数据

用计算机编制财务计划的第一步就是输入编制财务计划所需的基础数据，主要包括基年财务报表、企业财务政策和预测数据。

2. 生成预计财务报表

财务计划模型中已经预置了生成预计财务报表的各种公式，一旦基础数据输入完成，计算机将自动、准确、快速地完成运算，形成预计财务计划。

3. 评价与调整

预计财务计划生成之后，需要进行评审。如果对生成的财务计划不满意，或者由于外界环境的变化企业的财务政策有所调整，都需要重新计算预计结果。

12.4.2　财务计划模型设计

我们利用一个工作表的不同区域来存放编制财务计划的基础数据和生成的预计财务报表。

1. 输入基础数据

在工作表的 B～C 列放置企业基期财务报表，为编制财务计划做准备。主要包括利润表和资产负债表。

2. 确定假设条件和财务政策

在工作表的 E～F 列建立企业的假设条件和财务政策。具体如下。

(1) 销售收入预测

根据过去几年销售数据进行趋势预测，企业的销售收入预计增长 25%。

(2) 利润表影响因素

销售量的增加同时会直接导致主营业务成本、销售费用和管理费用的增加。根据基期计算得知主营业务成本在主营业务收入中所占比重为 0.7；销售费用和管理费用在主营业务收入中所占比重为 0.15。

主营业务成本在主营业务收入中的比重基本合理，保持该比例不变。

与同行业相比，销售费用和管理费用在主营业务收入中的比重略高，希望能控制在 0.14。

(3) 资产负债表影响因素

对资产的影响：随着销售量的增加，固定资产和流动资产均会增加，根据基期计算得知固定资产在主营业务收入中所占比重为 0.32；流动资产在主营业务收入中所占比重为 0.18。与同行业相比，固定资产和流动资产在主营业务收入中的比重基本合理，保持不变。

对负债的影响：随着销售量的增加，企业购买原材料数量增加，导致应付账款的数量也会略升。根据基期计算得知应付账款在主营业务收入中所占比重为 0.09。该比重基本合理，但企业希望增加该比例至 0.1。有些负债如其他应付款，与销售量的增长无关。

(4) 企业资本结构

企业资本结构为 50%借款筹资，50%股票筹资。

按照资产负债表平衡等式，增加的资产必须来源于某种方式所筹集的资金。

$$外部资金需要量=(\frac{基年资产总额-基年自筹资金}{基年销售收入})\times销售增长率\times基年销售收入$$
$$-基年留存收益占净收益比率\times基年销售净利率\times(1+销售增长率)\times基年销售收入$$

(5) 企业股利政策

企业留存收益比例为 50%，股利支付比例为 50%。

3. 利用销售百分比法生成预计财务报表

根据前面的分析，报表中的要素与主营业务收入存在紧密联系，且与同行相比，大部分数量关系均为合理水平，只有两项数据需要微调：第一，销售费用和管理费用项目希望能够降低在主营业务收入中的比重，由 0.15 降至 0.14，即降低一个百分点；第二，应付账款在主营业务收入中所占比例由原来的 0.09 增加至 0.1。

【跟我练 12-4】利用销售百分比法生成预计财务报表。

在工作表 H～I 列计算生成预计利润表和预计资产负债表，如图 12-7 所示。

	A	B	C	D	E	F	G	H	I
1		基期财务报表			假设条件与财务政策			预计财务报表	
2		利润表			销售增长率	25%		利润表	
3		主营业务收入	3, 360, 000		主营业务成本占主营业务收入的比例	0.70		主营业务收入	4, 200, 000
4		主营业务成本	2, 352, 000		销售和管理费用占主营业务收入的比例	0.14		主营业务成本	2, 940, 000
5		销售和管理费	504, 000		利率	0.09		销售和管理费	588, 000
6		息税前利润	504, 000		所得税率	0.25		息税前利润	672, 000
7		利息	43, 200		流动资产占销售收入的比例	0.18		利息	47, 880
8		税前利润	460, 800		应付账款占销售收入的比例	0.10		税前利润	624, 120
9		所得税	115, 200		固定资产投资占销售收入的比例	0.32		所得税	156, 030
10		净利润	345, 600					净利润	468, 090
11					借款筹资比率	50%			
12					外部资金需要量	104,000			
13		资产负债表			留存收益比例	0.50		资产负债表	
14		流动资产	604, 800		股利占净收益的比例	0.50		流动资产	756, 000
15		固定资产	1, 075, 200					固定资产	1, 344, 000
16		资产合计	1, 680, 000					资产合计	2, 100, 000
17		应付账款	302, 400					应付账款	420, 000
18		其他应付款	97, 600					其他应付款	97, 600
19		流动负债	400, 000					流动负债	517, 600
20		长期借款	480, 000					长期借款	532, 000
21		股权	800, 000					股权	852, 000
22		负债权益合计	1, 680, 000					负债权益合计	1, 901, 600

图 12-7　财务计划模型

(1) 预计利润表

- 主营业务收入 I3＝基期主营业务收入×(1＋销售增长率)＝C3×(1＋F2)
- 主营业务成本 I4＝主营业务收入×主营业务成本占主营业务收入比例＝I3×F3
- 销售和管理费用I5＝主营业务收入×销售和管理费用占主营业务收入比例＝I3×F4
- 息税前利润 I6＝I3－I4－I5
- 利息 I7＝长期负债×利率＝I20×F5
- 税前利润 I8＝I6－I7
- 所得税 I9＝税前利率×所得税税率＝I8×F6
- 净利润 I10＝I8－I9

(2) 预计资产负债表

- 流动资产 I14＝主营业务收入×流动资产在主营业务收入的比例＝I3×F7
- 固定资产 I15＝主营业务收入×固定资产在主营业务收入的比例＝I3×F9
- 资产合计 I16＝流动资产＋固定资产＝I14＋I15
- 应付账款 I17＝主营业务收入×应付账款在主营业务收入的预期比例＝I3×F8
- 其他应付款 I18＝基期其他应付款
- 流动负债 I19＝I17＋I18
- 长期借款 I20＝基期长期借款＋外部资金需要量×借款筹资比率＝C20＋F12×F11
- 股权 I21＝基期股权＋外部资金需要量×(1－借款筹资比率)＝C21＋F12(1－F11)
- 负债权益合计 I22＝I19＋I20＋I21

从图 12-7 可见，生成的预计财务计划资产合计不等于负债权益合计，因此需要对预计财务计划进行调整以使其达到平衡。

下面利用逐步测试法调整财务报表。

逐步测试法是指逐渐改变预计财务报表中的某个或某些因素，最后使预计财务报表平衡。

如调整应付账款占主营业务收入比例为 0.12；调整其他应付款数值为 212 000 时，资产合计等于负债权益合计。

12.4.3　财务政策及假设对预计财务报告的影响

计算机财务计划模型的建立解放了财务人员繁重的计算活动，财务人员可以将精力更多地投放到财务计划的评价和分析上。财务人员可以改变企业设定的财务政策及假设条件，观察对比不同财务政策和假设条件对预计财务报告的影响，最终得到合理的预计财务报告。

1. 利用单变量求解改变财务政策和假设条件

前面介绍过，单变量求解可以根据结果逆推得到自变量值。

【跟我练 12-5】由预计财务报告可知，当销售增长率为 25%时，预计净利润为 468 090;如果股东期望今年的净利率达到 500 000，那么需要销售增长率为多少呢?

① 鼠标定位在 I10 单元，选择“数据”|“假设分析”|“单变量求解”命令，打开“单变量求解”对话框。

② 设置目标单元格为“I10”、目标值为“500 000”，可变单元格为“F2”。

③ 单击“确定”按钮，F2 单元中显示计算结果为“34%”。

2. 利用方案管理器对比多组假设条件对预计财务报表的影响

采用逐步测试法和单变量求解，都可以得到财务政策和假设条件的变化对预计财务报表的影响，但是却无法将不同的假设情况及结果综合起来对比评价。Excel 中的方案管理器恰好能够实现这个需求，它可以根据用户输入的多组假设条件，产生相应的计算结果，并且能够将多种方案保存在方案摘要中供对比分析。

【跟我练 12-6】财务计划模型中，外部资金需要量与销售增长率、留存收益占净利润的比率有密切关系，在企业财务业务对接会上，与会人员提出了 3 种假设如表 12-6 所示。

表 12-6　3 种方案的假设条件

方 案 名 称	销售增长率	留存收益占比
A	25%	40%
B	30%	50%
C	35%	60%

分析 3 组假设条件对外部资金需要量的影响，并给出 3 组方案的综合比较报告。

① 选择“数据”|“假设分析”|“方案管理器”命令，打开“方案管理器”对话框。

② 单击“添加”按钮，添加方案 A，如图 12-8 所示。F2 单元是销售增长率、F13 单元是留存收益比率。

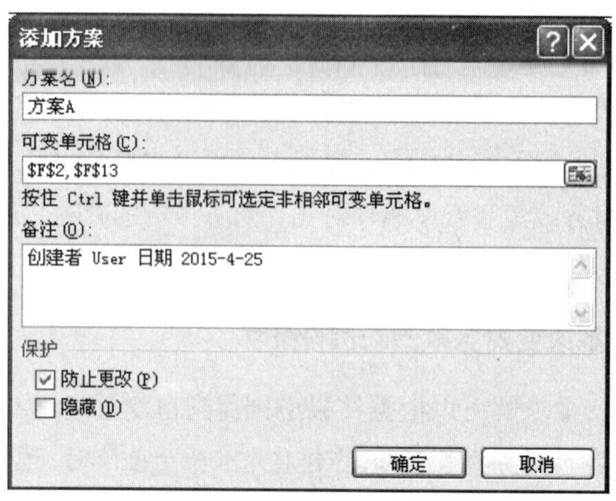

图 12-8　添加方案 A

③ 单击“确定”按钮，输入方案的变量值，如图 12-9 所示。单击“确定”按钮返回。

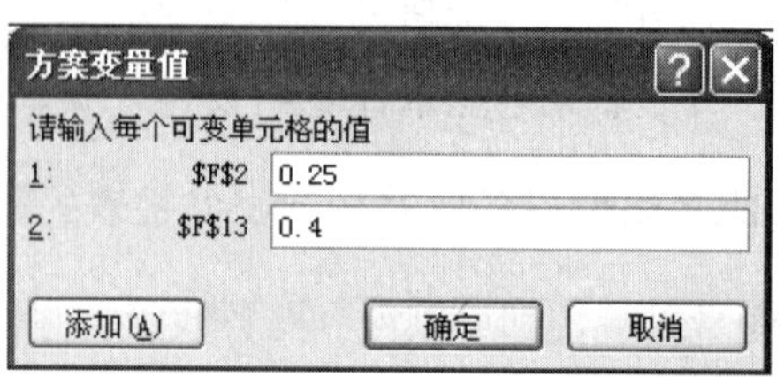

图 12-9　输入方案 A 的变量值

④ 同理，添加方案 B 和方案 C。

⑤ 所有方案建立完成后，在“方案管理器”对话框中单击“摘要”按钮，打开“方案摘要”对话框。指定结果单元格为外部资金需要量 F12，如图 12-10 所示。

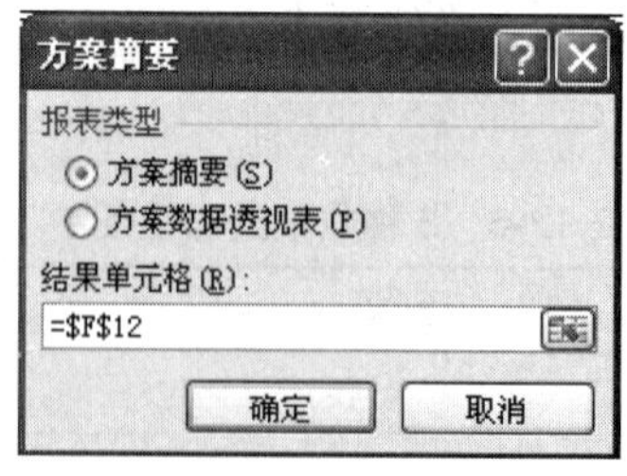

图 12-10　指定结果单元格

⑥ 单击“确定”按钮，显示生成的方案摘要如图 12-11 所示。

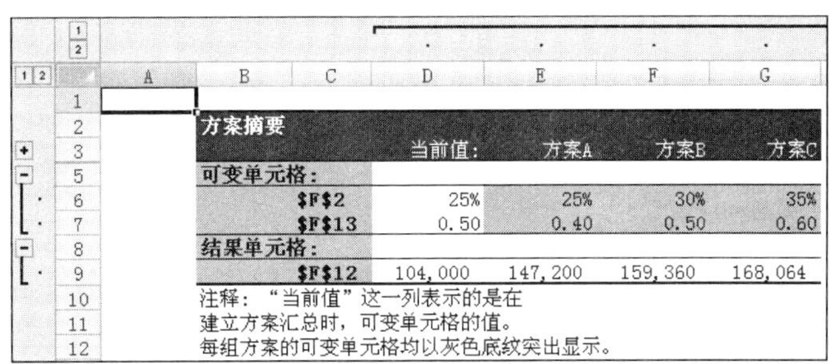

	A	B	C	D	E	F	G
1							
2		方案摘要					
3				当前值：	方案A	方案B	方案C
5		可变单元格：					
6			$F$2	25%	25%	30%	35%
7			$F$13	0.50	0.40	0.50	0.60
8		结果单元格：					
9			$F$12	104,000	147,200	159,360	168,064
10		注释："当前值"这一列表示的是在					
11		建立方案汇总时，可变单元格的值。					
12		每组方案的可变单元格均以灰色底纹突出显示。					

图 12-11　方案摘要

1. 请设计一个销量趋势预测模型。根据表12-7预测鼎力公司今年的销量，并根据历史数据建立实际销量曲线和预测销量曲线，其样式可参考图12-1。

表 12-7　鼎力公司 2011～2015 年销量表

年份	2011	2012	2013	2014	2015
销售量	10000	12000	13000	13500	15000

2. 请设计一个成本因素预测模型，根据表 12-8 的单位成本、材料单价和销量数据预测腾达公司今年的单位成本，并根据历史数据建立实际成本曲线和预测成本曲线。

表 12-8　腾达公司 2011～2015 年相关数据

年份	2011	2012	2013	2014	2015
单位成本	810	820	950	1 100	1 300
材料单价	1 000	1 100	1 300	1 500	1 600
销量	10000	11000	13000	17000	20000

3. 已知前五年的流动资产、固定资产、流动负债和销售收入的数据如表 12-9 所示。请据此设计财务预测模型，假定流动资产、固定资产、流动负债与销售收入相关，请分别建立流动资产、固定资产、流动负债的线性方程，并在此基础上预测今年的外部融资需求(假定今年预测销售收入为 800，长期负债水平为 350，销售净利率和股利支付率分别为 40%和 10%)。

表 12-9　前五年历史数据

项目	5 年前	4 年前	3 年前	2 年前	1 年前
流动资产	100	120	120	150	160
固定资产	1 000	1 500	1 800	2 000	2 100
流动负债	110	110	100	150	160
销售收入	500	550	580	650	700

第 13 章

利润规划模型设计

本章概要：

- 本量利分析
- 保本点分析
- 目标利润规划分析

利润是企业在一定期间内全部收入抵减全部支出后的余额，是企业生产经营活动的最终成果，是企业生存发展的核心指标。利润管理是企业目标管理的重要组成部分。

目标利润规划是对企业未来预算期的目标利润进行科学的预测、规划和控制，并掌握其影响因素及变化规律，为管理者提供决策信息的一系列管理活动。

目标利润规划的方法包括本量利分析法、因素综合分析法、利润增长比率法、财务比率法等。

13.1 本量利分析模型

本量利分析法是目标利润管理的基础方法。

13.1.1 本量利分析的基本原理

本量利分析又称 CVP(Cost-Volume-Profit Analysis)是研究成本、产量和利润三者之间的关系，它所提供的原理、方法在管理会计中有着广泛的用途，是企业进行决策、计划和控制的重要工具。

本量利分析的基本公式如下：

利润＝销售收入－总成本

＝销售收入－变动成本－固定成本

＝边际贡献－固定成本

＝(单价－单位变动成本)×销售量－固定成本

＝单位边际贡献×销售量－固定成本

＝边际贡献率×销售收入－固定成本

13.1.2　本量利分析的基本模型

【跟我练13-1】已知华兴公司生产电热水壶的有关数据：单价为50元，单位变动成本为25元，固定成本30 000元，假定销量为1500台，建立量本利分析的基本模型。如果预计销量在0～3000台之间波动，考察销售量的变化对销售收入、总成本、利润的影响。如图13-1所示。

	A	B	C	D
1	基本数据			
2	单价	50.00	单位变动成本	25.00
3	销量	1,500.00	固定成本	30,000.00
4	计算结果			
5	销售收入	75000		
6	总成本	67500	利润	7500
7	模拟运算表			
8	销售量	销售收入	总成本	利润
9		75000	67500	7500
10	0	0	30000	-30000
11	500	25000	42500	-17500
12	1000	50000	55000	-5000
13	1500	75000	67500	7500
14	2000	100000	80000	20000
15	2500	125000	92500	32500
16	3000	150000	105000	45000

图 13-1　本量利分析基本模型

① 建立基本数据区。在 A2∶D3 区域输入已知各项基本数据。

② 进行相关计算。其中：

- 销售收入 B5＝单价×销量＝B2∶D3
- 总成本 B6＝固定成本＋单位变动成本×销量＝D3＋D2×B3
- 利润 D6＝销售收入－总成本＝B5－B6

此时若要观察销售量的变动对销售收入、成本和利润的影响，就需要改变 D6 单元中代表销售量的数据，既费时费力，又不便于比较。

③ 利用模拟运算表来模拟销售量的变化对销售收入、总成本、利润的影响。

首先在 A10∶A16 区域输入变动的销售量的值。

在第 9 行构建公式：销售收入 B9＝B2×D3；总成本 C19＝D3＋D2×B3；利润 D9＝B9－C9。

选中A9：D16，执行“数据”|“假设分析”|“数据表”命令，打开“数据表”对话框。在“输入引用列的单元格”文本框中输入“B3”，单击“确定”按钮得到计算结果。

13.1.3　绘制本量利分析图

通过制作本量利分析图，将能够更加直观地反映成本、收入及利润和销量的关系。

【跟我练 13-2】制作本量利分析图。

① 选中区域“A8：D16”，然后执行“插入”|“散点图”|“带平滑线的散点图”命令，图表自动生成，如图 13-2 所示。

② 增加图表标题：本量利分析。选择图表，选择“布局”|“图表标题”|“图表上方”命令，添加图表标题并设为红色、14 号字体。

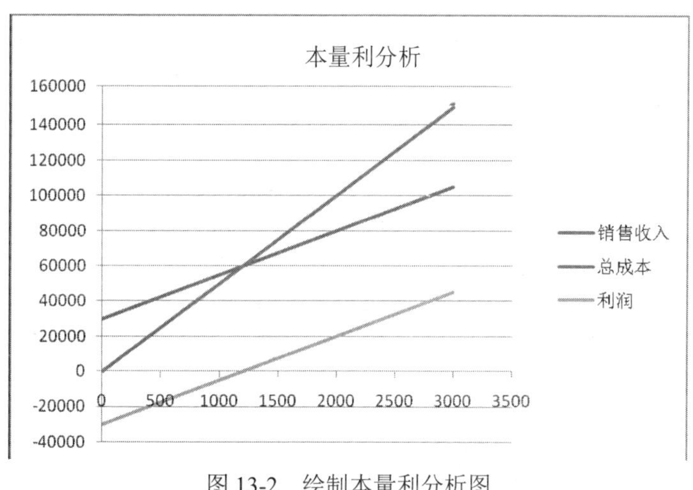

图 13-2　绘制本量利分析图

通过本量利分析图，我们可以清楚地看到总成本、销售收入、利润总额与销量的关系。

13.2　保本点分析

13.2.1　保本点

通俗地讲，保本点是指企业在达到这一点时既不盈利也不亏损，保持利润为 0，所以也称为盈亏临界点。此时边际贡献刚好等于固定成本。保本点通常有两种表现形式，用销售量表现称为“保本量”；用销售额表现称为“保本额”。

保本点分析是研究利润为零这种特殊经营状况的相关问题。

根据本量利基本公式，令利润＝0，则：

保本点销售量＝固定成本/(销售单价－单位变动成本)

13.2.2　利用单变量求解进行保本点分析

【跟我练 13-3】在上例中，预测电热水壶的保本点。

① 建立基本数据区。同上例。

② 调用单变量求解工具。选择“数据”|“假设分析”|“单变量求解”命令，打开“单变量求解”对话框。

③ 输入各项参数。本题目标是利润为 0，因此设置目标单元格为 D6，目标值为 0，可变单元格为要求解的销售量即 B3，如图 13-3 所示。

④ 单击“确定”按钮，求得计算结果为 1200 台。

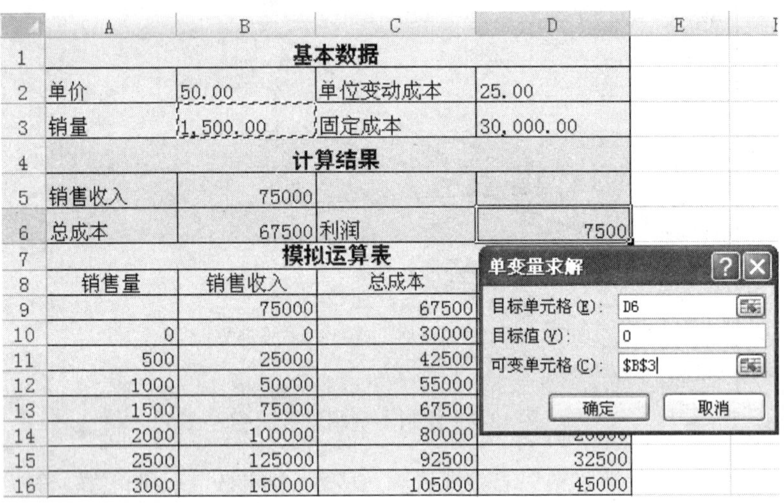

图 13-3　利用单变量求解求保本量

13.2.3　图解单价的变动对保本点的影响

【跟我练 13-4】用滚动条模拟单价在 45～55 之间的变动情况，用图示的方法阐释单价的变动对保本点的影响。

1. 构建图形基本数据区

① 在 F2∶F12 中输入“45～55”，模拟单价的变动范围。

② 在 G1 单元输入保本点的计算公式“＝D3/(B2－D2)”。

③ 选择 F1∶G12 区域，执行“数据”|“假设分析”|“数据表”命令，打开“数据表”对话框。

④ 在“输入引用列的单元格”中输入“B2”，单击“确定”按钮，求得计算结果。

2. 绘制保本点与单价关系的图形

选择 F2∶G12 区域，选择“插入”|“散点图”|“带直线的散点图”命令，Excel 自动生成一个初始散点图。

不回避地讲，这个图太有失美观了。必须要改进。

3. 编辑图形

(1) 设置坐标轴

选中 X 坐标轴，右击从快捷菜单中选择“设置坐标轴格式”选项。将 X 轴最小值设置为“45”，最大值设置为“55”。

同理，设置 Y 轴最小值为“1000”，最大值为“1600”。如图 13-4 所示。

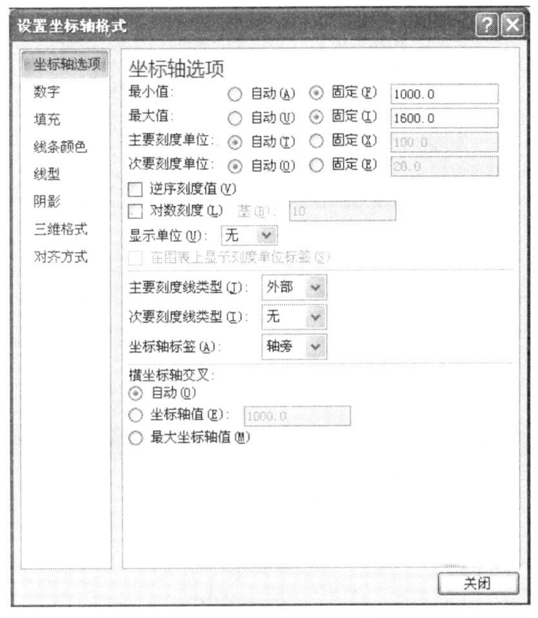

图 13-4　设置坐标轴格式

(2) 添加表示单价的直线数据系列

为了清晰地观测到单价的变化对保本点的影响，我们向图形中添加一条代表单价的纵向直线。

① 右击绘图区，从快捷菜单中选择“选择数据”选项，打开“选择数据源”对话框。

② 单击“添加”按钮，打开“编辑数据系列”对话框。设置 X 轴和 Y 轴系列值如图 13-5 所示。

(3) 添加单价与销量相交处的保本点数据系列

① 右击绘图区，从快捷菜单中选择“选择数据”选项，打开“选择数据源”对

话框。

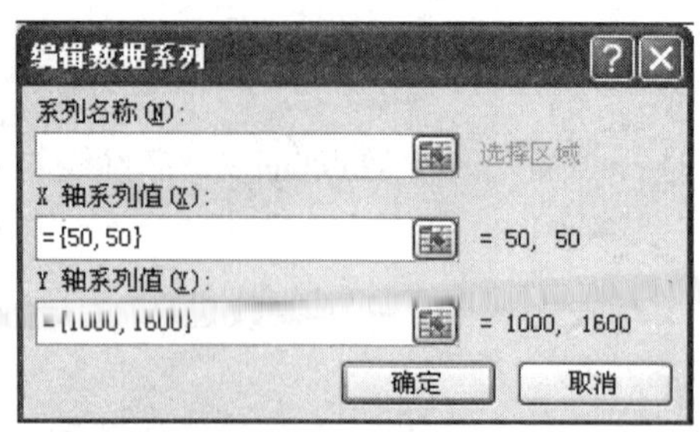

图 13-5　添加数据系列

② 单击“添加”按钮，打开“编辑数据系列”对话框。设置 X 轴和 Y 轴系列值如图 13-6 所示。

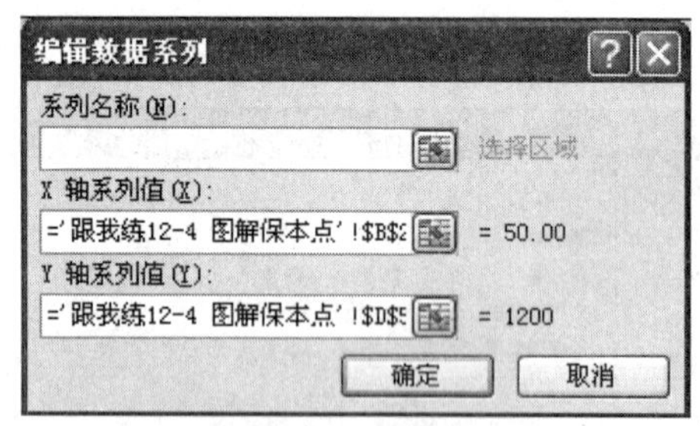

图 13-6　添加数据系列

③ 右击该系列，从快捷菜单中选择“设置数据系列格式”选项，打开“设置数据系列格式”对话框。设置数据标记选项为“内置”，类型为“方块”，大小为“5”，如图 13-7 所示。设置数据标记填充为“纯色填充”；填充颜色为“白色”。

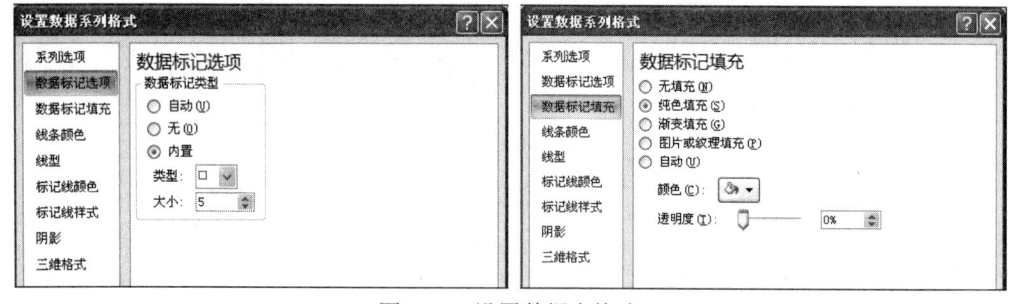

图 13-7　设置数据点格式

④ 右击该系列，从快捷菜单中选择“添加数据标签”选项。

(4) 在图形上添加表单控件模拟单价的变动

① 添加滚动条控件模拟单价的变化范围。设置滚动条控件格式如图 13-8 所示。

② 设置一个文本框，用于显示“单价”文字提示。

③ 另外设置一个文本框，引用单价的变动数据“B2”。

④ 设置适当的格式保持美观。

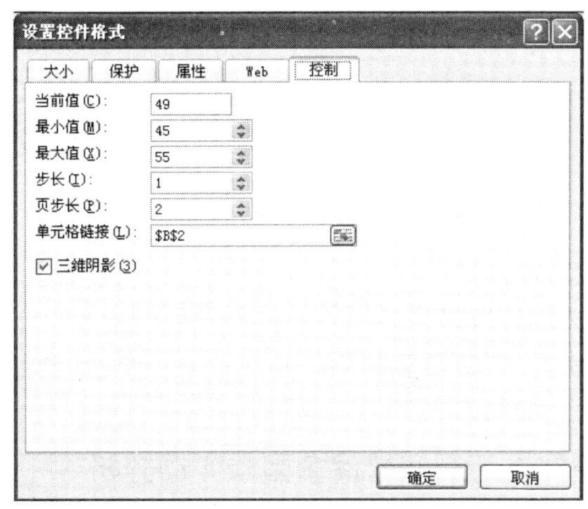

图 13-8 单价滚动条控件格式

(5) 为图表添加标题

选中图表，执行“布局”|“图表标题”|“图表上方”命令，输入“保本点随单价的变动”，调整字体大小。

同理，设置横坐标轴标题为“单价”，设置纵坐标轴标题为“销量”。

全部图形绘制完成后，如图 13-9 所示。单击滚动条改变单价，图形随之变化，且在图形中直观标注出保本点。

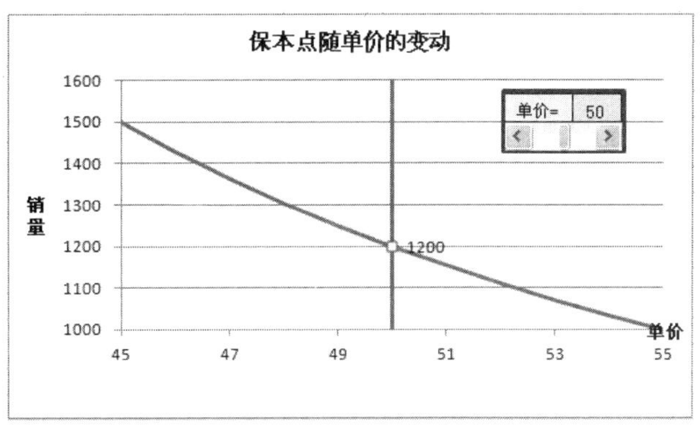

图 13-9 图解单价的变动对保本点的影响

13.3 目标利润规划

13.3.1 利用单变量求解进行目标利润分析

根据以上分析，企业为了实现目标利润，一般来说可以从以下几个方面着手：减少固定成本、减少变动成本、提高单价、增加产量等。

【跟我练 13-5】接上例，分析销量达到多少才能保证实现 100 000 元的利润目标。

① 调用单变量求解工具。选择“数据”|“假设分析”|“单变量求解”命令，打开“单变量求解”对话框。

② 输入各项参数。本题目标是利润为 100 000，因此设置目标单元格为 D6，目标值为 100 000，可变单元格即为要求解的销售量即 B3。

③ 单击“确定”按钮，返回计算结果。销售量为 5200 台时能实现利润 100 000 元。

13.3.2　利用窗体控件进行利润管理多因素变动分析

【跟我练13-6】接上例，假设单价、单位变动成本、销量和固定成本以当前值为基准，可能在-20%～30%之间变动，检测某种因素或某几种因素的变动对利润及保本点的影响。

多因素变动分析模型的样式如图 13-9 所示。下面简要介绍一下其设计方法。

① 在 A17：D23 中建立多因素变动区。

② 利用窗体控件模拟各因素的变化对利润的影响。

设计 4 个窗体滚动条分别用于设置单价、单位变动成本、销量和固定成本的变动幅度，并将滚动条的当前值、最小值、最大值、步长和页步长分别设置为 20、0、50、1、5，单元格链接分别指定为“C18”、“C19”、“C20”、“C21”。

因为滚动条的值在 0～40 之间，而变动幅度在-20%～20%之间，所以在“D18”单元格定义公式“＝C18/100－20%”，并将该公式复制到“D19：D21”，这样便得到了单价、单位变动成本、销量和固定成本的变动幅度。

③ 进行利润管理相关计算。

首先定义变动后的单价、单位变动成本、销量和固定成本。

在“B18”单元格输入公式“＝B2×(1＋D18)”，即变动后单价等于原单价加单价变动额。

其他同理。

然后计算预计利润、保本点销量和保本点销售额。

预计利润 B22＝B18×B20－B19×B20－B21

保本点销量 B23＝B21/(B18－B19)；保本点销售额＝B23×B18

这样，通过调整滚动条的值就能得到单价、单位变动成本、销量和固定成本的变动幅度以及变动后对利润及保本点的影响。如图 13-10 所示。

	A	B	C	D
1	基本数据			
2	单价	50.00	单位变动成本	25.00
3	销量	1,500.00	固定成本	30,000.00
4	计算结果			
5	销售收入	75000		
6	总成本	67500	利润	7500
7	模拟运算表			
8	销售量	销售收入	总成本	利润
9		75000	67500	20
10	0	0	30000	20
11	500	25000	42500	20
12	1000	50000	55000	20
13	1500	75000	67500	20
14	2000	100000	80000	20
15	2500	125000	92500	20
16	3000	150000	105000	20
17	多因素变动分析			
18	单价	50		0%
19	单位变动成本	25		0%
20	销量	1500		0%
21	固定成本	30000		0%
22	预计利润	7500	利润变动额	0
23	保本点销量	1,200.00	保本点销售额	60,000.00

图 13-10　多因素变动分析

利用多因素变动分析模型回答下列问题。

(1) 假设华兴公司有剩余的生产能力，可以进一步增加产量，但由于售价没有竞争力，使销路受到限制。因此，销售部提议降价 10%，采取薄利多销的策略。如果保持目前的利润 7 500 不变，那么销量需要提高到多少？

调整单价和销量滚动条，当单价下降 10%，单位变动成本和固定成本不变的情况下，销量需要提高到 1875 台才能保证目前的利润不变。分析过程如图 13-11 所示。

多因素变动分析			
单价	45		-10%
单位变动成本	25		0%
销量	1875		25%
固定成本	30000		0%
预计利润	7500	利润变动额	0
保本点销量	1,500.00	保本点销售额	67,500.00

图 13-11　多因素变动分析应用一

(2) 如果销售部门提出销量从 1500 提高到 1875 有难度，提高 15%没问题，那么为了实现 7 500 利润，企业需要加强内部管理、控制固定成本在什么水平？

调整销量和固定成本滚动条，当销量提高 15%达到 1725 台时，固定成本需要下降 10%即控制在 27 000 才能保持目前的利润水平。分析过程如图 13-12 所示。

多因素变动分析			
单价	45		-10%
单位变动成本	25		0%
销量	1725		15%
固定成本	27000		-10%
预计利润	7500	利润变动额	0.00
保本点销量	1,350.00	保本点销售额	60,750.00

图 13-12　多因素变动分析应用二

一试身手

1. 已知某产品固定成本为 27 000 元，单位变动成本为 16 元，单价为 32 元，建立模型求解：

(1) 销量达到多少可以保本？

(2) 如果利润目标为 100 000 元，那么销量应该达到多少？

2. 假定某公司只生产一种产品，该产品的目前售价、单位变动成本、固定成本和销量分别为 5 000、2 500、1 000 000 和 500。请为该公司设计一个利润规划模型，并回答以下问题。

(1) 该企业的利润总额、保本点销量、保本点销售额各为多少？

(2) 如果产品售价变为 4 000 元，则新的保本点为多少？

(3) 假定其他条件不变，如果销量扩大 10%，利润会增长百分之多少？

(4) 为了使利润增长 10%，假定其他条件不变，销量需要增长百分之多少？

(5) 假定单位变动成本增长 5%，固定成本将增长 5%，要使利润增长 10%，在单价不变的情况下，需要完成的销售任务是多少？

(6) 假定其他条件不变，售价下降到多少将使得企业由盈转亏？

(7) 制作随销量变化的利润线、总成本线以及销售收入线，假定销量是在 0 至 1500 之间变化，变化幅度为 250。

第 14 章

Excel 财务模型的系统集成

本章概要：

- 了解宏的作用，学会录制宏和执行宏
- 学会利用窗体工具构建应用

14.1 宏

宏是一系列 Excel 能够执行的 VBA 语句的集合。在 Excel 中，可以直接录制并运行宏，而无须用户掌握任何 VBA 编程基础。当录制宏时，Excel 会将用户执行的一系列操作自动记录为 VBA 语句；当执行所录制的宏时，Excel 会自动进行“回放”，将所录制的命令组合重新执行一次。

14.1.1 录制宏

1. 录制新宏

录制宏时，只要执行“开发工具”|“录制宏”命令，指定宏名等属性后就可以像正常情况下一样执行一系列操作，执行完毕后停止录制宏即可。

【跟我练 14-1】录制一个宏，用于给 B2∶H10 区域画上表格线。

① 选择“开发工具”|“录制宏”命令，打开“录制新宏”对话框，如图 14-1 所示。在此可以设置宏的以下各种属性。

- 宏名。应该为录制的宏起一个唯一的名字，在此将宏名设置为“画表格线”。
- 快捷键。可以指定执行宏的快捷键，将来只要按此快捷键就可以执行宏，如

"Ctrl+g"。

- 保存位置。宏的保存位置包括当前工作簿、新工作簿和个人宏工作簿，默认值为当前工作簿。当选择当前工作簿时，只有打开当前工作簿，录制的宏才能够使用；当选择新工作簿时，该宏只能在新工作簿中使用；当选择个人宏工作簿时，该宏可以在多个工作簿中使用。在此选择默认值。
- 说明。可以为录制的宏提供一些说明信息。

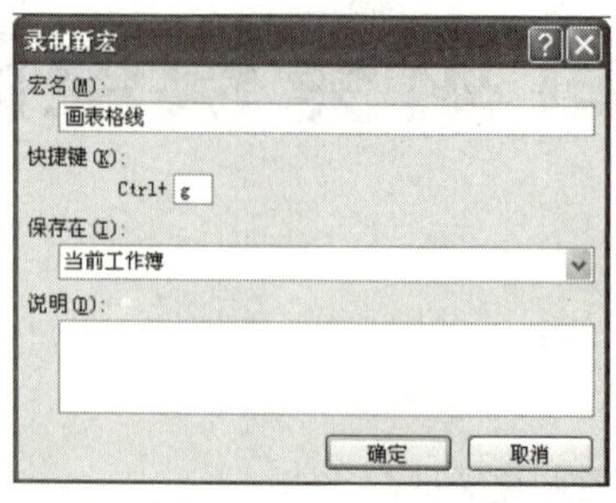

图 14-1　录制新宏

② 单击"确定"按钮。选择 B2∶H10 区域，画表格线；并在区域外框画粗线。

③ 选择"开发工具"|"停止录制"命令，录制完成。

知识点：宏的命名

宏名最多可为 255 个字符，可以包含字母、数字和下划线。必须以字母或中文开头。名字中不允许出现空格或标点符号。

2. 查看宏"画表格线"VB 代码

在用户录制宏的过程中，Excel 自动将用户的操作记录为 VB 程序。

① 选择"开发工具"|"宏"命令，打开"宏"对话框，如图 14-2 所示。

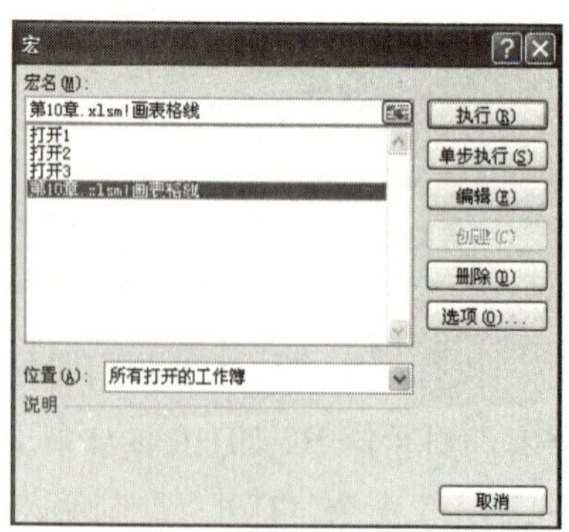

图 14-2　宏

② 选择要查看的宏"画表格线"，单击"编辑"按钮，进入 VB 编辑器，可以查看到对应的宏代码，如图 14-3 所示。

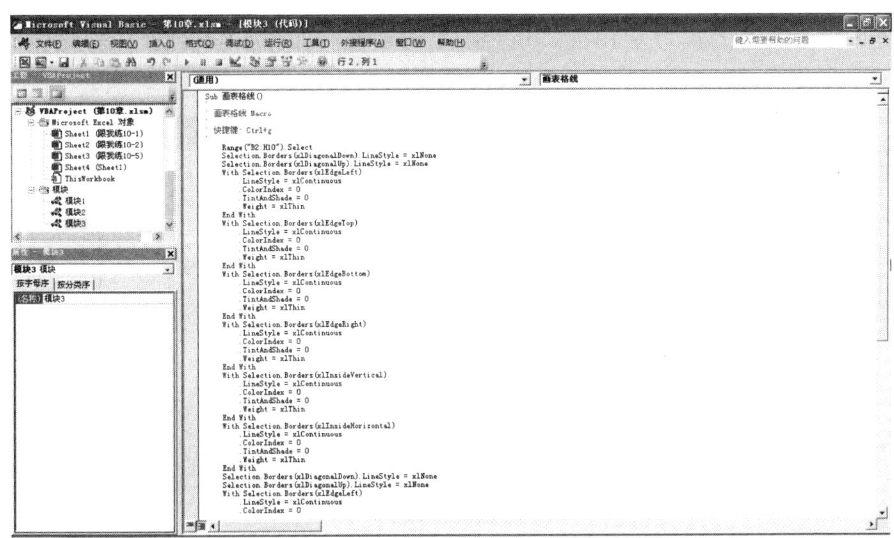

图 14-3　VB 编辑器

14.1.2　运行宏

当录制了一个宏以后，可以在任何时间执行这个宏，从而可以回放宏所录制的各种操作指令。

运行宏的方式有以下几种：通过菜单执行宏、通过快捷键执行宏、通过命令按钮执行宏和通过将宏添加到自定义快速访问工具栏启动宏。

【跟我练 14-2】执行宏“画表格线”。

1. 通过菜单执行 VBA 程序

① 执行“开发工具”|“宏”命令，打开“宏”对话框。

② 选择宏“画表格线”，然后单击“执行”按钮，便会执行该宏。

2. 通过快捷键执行宏

在前面介绍录制新宏时曾经提到，可以为宏指定一个快捷键如“Ctrl+g”，将来只要按组合键“Ctrl+g”便会自动执行该宏。如果要修改宏的快捷键，可以选择菜单“开发工具”|“宏”命令，打开“宏”对话框，在该对话框中选中某个宏，然后单击“选项”按钮即可修改该宏的快捷键。

3. 通过命令按钮执行宏

设计一个命令按钮，当单击该命令按钮时执行宏“画表格线”。

① 选择“开发工具”|“插入”命令。

② 在表单控件工具栏中单击选中按钮工具“▬”，然后在工作表中拖动鼠标画出

一个按钮。当释放鼠标时，会出现“指定宏”对话框，如图 14-4 所示。

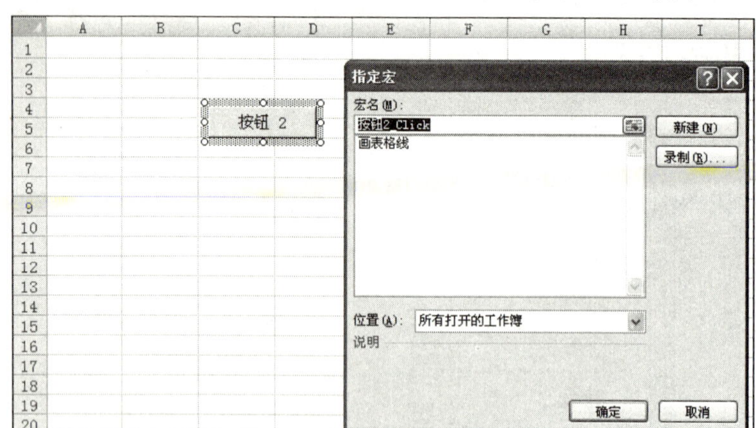

图 14-4　为按钮指定“宏”

③ 如果已录制过宏，可以在此选择宏，如“画表格线”，然后单击“确定”按钮即可。如果尚未录制宏，可以在此单击“录制”按钮按前述方法新录制一个宏。

④ 将该按钮命名为“画线”。

⑤ 当该按钮处于运行状态时(未选中状态)，用鼠标单击该按钮将会执行为该按钮所指定的宏。

4. 通过将宏添加到自定义快速访问工具栏启动宏

① 单击“Office 按钮”，从菜单中单击“Excel 选项”，打开“Excel 选项”对话框。

② 单击“自定义”，从左边的“宏”分类下选择宏“画表格线”选项，单击“添加”按钮，将其添加到“快速访问工具栏”列表框，如图 14-5 所示。

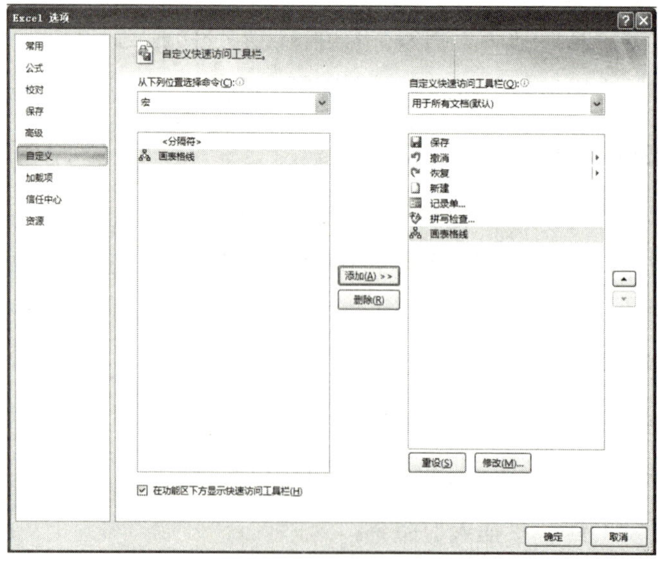

图 14-5　将宏添加到快速访问工具栏

③ 之后单击快速访问工具栏上的宏按钮即可启动宏。

14.1.3　宏的安全性

保存设置了宏的工作簿时，系统提示如图 14-6 所示。依照系统提示，将文件保存为启用宏的文件类型。

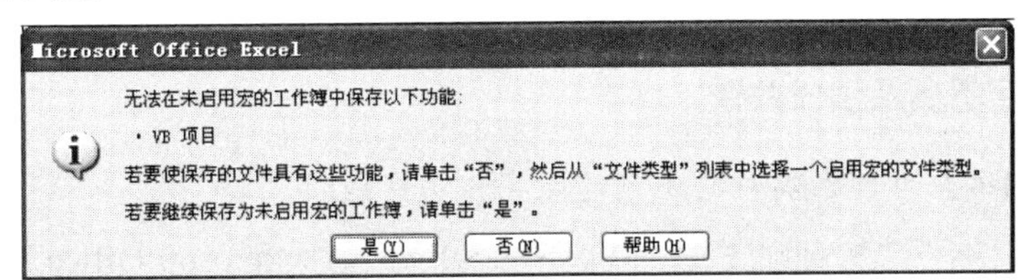

图 14-6　保存启用宏的文件

【跟我练 14-3】设置宏的安全性。

① 执行“开发工具”|“宏安全性”命令，打开“信任中心”对话框。

② 选择“宏设置”选项栏，因为“启用所有宏”可能会运行有潜在危险的代码，因此可以选择“禁用无数字签署的所有宏”，如图 14-7 所示。

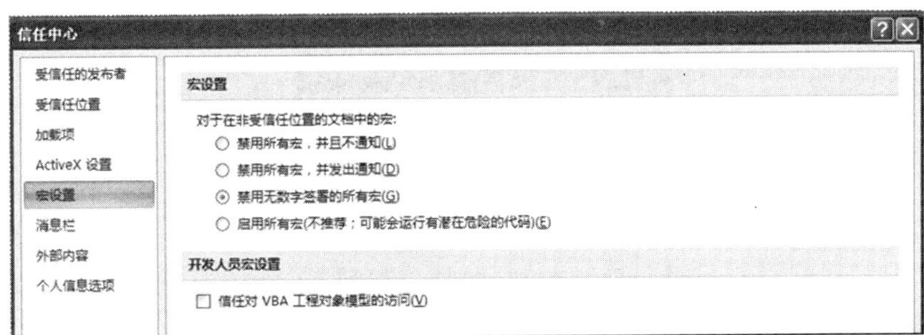

图 14-7　设置宏

设置完成后，未经签署的宏将不会被执行。如果执行宏，则系统提示如图 14-8 所示。

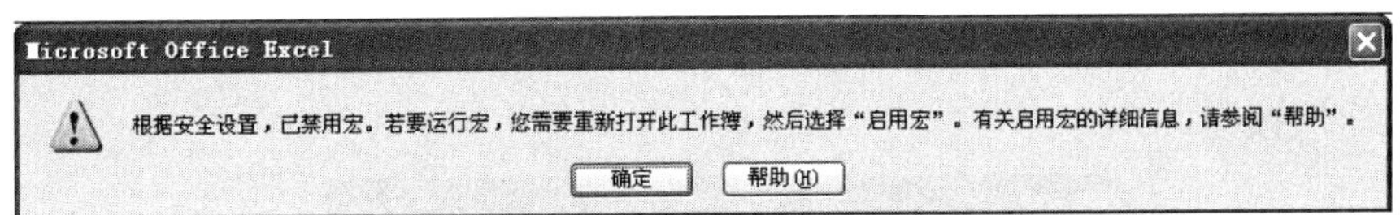

图 14-8　禁用宏系统提示

14.1.4　数字签名

为解决上述问题，一个两全其美的办法是使用数字签名。经过数字签名验证的宏可以和未经验证的宏区分开来，既可以在较高的安全级上运行，同时又可以避免其他未经验证的恶意代码入侵。因此，如果我们为自己录制或编写的宏添加了数字签名证书，并且设置了 Excel 使其信任该证书，那么就可以在较高的安全级下直接运行该宏了。同时，那些没有得到认证的宏却会被拒之门外，从而可以有效地避免宏病毒的入侵。

很显然，要为自己编写的宏添加数字签名，就必须先要从认证机构获得并安装数字证书，但是从可信的根证书机构如 VeriSign 获得数字证书是要支付一定费用的。如果宏只是自己使用，可以利用 Microsoft Office 提供的工具“VBA 项目的数字证书”来创建一个个人数字证书以进行自我验证。

1. 创建数字签名及信任关系

【跟我练 14-4】为自己编写的宏创建数字证书“zs1”。

① 执行“开始”|“所有程序”|“Microsoft Office”|“Microsoft Office 工具”|“VBA 项目的数字证书”命令，出现“创建数字证书”对话框。

② 输入自拟的证书名称如“zs1”，然后单击“确定”按钮，系统提示“已经为 zs1 成功地新建了一个证书”，单击“确定”按钮返回。

③ 打开要添加数字签名的工作簿，执行“开发工具”|“Visual Basic 编辑器”命令进入 VB 窗口。然后在 VB 窗口中执行“工具”|“数字签名”命令，打开“数字签名”对话框，如图 14-9 所示。

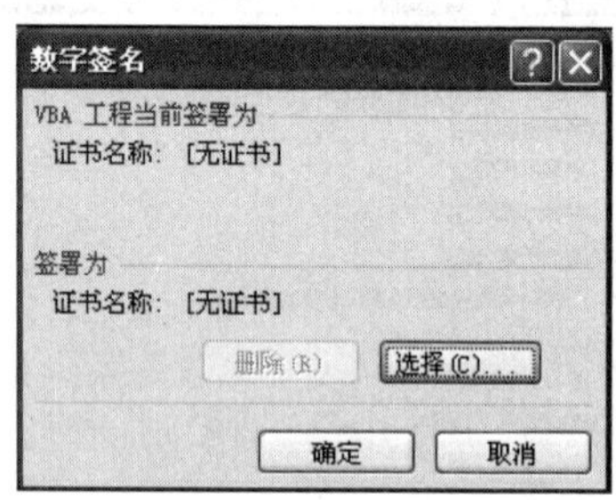

图 14-9　数字签名

④ 单击“选择”按钮，打开“选择证书”对话框，如图 14-10 所示。选中刚才创建的数字证书，然后单击“确定”按钮。此时该证书便出现在了图 14-9 所示的对话框中，单击“确定”按钮。

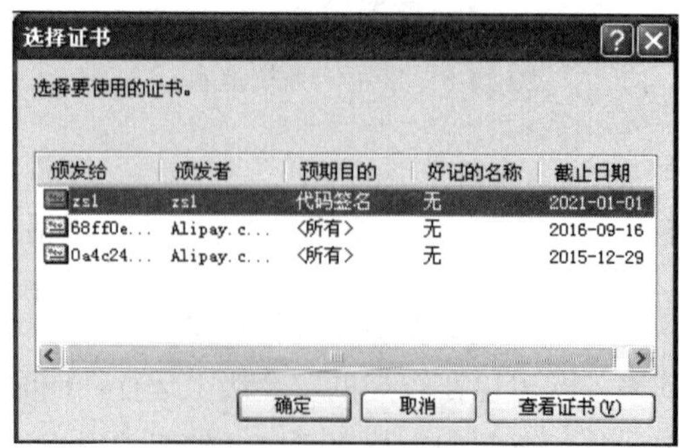

图 14-10　选择数字证书

⑤ 保存并关闭该工作簿。再次打开该工作簿，在快速启动工具栏下边系统会提示“安全警告”，如图 14-11 所示。

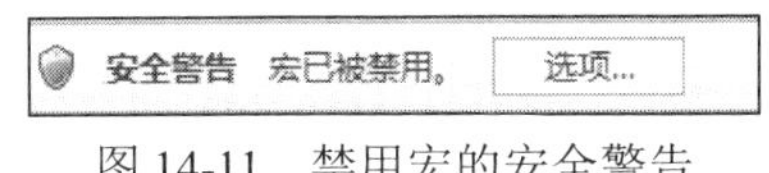

图 14-11　禁用宏的安全警告

⑥ 单击“选项”按钮，打开“Microsoft Office 安全选项”对话框。选中“信任来自此发布者的所有文档”选项，如图 14-12 所示。然后单击“确定”按钮便可打开该工作簿，同时其所包含的宏是可以运行的。以后再打开该文件时，就不会出现警告提示了。

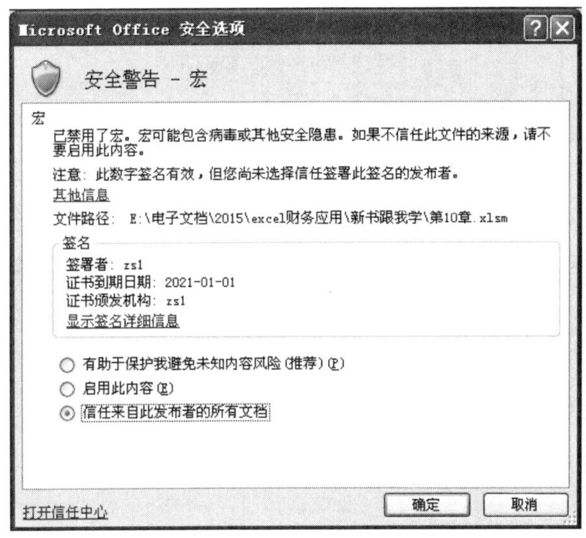

图 14-12　设置信任

如果要删除对某数字证书的信任关系，可以在 Excel 主窗口中执行“开发工具”|“宏安全性”命令，选择“受信任的发布者”选项，将颁发对象删除即可。

2. 删除数字签名证书

工具“VBA 项目的数字证书”只能创建数字证书而不能删除数字证书。如前所述，在 Windows 中对数字证书的支持是由 IE 提供的。所以，要删除数字证书可以按以下步骤进行操作。

① 执行“开始”|“控制面板”命令，进入“控制面板”窗口。

② 用鼠标双击“Internet选项”图标，打开“Internet属性”对话框，如图14-13所示。

③ 在“内容”选项卡中单击“证书”按钮，打开“证书”对话框，如图 14-14 所示。

④ 在“个人”选项卡中，单击选中要删除的证书，然后单击“删除”按钮，在出现的提示框中单击“是”按钮即可删除该数字证书。

一旦删除了数字证书，在选择了禁用“宏”的情况下，工作簿中所包含的宏就无法直接运行了。

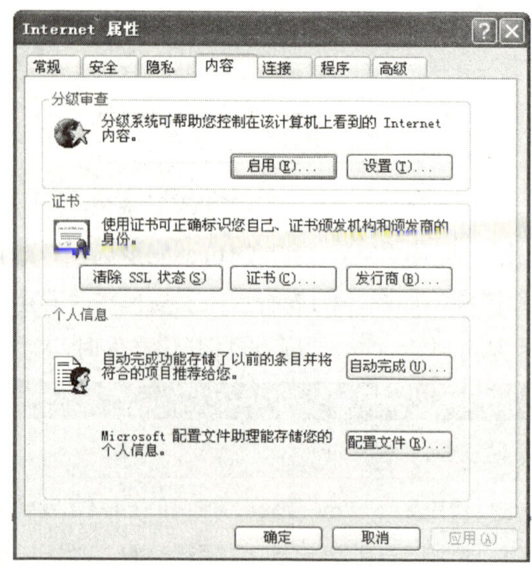

图 14-13　Internet 属性

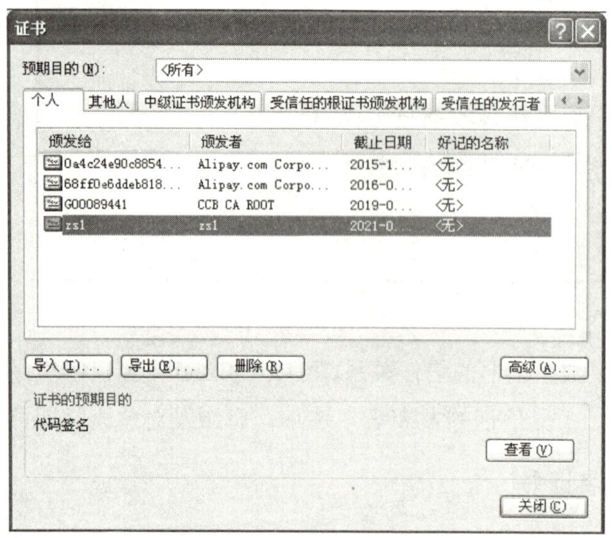

图 14-14　删除数字证书

14.2　设计企业 Excel 财务应用系统

前面已经学习了 Excel 如何用于企业账务处理、流动资金管理、投资决策、筹资决策等财务活动，并且建立了各种财务应用模型。各个模型以独立工作簿文件的形式存放在计算机内，本节我们利用宏技术将各种模型集成到一个集成界面中，建立一个方便最终用户使用的集成的 Excel 财务应用系统。

14.2.1　设计系统主界面

【跟我练 14-5】建立集成的 Excel 财务应用系统。要求：

(1) 系统主界面如图 14-15 所示。用户单击任何一个选项，系统自动打开相应模型。

(2) 每个模型界面均设置“返回”按钮，单击该按钮，返回主界面。

(3) 将文件命名为“第 14 章　集成”。

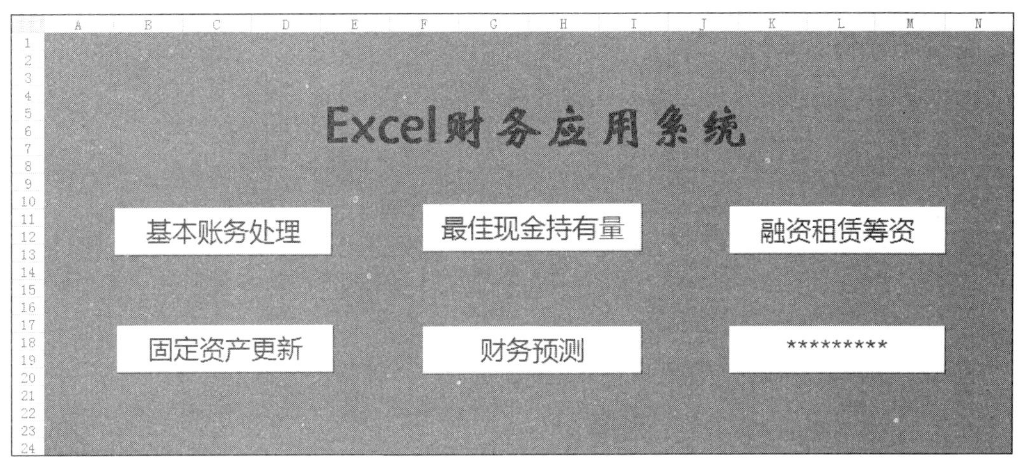

图 14-15　Excel 财务应用系统主界面

1. 准备初始数据

将需要集成到该应用系统的工作表从各工作簿中复制到本文件中。本文件中的工作表依次为“主界面”、“基本账务处理”、“最佳现金持有量”等。

2. 设计主界面

① 在“主界面”表中，设置背景区域颜色。

② 选择文本框，输入标题“Excel 财务应用系统”。

③ 利用窗体中的按钮控件，画出 6 个按钮，并重新命名为“基本账务处理”、“最佳现金持有量”等。

④ 录制 6 个宏，宏名命名为“打开 1”、“打开 2”、“打开 3”。功能分别为打开“基本账务处理”表页、打开“最佳现金持有量”表页和打开“固定资产更新”表页。

⑤ 右击“基本账务处理”按钮，从快捷菜单中选择“指定宏”命令，打开“指定宏”对话框。从中选择“打开 1”选项，如图 14-16 所示，单击“确定”按钮。同理，将其他按钮也指定对应的宏。

⑥ 设置完成后，单击“基本账务处理”按钮，系统自动打开“基本账务处理”表页。

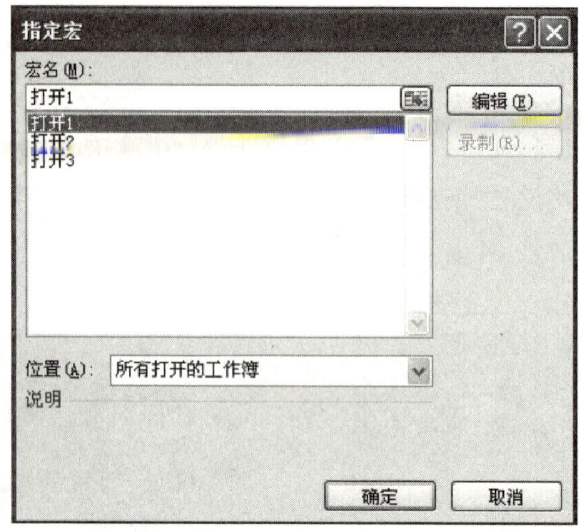

图 14-16　指定宏

3. 返回主界面

同样，在各个表页中，首先画一个按钮，命名为“返回主菜单”。然后录制一个返回主菜单的宏。最后将按钮和宏连接起来。

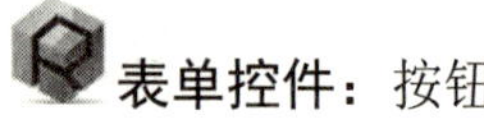

表单控件：按钮

功能：

按钮一般用于执行某个宏(宏是可以自动完成某任务的指令集合)。当按钮处于运行状态时，用鼠标左键单击按钮将自动执行为该按钮所指定的宏。

使用方法：

在工作表中使用按钮控件时，只要在窗体工具栏中单击“▬”按钮，然后在工作表中按下鼠标左键并拖动鼠标即可画出一个按钮。此时，会自动出现对话框，要求用户为其指定一个已有的宏或新录制一个宏。也可以将来再为按钮指定宏，方法是：在按钮上单击鼠标右键，出现快捷菜单，然后从快捷菜单中选择“指定宏”。

当按钮处于运行状态(未选中状态，下同)时，直接用鼠标左键单击按钮时将执行为其指定的宏；右键单击按钮即可使该按钮转为编辑状态，同时会出现快捷菜单，从快捷菜单中选择“编辑文字”可以编辑按钮所显示的文本内容，直接按“Esc”键可以取消快捷菜单；当选中按钮时，将鼠标指针指向按钮边框并按下鼠标左键即可移动按钮；当按钮处于编辑状态时，如果处于文字编辑状态，先用鼠标单击其边框退出文字编辑状态，然后按“Delete”键即可删除按钮。

14.2.2　启动 Excel 财务应用系统

1. 利用快速访问工具栏启动系统

可以将录制好的宏添加到快速访问工具栏，单击快速访问工具栏按钮也可以启动系统。

2. 自动启动企业 Excel 财务应用系统

如果希望启动 Excel 后，能自动打开 Excel 财务应用系统，那么只需要将该文件保存至 Excel 启动目录 XLSTART 即可。

【跟我练 14-6】将“第 14 章 集成.xlsm”文件设置为自动启动文件。

① 设置。将文件“第 14 章 集成.xlsm”复制到“C:\Program Files\Microsoft Office\Office12\XLSTART”子目录下。

② 启动。当启动 Excel 之后，系统自动打开“第 14 章 集成.xlsm”。

一试身手

1. 建立一个集成系统“Excel 财务模型”，将之前各章建立的模型整合到该系统中，并且设定启动 Excel 时自动打开该系统。

2. 设置一个窗体命令按钮，当单击该按钮时打开另外一个工作簿。